민법 제406조 채권자 취소권에 기한

사해행위 취소소송 사례정리

저자 **권 형 필** 변호사

사해행위 취소 소송의 방법 (=소송으로만 진행 가능)

사해행위 취소소송은 공격방어방법이 아닌 소로서만 제기할 수 있다 (대법원 1995. 7. 25. 선고 95다8393 판결)

사해행위 취소소송에서 동일한 취소채권자의 피보전채권이 달라지는 것은 공격방어방법의 변경에 불과한 것으로 소의 변경은 아니다 (대법원 2012.7.5. 선고 2010다80503 판결)

사해행위의 의미 및 판단

사해행위 판단 기준 / 채무자가 책임재산을 감소시키는 행위를 함으로써 일반채권자들을 위한 공동담보의 부족 상태를 유발 또는 심화시킨 경우, 그 행위가 사해행위에 해당하는지를 판단하는 기준 (대법원 2016. 8. 30. 선고 2016다219303 판결 [대여금등청구의소])

사해행위의 의미 / 채권자취소권의 요건인 '채권자를 해하는 법률행위'의 의미 및 처분행위로 말미암아 비로소 채무초과 상태에 이르는 경우에도 사해행위가 성립할 수 있는지 여부(적극) / 이미 이루어진 법률행위에 기한 이행행위가 사해행위인지 여부(소극) (대법원 2017. 9. 21. 선고 2015다53841 판결 [물품대금등])

무자력 판단의 기준인 소극재산 판단 기준 / 채권자취소권 행사의 요건인 채무자의 무자력 여부를 판단할 때 그 대상이 되는 소극재산의 판단 기준 (대

법원 2011. 1. 13. 선고 2010다68084 판결 [구상금등])

　　연대보증인의 사해행위 판단 / 연대보증인의 법률행위가 사해행위에 해당하는지 여부를 판단함에 있어 주채무자의 일반적인 자력을 고려하여야 하는지 여부(원칙적 소극) (대법원 2003. 7. 8. 선고 2003다13246 판결 [사해행위취소등])

　　채무자의 연속된 법률행위 1 / 채무자의 사해행위로 인정할 만한 처분행위가 연속되었을 경우 그 처분행위가 연속되어 하나의 행위로 볼 수 있는 특별한 사정이 없는 한 각 개별 행위마다 사해행위와 관련된 요건을 검토하여야 한다 (대법원 2001. 4. 27. 선고 2000다69026 판결)

　　채무자의 연속된 법률행위 2 / 연속된 일련의 행위가 있을 경우 이를 경제적 일체를 이루는 법률행위일 경우 하나의 행위로 보아 일괄하여 전체로서 사해성이 있는지 판단하여야 한다 (대법원 2010.5.27. 선고 2010다15387 판결)

　　수익자에서 전득자로의 법률행위 판단 포함 여부 / 전득자를 상대로 한 사해행위 취소소송에서 수익자와 전득자 사이의 전득행위가 다시 채권자를 해하는 행위로서 사해행위의 요건을 갖추어야 하는지 여부(소극) (대법원 2006. 7. 4. 선고 2004다61280 판결)

　　우선변제권이 확보되어 있는 채권자의 기준에서 사해행위 판단 (대법원 2002. 11. 8. 선고 2002다41589 판결)

권리보호이익 및 중복제소 여부

수명의 채권자의 사해행위 취소청구 가능성 1 / 동일한 사해행위에 관하여 어느 한 채권자가 채권자취소 및 원상회복청구를 하여 승소판결을 받아 그 판결이 확정되면 그 후에 제기된 다른 채권자의 동일한 청구가 권리보호이익이 없어지는지 여부(한정소극) (대법원 2003. 7. 11. 선고 2003다19558)

수명의 채권자의 사해행위 취소 청구 2 / 동일한 사해행위에 관하여 어느 한 채권자가 채권자취소 및 원상회복청구를 하여 승소판결을 받아 그 판결이 확정되고 그에 따라 이행이 완료된 경우 다른 채권자의 사해행위 취소소송의 권리보호이익이 없어지는지 여부(적극) (대법원 2012. 4. 12. 선고 2011다110579 판결)

수익자가 채권자를 선택하여 이행하여 일부 채권자가 지급받지 못한 경우 신의칙에 반하는지 여부 (대법원 2014. 8. 20. 선고 2014다28114 판결 [사해행위취소등])

채권자가 원물반환청구 승소 이후 가액배상 청구 가능한지 여부 (대법원 2006. 12. 7. 선고 2004다54978 판결)

수익자 등기 말소 청구 승소 확정 이후 가액배상 청구가 가능한지 여부 (대법원 2018. 12. 28. 선고 2017다265815 판결 [소유권이전등기])

원상회복방법으로 원물반환이 불가능하게 된 경우 가액반환청구로 인정하기 위한 요건 (대법원 2015. 5. 21. 선고 2012다952 전원합의체판결 [사해행

위취소])

　　채권자의 채무자에 대한 수개의 채권 / 각각의 채권이 별개의 소송물인지 여부 (대법원 2012. 7. 5. 선고 2010다80503 판결)

　　사해행위로 성립된 근저당이 말소된 경우 말소된 근저당권의 근저당설정계약에 대한 취소를 구할 이익이 있는지 여부 (대법원 2018. 6. 19. 선고 2017다270107 판결)

　　채무자의 사해행위로 이전된 재산이 여하한 사유로 채무자의 재산으로 복귀될 경우 권리보호이익 유무 (대법원 2018. 6. 15. 선고 2018다215763, 215770 판결)

사해행위 취소 상대방 및 관할

　　사해행위 취소소송 피고 적격 / 채무자 포함 여부 (대법원 1991. 8. 13. 선고 91다13717 판결)

　　사해행위 취소소송의 상대방은 채무자와 법률행위를 한 수익자이거나 수익자로부터 사해행위 목적물을 양수받은 전득자 (대법원 2004. 8. 30. 선고 2004다21923 판결)

　　사해행위 취소소송 재판관할 (대법원 2002. 5. 10.자 2002마1156 결정)

사해행위 취소의 소를 수익자나 전득자 중 일부만을 상대로 할 수 있는지 여부 (대법원 2014. 12. 11. 선고 2011다49783 판결 [사해행위취소])

제척기간 관련 쟁점

제척기간 / 취소원인을 안날의 의미 (대법원 2005. 6. 24. 선고 2005다19859 판결 [구상금등])

취소원인을 안날의 의미 / 채권자가 채무자의 법률행위를 알았다는 요건을 추정할 수 있는지 여부(대법원 2006. 7. 4. 선고 2004다61280 판결)

가압류 채권자 1 / 가압류 신청 당시 근저당권 존재 (대법원 2001. 2. 27. 선고 2000다44348 판결)

가압류 채권자 2 / 가압류 신청시 이미 수개의 근저당권 존재 (대법원 2012. 1. 12. 선고 2011다82384 판결)

가압류 채권자 3 / 가압류 신청시 가등기가 설정되어 있는 경우 (대법원 2006. 2. 23. 선고 2005다64422 판결 [사해행위취소등])

가압류 채권자 4 / 가압류 채권자가 채무자와의 다른 판결에서 이미 1심 승소판결을 받은 경우 (대법원 2005. 3. 25. 선고 2004다66490 판결)

가압류채권자 5 / 가등기에 기한 본등기일 경우 사해행위 요건 판단 기준

시기 (대법원 1999. 4. 9. 선고 99다2515 판결)

전득자에 대한 제척기간 적용 여부 (대법원 2005. 6. 9. 선고 2004다17535 판결)

사해행위취소 이외 원상회복 청구 역시 제척기간이 적용되는지 여부 (대법원 2001. 9. 4. 선고 2001다14108판결)

취소원인을 안날의 의미 / 채무자의 사해의사 및 수익자 전득자의 악의 포함여부 (대법원 2005. 6. 24. 선고 2005다19859 판결 [구상금등])

전전득자에 대하여 제척기간 적용 여부 (대법원 2014. 2. 13. 선고 2012다204013 판결 [근저당권말소])

제척기간 도과에 대한 증명책임자 (대법원 2013. 4. 26. 선고 2013다5855 판결)

제척기간 / 직권증거조사 사항 (대법원 2012. 4. 12. 선고 2011다110579 판결)

제척기간 안날의 기준 / 회사인 경우 담당 직원 기준으로 판단 (대법원 2018. 7. 20. 선고 2018다222747 판결)

채권양도의 경우 양도인이 이미 사해행위임을 알았을 때 누구를 기준으로 판단하는지 여부 (대법원 2018. 4. 10. 선고 2016다272311 판결)

청구취지 변경시 제척기간 도과 판단 (대법원 2019. 10. 31. 선고 2019다215746 판결 [배당이의])

채권자의 피보전채권 요건

피보전채권 성립시기 / 채무자의 법률행위보다 먼저 성립 (대법원 2002. 4. 12. 선고 2000다43352 판결)

피보전채권 성립시기 / 예외적인 경우 / 채권성립의 기초가 되는 법률관계 (대법원 2002. 11. 8. 선고 2002다42957 판결)

피보전채권 / 사해행위 당시 성립되지 않은 채권의 피보전채권 가능성 (대법원 2011. 1. 13. 선고 2010다68084 판결)

신용카드 가입계약의 체결만으로 채권자취소권의 행사를 위한 '채권성립의 기초가 되는 법률관계'가 있다고 할 수 있는지 여부 (대법원 2004. 11. 12. 선고2004다40955 판결)

사해행위 채권에 관한 고도의 개연성 판단 기준 (대법원 2013. 12. 26. 선고 2012다41915 판결)

피보전권리 성립요건 / 사해행위 당시 구체적 채권액수 미확정 (대법원 2018. 6. 28. 선고 2016다1045 판결)

사해행위 이전에 성립한 채권이 사해행위 이후에 양도된 경우 양수인의 사해행위 취소 소송 가능성 (대법원 2012. 2. 9. 선고 2011다77146 판결 [사해행위취소등])

피보전채권의 종류 / 특정물 채권 가능성 (대법원 1995. 2. 10. 선고 94다2534 판결 [소유권이전등기말소등])

정지조건부 채권을 피보전채권으로 하는 사해행위 취소소송 요건 (대법원 2011. 12. 8. 선고 2011다55542 판결)

피보전권리 / 어음채권의 추심 의뢰 혹은 제3채무자에 대한 지급제시로 구체적 권리성을 인정받을 수 있는지 여부 (대법원 2009. 9. 24. 선고 2009다37107 판결 [사해행위취소])

피보전채권의 채권액을 산정하는 기준시점 (대법원 2002. 4. 12. 선고 2000다63912 판결)

채무자의 사해의사/ 수익자·전득자의 악의의 의미 /증명책임

채무자의 사해의사의 의미 (대법원 2004. 7. 9. 선고 2004다12004 판결)

채무자의 사해판단 기준 (대법원 2012. 10. 11.자 2010마2066 결정 [가처분이의])

채무자 사해의사 / 수익자의 악의 추정 (대법원 2006. 4. 14. 선고 2006다5710 판결 [구상금등])

수익자의 선의판단 / 선의에 대한 과실 유무 (대법원 2008.7.10. 선고 2007다74621 판결)

전득자의 악의의 의미 / 수익자의 법률행위에 대한 악의 고려 여부 (대법원 2006.7.4. 선고 2004다61280 판결)

전득자의 악의 판단 (대법원 2012. 8. 17. 선고 2010다87672 판결 [구상금등])

수익자, 전득자 악의의 입증책임 (대법원 1997. 5. 23. 선고 95다51908 판결)

수익자, 전득자의 악의의 입증책임 (대법원 2014. 12. 11. 선고 2011다49783 판결 [사해행위취소])

연대보증인의 사해의사 판단 기준 1 (대법원 2012. 4. 12. 선고 2011다110579 판결)

연대보증인의 사해의사 판단기준 2 (대법원 1998. 4. 14. 선고 97다54420 판결)

사해행위 취소 소송 기타 요건

　채무자 무자력 판단의 소극재산 판단기준 시점 (대법원 2011. 1. 13. 선고 2010다68084 판결)

　우선변제권을 가진 근저당 채권자의 채무자에 대한 사해행위 취소 청구 요건 및 기타 법리 설시 (대법원 2002. 11. 8. 선고 2002다41589)

　채무자의 무자력 판단 / 담보제공 부동산 평가 방법 (대법원 2014. 9. 4. 선고 2012다63656 판결)

　사해행위 취소소송의 사실심 변론종결 시에 채무 전액에 대하여 채권자에게 우선변제권이 확보되어 있는 경우 문제 (대법원 2014. 7. 10. 선고 2013다50763 판결 [물품대금])

　채무자 무자력 판단 / 재산적 가치 없는 것에 대한 평가 방법 (대법원 2013. 12. 12. 선고 2012다111401 판결)

　부동산 평가시기/ 우선변제권이 설정되어 있는 부동산의 양도행위가 사해행위로 인정되기 위한 부동산의 평가시기 (대법원 2014. 9. 4. 선고 2013다60661 판결 [사해행위취소등])

수익자·전득자의 기타의 항변

수익자의 상계 항변 가능성 1 (대법원 2001. 6. 1. 선고 99다63183 판결)

수익자의 상계 항변 가능성 2 (대법원 2003. 11. 28. 선고 2003다50061 판결)

수익자의 취소채권자의 채권에 대한 압류 및 전부명령 가능성 (대법원 2017. 8. 21.자 2017마499 결정)

채무자와 수익자 법률행위가 재판상 확정력 발생시 사해행위 취소 가능성 (대법원 2017. 4. 7. 선고 2016다204783 판결 [구상금및사해행위취소])

수익자와 전득자 사이의 법률관계가 재판상 확정력이 발생했을 경우 사해행위 취소 소송의 가능성 (대법원 2004. 8. 30. 선고 2004다21923 판결)

원상회복 방법 및 범위(사해행위 취소의 효과)

원상회복 방법 / 가액 반환의 경우 1 (대법원 2002. 4. 12. 선고 2000다63912 판결 [대여금등])

원상회복 방법/ 가액 반환의 경우 2 (대법원 2009. 5. 14. 선고 2009다4947 판결 [구상금등])

사해행위 취소소송
사례정리

원상회복 범위 / 채무자가 목적물 양도하기에 목적물에 담보되어 있는 일부 채무를 변제한 경우 쟁점 (대법원 2017. 1. 12. 선고 2016다208792 판결 [사해행위취소])

사해행위 취소의 범위 / 다른 채권자가 배당요구를 할 것이 명백하거나 목적물이 불가분인 경우 (대법원 1997. 9. 9. 선고 97다10864 판결)

사해행위 취소의 범위 / 특정 채권자가 제기한 배당이의 소송에서도 동일한 법리가 적용되는지 여부 (대법원 2013.2.15. 선고 2012다34238 판결)

가압류된 부동산이 사해행위로 이전된 경우 (대법원 2003. 2. 11. 선고 2002다37474 판결)

원상회복 방법 / 사해행위 부동산이 경매절차 진행되어 매각대금까지 완납된 경우(대법원 2001. 2. 27. 선고 2000다44348 판결 [사해행위취소등])

배당금 청구권을 가진 수익자에 대한 원상회복 방법 (대법원 2013. 9. 13. 선고 2013다34945 판결 [사해행위취소등])

배당절차 종료 / 원상회복 방법(대법원 2014. 12. 11. 선고 2011다49783 판결)

건축주 명의 변경 방식의 사해행위 / 원상회복 방법 (대법원 2017. 4. 27. 선고 2016다279206 판결 [사해행위취소])

예금주 명의신탁계약이 사해행위에 해당하여 취소될 경우 원상회복 방법 (대법원 2015. 7. 23. 선고 2014다212438 판결)

사해행위 이전 우선변제효력이 있는 임차보증금 반환 채권이 존재한 경우 원상회복방법 (대법원 2018. 9. 13. 선고 2018다215756 판결 [사해행위취소])

사해행위 당시 저당권이 존재하였으나 그 이후 변제된 경우 수익자의 원상회복 범위 (대법원 2018. 6. 28. 선고 2018다214319 판결)

사해행위 유형 등(인정, 부정)

채무본지에 따른 변제행위(부정) (대법원 2001. 4. 10. 선고 2000다66034 판결)

무자력 상태의 채무자가 그의 유일한 재산인 부동산을 특정 채권자에게 담보로 제공한 경우(인정) (대법원 2002. 4. 12. 선고 2000다43352 판결)[사해행위취소])

특정 채권자에 대한 담보제공이 사해행위가 되기 위한 요건 (대법원 2014. 12. 11. 선고 2011다49783 판결)

특정채권자에 대한 대물변제가 사해행위로 인정되지 않은 사례 (대법원 2012. 9. 13. 선고 2012다43546 판결)

사해행위 취소소송
사례정리

채무초과상태 / 우선변제권이 있는 채권자에 대한 대물변제 (대법원 2008. 2. 14. 선고 2006다33357 판결)

무자력 상태에서 사업유지를 위한 담보설정 행위(부정) (대법원 2012. 12. 26. 선고 2011다60421 판결 [사해행위취소등])

특정 채권자에 대하여 담보를 설정행위가 사해행위가 되지 않은 경우 (대법원 2001. 5. 8. 선고 2000다66089 판결)

채무자가 채무초과 상태에서 자신의 재산을 타인에게 증여한 행위(인정) (대법원 2014. 10. 27. 선고 2014다41575 판결 [부당이득금반환])

특정 채권자에 대한 부동산 매도 (대법원 1995. 6. 30. 선고 94다14582 판결)

소비하기 쉬운 금전으로 변환 (대법원 2001. 4. 24. 선고 2000다41875 판결)

무자력 상태에서 부동산 무상 양도 / 일부 채권자에 대한 대물변제 (대법원 1999. 11. 12. 선고 99다29916 판결)

특정 채권자에게 대물변제 (대법원 2010. 9. 30. 선고 2007다2718 판결)

대물변제나 담보조로 제공된 재산이 채무자의 유일한 재산이 아니거나 그 가치가 채권액에 미달하는 경우 (대법원 2009. 9. 10. 선고 2008다85161 판결)

가압류 설정된 부동산에 특정 채권자를 위한 담보설정행위 (대법원 2010. 6. 24. 선고 2010다20617, 20624 판결)

채무자가 신규자금의 융통 없이 단지 기존채무의 이행을 "유예"받기 위하여 채권자 1인에게 담보를 제공한 경우 (대법원 2009. 3. 12. 선고 2008다29215 판결 [사해행위취소등])

사해 행위 유형 중 특이사례

채무자가 여러 채권자 중 일부에게 채무이행과 관련한 채권양도한 경우 (대법원 2014. 1. 16. 선고 2012다110521 판결)

건축주 명의 변경 행위도 사해행위가 될 수 있다 (대법원 2017. 4. 27. 선고 2016다279206 판결 [사해행위취소])

상속인들 사이의 상속분할협의 (대법원 2008. 3. 13. 선고 2007다73765 판결)

상속포기행위는 사해행위로 될 수 없다 (대법원 2011. 6. 9. 선고 2011다29307 판결)

채무자가 시효이익 포기 행위 (인정) (대법원 2013.5.31. 자 2012마712 결정)

협의이혼시 재산분할행위 등 (대법원 2001. 2. 9. 선고 2000다63516 판결)

사해행위 취소소송
사례정리

구체화되지 않은 이혼에 따른 재산분할청구권을 포기하는 행위(부정) (대법원 2013. 10. 11. 선고 2013다7936 판결)

상속인의 유증 포기 행위 (대법원 2019. 1. 17. 선고 2018다260855 판결)

소멸예정인 매매예약 완결권에 관하여 연장하는 새로운 매매예약을 체결하는 경우 (대법원 2018. 11. 29. 선고 2017다247190 판결)

사해행위로 인하여 이전된 부동산에 담보가 설정되어 있고 해당 담보가액이 부동산 가격을 초과하고 있을 경우(부정) (대법원 1997. 9. 9. 선고 97다10864 판결)

특정 채권자에 대한 공정증서 작성행위(부정) (대법원 2011.12.22. 선고 2010다103376 판결)

소유권 취득을 위한 담보설정행위(부정) (대법원 2018. 12. 28. 선고 2018다272261 판결)

수급인의 저당권설정청구권에 의한 저당권 설정행위(부정) (대법원 2018. 11. 29. 선고 2015다19827 판결)

사해행위 취소의 효과

채무자의 법률행위가 사해행위라는 이유로 취소된 경우 채무자가 직접 부동산을 취득하여 권리자가 되는지 여부(소극) (대법원 2017. 9. 21. 선고 2016다8923 판결)

채무자의 법률행위가 사해행위라는 이유로 취소된 경우 해당 부동산의 재산세 납세의무자인 사실상 소유자(=수익자) (대법원 2000. 12. 8. 선고 98두11458 판결)

사해행위 취소판결 전 취소될 것으로 전제로 판결을 선고할 수 있는지 (대법원 2019. 3. 14. 선고 2018다277785(본소), 2018다277792(반소) 판결)

채권자가 사해행위취소권을 행사하여 직접 수령한 가액배상금에 대하여 다른 채권자가 직접 수령한 채권자를 상대로 채권액에 따른 안분액의 지급을 구할 수 있는지 여부(소극) (대법원 2008. 6. 12. 선고 2007다37837 판결)

채무자의 법률행위가 사해행위에 해당하여 취소를 이유로 원상회복이 이루어지는 경우, 채무자가 수익자 또는 전득자에게 부당이득반환채무를 부담하는지 여부 (대법원 2017. 9. 26. 선고 2015다38910 판결 [전부금])

기타사례

수인의 수익자들이 부담하는 원상회복 의무의 범위 (대법원 2014. 10. 27. 선고 2014다41575 판결 [부당이득금반환])

무효인 법률행위의 사해행위 취소 가능성 (대법원 1998. 2. 27. 선고 97다50985 판결)

배당요구하지 않은 사해행위 채권자의 지위 (대법원 2012. 12. 26. 선고 2011다60421 판결 [사해행위취소등])

사해행위 취소로 인한 반환범위에 부동산의 사용이익이나 임료상당액이 포함되는지 여부 (대법원 2008. 12. 11. 선고 2007다69162 판결)

개인회생 및 파산절차와 사해행위취소소송 관련성

사해행위취소 소송 중 '채무자'의 '개인회생절차' 개시 (대법원 2010. 9. 9. 선고 2010다37141 판결)

'채무자'에 대한 '파산선고' 이후 사해행위 취소소송의 향방 (대법원 2018. 6. 15. 선고 2017다265129 판결 [사해행위취소 등])

사해행위 취소소송 중 '수익자'의 "개인회생절차개시" (대법원 2014. 9. 4. 선고 2014다36771 판결)

사해행위 취소소송 중 수익자 또는 전득자의 회생절차 개시될 경우 가액배상청구권이 공익채권으로 되는지 여부 (대법원 2019. 4. 11. 선고 2018다203715 판결 [사해행위취소])

CONTENTS

사해행위 취소 소송의 방법(=소송으로만 진행 가능) ············ 24

사해행위의 의미 및 판단 ································ 28

권리보호이익 및 중복제소 여부 ························· 49

사해행위 취소 상대방 및 관할 ························· 75

제척기간 관련 쟁점 ··································· 83

채권자의 피보전채권 요건 ···························· 128

채무자의 사해의사/ 수익자·전득자의 악의의 의미 /증명책임 ·· 159

사해행위 취소 소송 기타 요건 ························ 187

수익자·전득자의 기타의 항변 ························ 208

원상회복 방법 및 범위(사해행위 취소의 효과) ············· 220

사해행위 유형 등(인정, 부정) ························· 259

사해 행위 유형 중 특이사례 ························· 299

사해행위 취소의 효과 ······························· 337

기타사례 ··· 351

개인회생 및 파산절차와 사해행위취소소송 관련성 ········· 362

민법 제406조 채권자 취소권에 기한

사해행위 취소소송 사례정리

사해행위 취소 소송의 방법
(=소송으로만 진행 가능)

사해행위 취소소송은 공격방어방법이 아닌 소로서만 제기할 수 있다 (대법원 1995. 7. 25. 선고 95다8393 판결)

> **판례해설**
>
> 일단 민법 제406조에서는 "법원에 청구할 수 있다"고만 기재되어 있을 뿐 반드시 소를 제기하여야 한다고 규정되지 않다. 하지만 법원은 **사해행위 취소 주장은 소제기를 통해서만 가능하고 그 외 공격방어방법으로는 불가능하다는 법리가 확고**하다.
>
> 생각건대 소송 중에 소변경을 통하여 그와 같은 사해행위 취소소송의 형태로 청구취지를 변경할 수 있기 때문에 위와 같은 해석이 특별히 당사자의 재판청구권을 훼손한다고 볼 수 없고, **다만 당사자는 소변경을 하더라도 민법 제406조 제2항에서 규정하는 제척기간 준수에 주의를** 하여야 할 것이다.

법원판단

<u>채무자가 채권자를 해함을 알고 재산권을 목적으로 한 법률행위를 한 경우, 채권자는 사해행위의 취소를 법원에 소를 제기하는 방법으로</u>

청구할 수 있을 뿐 소송상의 공격방어방법으로 주장할 수 없다는 것이 당원의 확립된 태도라 할 것인데(당원 1978.6.13. 선고 78다 404 판결, 1993.1.26. 선고 92다11008 판결 등 참조), 원고는 원심 제6차 변론기일(1994.11.24.)에 진술된 같은 달 23.자 준비서면에서 피고가 체결한 대물변제 계약이 사해행위에 해당되므로 이를 취소하고 이 사건 철근을 인도하여 줄 것을 구한다는 취지로 주장하였음을 알 수 있는 바, 원고의 이와 같은 주장은 사해행위의 취소를 단순한 소송상의 공격방법으로 주장한 것에 지나지 않는다고 볼 것이므로, 원고의 사해행위취소 주장은 그 당부에 관하여 판단할 필요도 없이 이유없다 할 것이고, 따라서 원고의 위 주장을 배척한 원심판결은 그 결론에 있어 정당하고 거기에 판결결과에 영향을 미친 어떠한 위법이 있다고 볼 수 없다. (뿐만 아니라 원고는 적어도 피고가 이 사건 철근을 대물변제로 취득하였다고 주장한 1992.10.27.자 준비서면을 송달받은 같은 해 11.6.에는 사해행위가 있었음을 알았다고 볼 것인데, 원고의 위 사해행위 주장은 그로부터 1년의 제척기간이 지난 뒤에 제출된 것이다).

사해행위 취소소송에서 동일한 취소채권자의 피보전채권이 달라지는 것은 공격방어방법의 변경에 불과한 것으로 소의 변경은 아니다 (대법원 2012.7.5. 선고 2010다80503 판결)

> **판례해설**
>
> 채권자 취소소송에서 소송물은 채무자의 법률행위를 취소하는 것이므로 이에 전제되는 **채권자의 피보전채권의 존부는 법률행위 취소를 이유 있게 만드는 공격방어방법**일 뿐이다.
>
> 이와 같은 이유로 채권자가 수익자에 대하여 소를 제기한 이후 자신의 피보전권리가 다름을 이유로 또다시 소를 제기한다면 이는 소송물 동일로 인하여 중복제소에 해당하고, 더불어 전소가 종료된 이후 또다시 피보전권리가 다름을 이유로 소송을 한다면 기판력에 저촉되어 각하 또는 기각당할 뿐이다.

법원판단

1. <u>채권자가 사해행위취소 및 원상회복청구를 하면서 그 보전하고자 하는 채권을 추가하거나 교환하는 것은 그 사해행위취소권과 원상회복청구권을 이유 있게 하는 공격방법에 관한 주장을 변경하는 것일 뿐이지 소송물 또는 청구 자체를 변경하는 것이 아니므로</u>(대법원 2003. 5. 27. 선고 2001다13532 판결 등 참조), 채권자가 보전하고자 하는 채권을 달리하여 동일한 법률행위의 취소 및 원상회복을 구하는 채권자취소의 소를 이중으로 제기하는 경우 전소와 후소는 소송물이 동일하다고 보아야 하고, 이는 전소나 후소 중 어느 하나가 승계참가신청에 의하여 이루어진 경우에도 마찬가지이다.

한편 소송에서 다투어지고 있는 권리 또는 법률관계의 존부가 동일한 당사자 사이의 전소에서 이미 다루어져 이에 관한 확정판결이 있는 경우에 법원은 이에 저촉되는 판단을 할 수 없고, 위와 같은 확정판결의 존부는 당사자의 주장이 없더라도 법원이 직권으로 조사하여 판단하여야 하며, 이러한 사정이 사실심 변론종결 이후에 발생한 경우 상고심에서도 이를 참작하여야 한다(대법원 1992. 5. 22. 선고 92다3892 판결, 대법원 2010. 11. 25. 선고 2010다64877 판결 등 참조).

사해행위의 의미 및 판단

사해행위 판단 기준 / 채무자가 책임재산을 감소시키는 행위를 함으로써 일반채권자들을 위한 공동담보의 부족 상태를 유발 또는 심화시킨 경우, 그 행위가 사해행위에 해당하는지를 판단하는 기준 (대법원 2016. 8. 30. 선고 2016다219303 판결 [대여금등청구의소])

> **판례해설**
>
> 사해행위의 의미 및 판단의 기준에 관한 판례이다. 법원은 **채무자가 책임재산을 감소시키는 행위를 함으로써 일반채권자들을 위한 공동담보의 부족 상태를 유발 또는 심화시킨 경우에 그 행위가 채권자취소의 대상인 사해행위에 해당하는지 여부에 관하여, 목적물이 채무자의 전체 책임재산 가운데에서 차지하는 비중, 무자력의 여부, 법률행위의 경제적 목적이 갖는 정당성 및 그 실현수단인 해당 행위의 상당성 등을 종합적으로 고려하여 판단하고 있다.**

법원판단

가. 채무자가 책임재산을 감소시키는 행위를 함으로써 일반채권자들을 위한 공동담보의 부족 상태를 유발 또는 심화시킨 경우에 그 행위가 채권자취소의 대상인 사해행위에 해당하는지 여부는, 목적물의

채무자의 전체 책임재산 가운데에서 차지하는 비중, 무자력의 여부, 법률행위의 경제적 목적이 갖는 정당성 및 그 실현수단인 해당 행위의 상당성, 행위의 의무성 또는 상황의 불가피성, 채무자와 수익자의 통모 유무와 같은 공동담보의 부족 위험에 대한 당사자의 인식 정도 등 그 행위에 나타난 여러 사정을 종합적으로 고려하여 판단하여야 한다. 다만 채무초과의 상태에 있는 채무자가 적극재산을 채권자 중 일부에게 대물변제조로 양도하는 행위는 다른 채권자들에 대한 관계에서 사해행위가 될 수 있으나, 이러한 경우에도 위에서 본 사해성의 일반적인 판단기준에 비추어 그 행위가 궁극적으로 일반채권자를 해하는 행위로 볼 수 없는 경우에는 사해행위의 성립이 부정될 수 있다(대법원 2010. 9. 30. 선고 2007다2718 판결 참조).

(사실관계 생략)

피고는 제1, 2 양도계약을 통해 소외 1과 소외 2가 운영하던 각 출판사의 재고도서와 출판권 등을 소외 1에 대한 대여금 채권 500,000,000원의 대물변제로 받은 셈이 되었으나, 그 대신 위 대여금 채권을 담보하기 위한 이 사건 근저당권설정등기를 말소하였으므로, 제1 양도계약이 사해행위에 해당하는지 여부를 판단하기 위해서는, **제1 양도계약 체결 당시를 기준으로 제1 양도계약의 목적물의 가액과 이 사건 근저당권의 담보가치(이 사건 부동산의 시가에서 선순위 근저당권의 피담보채무액, 선순위 임대차보증금 등을 공제한 금액)를 비교하여, 피고가 제

1 양도계약으로 대물변제를 받는 대신 이 사건 근저당권설정등기를 말소함으로써 일반채권자의 공동담보에 제공될 책임재산이 부족하게 되었는지 또는 공동담보의 부족 상태를 심화시켰는지 여부를 판단하여야 한다.

그런데도 원심이 이러한 사정을 살피지 아니한 채, 피고가 이 사건 부동산에 대한 환가절차에서 우선하여 배당받을 수 있는 지위에 있을 뿐 소외 1의 일반 재산에 대하여는 우선 변제받을 권리가 없고, 이 사건 근저당권에 의하여 실제로 우선 변제받을 가능성이 크지 않다는 사정을 들어 제1 양도계약이 사해행위에 해당한다고 판단한 데에는, 사해행위에 관한 법리를 오해하여 필요한 심리를 다하지 아니한 잘못이 있다.

사해행위의 의미 / 채권자취소권의 요건인 '채권자를 해하는 법률행위'의 의미 및 처분행위로 말미암아 비로소 채무초과 상태에 이르는 경우에도 사해행위가 성립할 수 있는지 여부(적극) / 이미 이루어진 법률행위에 기한 이행행위가 사해행위인지 여부(소극) (대법원 2017. 9. 21. 선고 2015다53841 판결 [물품대금등])

> **판례해설**
>
> 채권자를 해하는 사해행위라고 함은 채무자의 재산을 처분하는 행위로서, 그로 인하여 채무자의 재산이 감소하여 채권의 공동담보에 부족이

생기거나 이미 부족상태에 있는 공동담보가 한층 더 부족하게 됨으로써 채권자의 채권을 완전하게 만족시킬 수 없게 되는 것을 의미한다. 이에 더하여 사해행위 당시 채무자가 재산을 처분하기 이전에 이미 채무초과 상태에 있는 경우는 물론이고, 문제된 처분행위로 말미암아 비로소 채무초과 상태에 빠지는 경우에도 사해행위가 성립할 수 있다고 판단하였다.

법원판단

가. 채권자취소권의 요건인 '채권자를 해하는 법률행위'는 채무자의 재산을 처분하는 행위로서, 그로 인하여 채무자의 재산이 감소하여 채권의 공동담보에 부족이 생기거나 이미 부족상태에 있는 공동담보가 한층 더 부족하게 됨으로써 채권자의 채권을 완전하게 만족시킬 수 없게 되는 것을 말한다. 따라서 이러한 사해행위는 **채무자가 재산을 처분하기 이전에 이미 채무초과 상태에 있는 경우는 물론이고, 문제된 처분행위로 말미암아 비로소 채무초과 상태에 빠지는 경우에도 성립**할 수 있다(대법원 2005. 4. 29. 선고 2005다68808 판결 등 참조). 또한 **법률행위이어야 하므로 이미 이루어진 법률행위에 기한 이행행위는 사해행위가 아니다.**

나. 원심은 제1심판결 이유를 인용하고 일부를 수정하는 등의 판시와 같은 이유를 들어, 다음과 같은 취지로 판단하였다.

(1) 볼케노코리아는 원고들에 대하여 물품대금채무 등을 부담하는

상태에서 2011. 11. 18. 거래처인 피고와 사이에 이 사건 양도계약을 체결하였다.

(2) 당시 이 사건 유동자산의 가액은 3,161,329,200원 상당이었는데, 이 사건 양도계약은 볼케노코리아가 피고에 대한 물품대금채무 등 1,287,109,150원의 변제에 갈음하여 피고에게 이 사건 유동자산 및 금형자산, 차량, 사무실 집기, 특허권 등을 양도하는 것이었다.

(3) 이 사건 양도계약으로 인하여 볼케노코리아는 채무초과상태로 되었고, 2011. 12. 2.경 부도처리되어 사실상 영업을 중단하였다.

(4) 위 사정들을 종합하면, 이 사건 양도계약은 특별한 사정이 없는 한 볼케노코리아의 일반채권자인 원고들과의 관계에서 사해행위에 해당한다.

다. 2012. 3. 1.경에 이르러서야 피고가 이 사건 유동자산 중 일부만의 점유를 이전받았으므로 사해행위의 성립시기를 2012. 3. 1.로 보아야 한다는 취지의 주장은 상고심에 이르러 새로 주장하는 사유에 불과하다. 그리고 원심판결 이유를 위 법리 및 원심 판시 관련 법리와 적법하게 채택된 증거들에 비추어 살펴보면, 피고가 새로 주장하는 위 사정을 참작하더라도 원심의 판단에 상고이유 주장과 같이 사해행위의 성립요건에 관한 법리를 오해하여 판결에 영향을 미친 위법이 없다.

무자력 판단의 기준인 소극재산 판단 기준 / 채권자취소권 행사의 요건인 채무자의 무자력 여부를 판단할 때 그 대상이 되는 소극재산의 판단 기준 (대법원 2011. 1. 13. 선고 2010다68084 판결 [구상금등])

> 판례해설
>
> 법원은 사해행위를 판단함에 있어서 **소극재산은 원칙적으로 사해행위라고 볼 수 있는 행위가 행하여지기 전에 발생된 것임을 요하지만**, 그 사해행위 당시에 이미 채무 성립의 기초가 되는 법률관계가 성립되어 있고, 가까운 장래에 그 법률관계에 터잡아 채무가 성립되리라는 점에 대한 고도의 개연성이 있으며, 실제로 가까운 장래에 그 개연성이 현실화되어 채무가 성립된 경우에는 그 채무도 채무자의 소극재산에 포함시켜야 한다고 판단하고 있다.

법원판단

채권자취소권 행사의 요건인 채무자의 무자력 여부를 판단함에 있어서 그 대상이 되는 <u>소극재산은 원칙적으로 사해행위라고 볼 수 있는 행위가 행하여지기 전에 발생된 것임을 요하지만, 그 사해행위 당시에 이미 채무 성립의 기초가 되는 법률관계가 성립되어 있고, 가까운 장래에 그 법률관계에 터잡아 채무가 성립되리라는 점에 대한 고도의 개연성이 있으며, 실제로 가까운 장래에 그 개연성이 현실화되어 채무가 성립된 경우에는 그 채무도 채무자의 소극재산에 포함</u>시켜야 할 것이다(

대법원 2000. 9. 26. 선고 2000다30639 판결 참조).

원심은 이 사건 매매예약 당시 소외 1의 원고에 대한 위 구상금채무는 이미 그 성립의 기초가 되는 법률관계가 존재하고 있었고, 가까운 장래에 그 법률관계에 기하여 채무가 성립되리라는 점에 대한 고도의 개연성이 있었으며, 그 후 실제로 그 개연성이 현실화되어 위 구상금채무가 발생하였으므로 소외 1의 무자력 여부를 판단함에 있어 위 구상금채무가 소외 1의 소극재산에 포함된다고 보고, 이 사건 매매예약 당시 소외 1이 채무초과 상태에 있었다고 판단하였는바, 원심의 이러한 판단은 앞서 본 법리에 따른 것으로 정당하다.

연대보증인의 사해행위 판단 / 연대보증인의 법률행위가 사해행위에 해당하는지 여부를 판단함에 있어 주채무자의 일반적인 자력을 고려하여야 하는지 여부(원칙적 소극) (대법원 2003. 7. 8. 선고 2003다13246 판결 [사해행위취소등])

판례해설

연대보증인일 경우 주채무자의 일반적인 자력을 고려할 필요가 없다는 것은 어쩌면 일반인들에게 이해되지 않을 수도 있다. 그러나 이러한 법리는 연대보증과 단순보증의 법리에 차이에서 유래한다.

즉 민사상 보증은 보충성(민법 제428조)이 있어 채무자가 변제하고 부족한 부분에 하여 보증의무가 존재하지만 **연대보증은 보충성이 없어 채무자의 변제 자력 여부 및 채무자에 대한 최고 검색 등도 필요 없이 곧바로 보증채무를 부담**(민법 제437조 단서)한다.

결국 이러한 차이로 말미암아 연대보증인의 입장에서는 채무자의 자력 여부와 상관없이 자신이 무자력인 상태에서 채권자를 해하는 법률행위를 하는 경우 곧바로 사해행위가 성립하는 것이다.

법원판단

<u>연대보증인의 법률행위가 사해행위에 해당하는지 여부</u>를 판단함에 있어서, <u>주채무에 관하여 주채무자 또는 제3자 소유의 부동산에 대하여 채권자 앞으로 근저당권이 설정되어 있는 등으로 채권자에게 우선변제권이 확보되어 있는 경우가 아닌 이상, 주채무자의 일반적인 자력은 고려할 요소가 아니라</u>고 할 것이므로(대법원 2000. 12. 8. 선고 2000다21017 판결, 2001. 7. 27. 선고 2001다31011 판결 등 참조) 국*길이 이 사건 부동산을 피고에게 처분할 당시 삼*유통이 채무초과 상태가 아니었다고 하더라도 그와 같은 사정만으로 이 사건 부동산의 처분이 사해행위에 해당하지 않는다고 볼 수는 없으므로, 같은 취지에서 피고의 주장을 받아들이지 아니한 원심의 판단은 **정당**하고, 달리 원심판결에 피고의 항변에 대한 판단을 유탈한 잘못이 있다고 할 수 없다.

채무자의 연속된 법률행위 1 / 채무자의 사해행위로 인정할 만한 처분행위가 연속되었을 경우 그 처분행위가 연속되어 하나의 행위로 볼 수 있는 특별한 사정이 없는 한 각 개별 행위마다 사해행위와 관련된 요건을 검토하여야 한다 (대법원 2001. 4. 27. 선고 2000다69026 판결)

판례해설

앞에서 언급한 바와 같이 채무자의 재산처분행위가 사해행위가 되기 위해서는 그 행위로 말미암아 채무자의 총재산의 감소가 초래되어 채권의 공동담보에 부족이 생기게 되어야 하는 것, 즉 채무자의 소극재산이 적극재산보다 많아져야 하는 것인바, <u>채무자가 연속하여 수 개의 재산처분행위를 한 경우에는, 그 행위들을 하나의 행위로 보아야 할 특별한 사정이 없는 한, 일련의 행위를 일괄하여 그 전체의 사해성 여부를 판단할 것이 아니라 각 행위마다 그로 인하여 무자력이 초래되었는지 여부에 따라 사해성 여부를 판단</u>하여야 할 것이다.

법원판단

<u>채무자의 재산처분행위가 사해행위가 되기 위해서는 그 행위로 말미암아 채무자의 총재산의 감소가 초래되어 채권의 공동담보에 부족이 생기게 되어야 하는 것, 즉 채무자의 소극재산이 적극재산보다 많아져야 하는 것인바, 채무자가 연속하여 수 개의 재산처분행위를 한 경우에는, 그 행위들을 하나의 행위로 보아야 할 특별한 사정이 없는 한, 일련의 행위를 일괄하여 그 전체의 사해성 여부를 판단할 것이 아</u>

니라 각 행위마다 그로 인하여 무자력이 초래되었는지 여부에 따라 사해성 여부를 판단하여야 할 것이고(대법원 1962. 11. 15. 선고 62다634 판결 참조), 또 **채무자의 무자력 여부는 사해행위 당시를 기준으로 판단**하여야 하는 것이므로 채무자의 적극재산에 포함되는 부동산이 사해행위가 있은 후에 경매절차에서 경락된 경우에 그 부동산의 평가는 경락된 가액을 기준으로 할 것이 아니라 사해행위 당시의 시가를 기준으로 하여야 할 것이며, 부동산에 대하여 정당한 절차에 따라 산출된 감정평가액은 특별한 사정이 없는 한 그 시가를 반영하는 것으로 보아도 좋을 것이다.

이러한 법리에서 관련 증거들을 기록과 대조하여 보면, 피고 박×형이 이 사건 부동산을 증여할 당시에는 다른 적극재산이 있었고 그 다른 적극재산의 시가(감정평가액)에 비추어 볼 때 위 증여로 인하여 채무초과 상태에 빠졌다고 보기 부족하므로 위 증여행위를 사해행위로 보아 그 취소를 구할 수 없다고 한 원심의 사실인정과 판단은 정당한 것으로 수긍이 가고, 거기에 상고이유에서 주장하는 바와 같은 법리오해나 심리미진 또는 채증법칙 위배로 인한 사실오인의 위법이 있다고 할 수 없으며, 상고이유에서 들고 있는 판례는 이 사건과 사안과 쟁점을 달리하는 것으로서 적절한 선례가 될 수 없다.

채무자의 연속된 법률행위 2 / 연속된 일련의 행위가 있을 경우 이를 경제적 일체를 이루는 법률행위일 경우 하나의 행위로 보아 일괄하여 전체로서 사해성이 있는지 판단하여야 한다 (대법원 2010.5.27. 선고 2010다15387 판결)

> 판례해설
>
> 채무자의 법률행위가 일련의 연속적 행위로 진행된다고 하더라도 사해행위의 판단 자체는 각각의 개별적 행위를 기준으로 판단하여야 한다(대법원 2001. 4. 27. 선고 2000다69026 판결).
>
> 그러나 대상판결은 일련의 연속된 법률행위가 있다고 하더라도 사실상 경제적으로 하나의 일체의 행위라고 한다면 이를 구분해서 보는 것이 아니라 하나의 법률행위로 보아야 하고 그 기준은 매매계약 당시를 기준으로 판단하여야 한다고 하여 원칙에 대한 예외를 인정하였다.

법원판단

1.원심판결 이유 및 기록에 의하면 다음과 같은 사실을 알 수 있다.

여기상사 주식회사(이하 '여기상사'라고 한다)는 원심판결 별지목록 1.내지 8.부동산(양주시 남면 상수리 624등 공장부지 및 공장건물과 그에 부속된 도로인바,합하여 하나의 '공장'으로서 경제적 일체를 이룬다.(이하'이 사건 부동산'이라고 한다)을 소유하고 있던 중 2006.11.8.피고에게 그 중 원심판결 별지목록 1.내지 4.부동산을 10억 4,000만 원에 매도하였다(다만 같은 목록 5.부동산은 2005.10.24.이미 1.부동산에 합병되어 있었고, 6.내지 8.부동산은 부속도로로 사실상 이 사건 부동산 전부를 매도한 것으로 보인다. 이하 '이 사건 매매계약'이라고 한다). 여기상사와 피고는 이 사건 매매계약의 매매대금 중 계약금 3,000만 원은 계약 당일, 1차 중도금 7,000만 원은 같은 달 30일에, 2차 중도금 1억 원은 같은 해 12.30.에, 잔금 8억4,000만 원은 2007.1.31.에 각 지급하기로 하였다. 다만 이 사건 부동산이 토지거래허가구역 내에 있어서 토지거래허가를 받아야 함을 고려하여 소유권이전등기를 하기 전에 먼저 피고 앞으로 근저당권을 설정해 주고, 토지거래허가에 관한 요건을 갖춘 후 이전등기를 하기로 특약을 하였다. 피고는 2006.12.29.까지 이 사건 매매계약에서 정한 계약금, 1차 및 2차 중도금 합계 2억 원을 여기상사에 지급하였고, 위 근저당권설정특약에 따라 이 사건 부동산에 관하여 2007.1.17.자의 근저당권설정계약(이하 '이 사건 근저당권설정계약'이라고 한다)을 원인으로 같은 날 채권최고액 7억 원의 근저당권설정등기가 경료되었다. 또한 피고는 2007.1.31.잔금 중 7,000만 원을 여기상사에 지급하였다.

2. 여기상사의 채권자인 원고는 이 사건 근저당권설정계약이 사해행위라고 주장하면서 이 사건 소로 이 사건 근저당권설정계약의 취소 및 이 사건 부동산에 관한 피고 명의의 근저당권등기의 말소를 청구하였다. 이에 대하여 **원심은 이 사건 근저당권설정계약 당시를 기준으로 여**

기상사의 채무초과상태 여부를 판단하면서 여기상사가 피고로부터 받은 매매대금 2억 7,000만 원의 반환채무를 그 소극재산에 포함하여 계산하였다.

3. 그러나 원심의 위와 같은 판단은 다음과 같은 이유로 수긍할 수 없다.

채무자가 연속하여 수개의 재산행위를 한 경우에는 채권자취소권에 관하여 각 행위별로 그로 인하여 무자력이 초래되었는지 여부에 따라 사해성을 판단하는 것이 원칙이지만, <u>그일련의 행위들을 하나의 행위로 볼 특별한 사정이 있는 때에는 이를 일괄하여 전체로서 사해성이 있는지 판단하여야 한다.이때 그러한 특별한 사정이 있는지 여부는 행위의 상대방의 동일성,각 재산행위의 시간적 근접성,채무자와 상대방의 관계,행위의 동기 내지 기회의 동일성 여부 등을 기준으로 결정</u>되어야 한다(대법원 2006.9.14.선고 2005다74900판결참조). 그런데 앞서 본 사실관계에 의하면, 이 사건 매매계약과 이 사건 근저당권설정계약은 계약의 당사자가 동일하고, 그 목적물도 사실상 동일하며, 실질적으로 동시에 이루어졌고(이사건 근저당권설정등기 및 그 등기원인으로서의 이 사건 근저당권설정계약은 2007.1.17. 행하여졌으나 그 근저당권을 설정하기로 하는 합의가 이 사건 매매계약과 동시에 이루어졌음은 앞서 본 바와 같다), **이 사건 부동산이 토지거래허가의 대상임에도 그 허가를 얻지 아니한 채 이 사건 매매계약이 체결되고 또 대금의 일부**

가 먼저 지급되었으므로 이 사건 근저당권설정계약은 주로 이 사건 매매계약의 이행을 미리 확보할 목적으로 또는 이 사건 매매계약이 무효로 확정되는 경우 이미 지급된 매매대금의 반환을 담보할 목적으로 체결되었음을 알 수 있다. 그렇다면 위 법리에 따라 이 사건 매매계약과 이 사건 근저당권설정계약은 사해행위 여부를 판단함에 있어서 이를 하나의 행위로 봄이 상당하고, 따라서 여기상사의 채무초과상태 등 사해행위의 요건의 구비 여부는 애초의 법률행위인 이 사건 매매계약 당시를 기준으로 판단하여야 할 것이다(또한 이 사건 공장에 설치된 기계기구류의 존재 여부 및 그 평가액 등에 대하여도 심리할 필요가 있음을 지적하여 둔다). 그럼에도 원심이 이 사건 근저당권설정계약 당시를 기준으로 여기상사의 채무초과상태 등 사해행위의 요건을 판단한 것은 채무자의 연속된 재산행위를 하나의 행위로 보아야 할 경우 사해성 판단의 기준시점에 관한 법리를 오해하여 판결 결과에 영향을 미친 위법이 있다. 이 점을 지적하는 취지가 포함된 상고논지는 이유 있다.

수익자에서 전득자로의 법률행위 판단 포함 여부 / 전득자를 상대로 한 사해행위 취소소송에서 수익자와 전득자 사이의 전득행위가 다시 채권자를 해하는 행위로서 사해행위의 요건을 갖추어야 하는지 여부(소극) (대법원 2006. 7. 4. 선고 2004다61280 판결)

> **판례해설**
>
> 채무자의 사해행위로 인하여 취소되는 법률행위는 채무자의 법률행위이고 해당 법률행위가 사해행위 요건을 갖추어야 한다. 더 나아가 채무자의 법률행위가 수익자 및 전득자로 이어진다고 하더라도 취소되는 법률행위는 채무자의 법률행위일 뿐 수익자에서 전득자로 넘어가는 법률행위는 아니다.
>
> 당연한 법리로 수익자와 전득자의 법률행위가 채무자의 법률행위와 별도로 사해행위일 필요는 없을 뿐만 아니라 전득자의 악의 자체는 채무자의 법률행위가 사해행위임을 인식하는 것이지 수익자의 법률행위가 사해행위일 것을 인식하는 것은 아니라고 할 것이다.

법원판단

가. 원심의 조치

원심판결 이유에 의하면 원심은, 채무자 소외인과 수익자인 피고 1 사이의 이 사건 부동산 처분행위가 사해행위로서 취소되어야 한다고 판단한 다음, 피고 1로부터 근저당권을 설정받은 전득자인 피고 기술신용보증기금(이하 '피고 기금'이라 한다)에게도 그 근저당권설정등기의 말소를 구하는 원고의 청구에 대하여는, 이 사건 전득행위인 근저당권설정은 신규채무의 부담에 따른 것으로서 변제나 상당한 가격의 대물변제를 사해행위로 보지 않는 이상 특정 채권자를 위한 물상담보의 제공 역시 사해행위로 되지 않는 것이므로, 이는 결국 사해행위가 아니라는 이유로 이 부분 원고의 청구를 기각하였다.

나. 대법원의 판단

그러나 원심의 조치는 아래와 같은 이유로 수긍할 수 없다.

채권자가 사해행위의 취소로서 수익자를 상대로 채무자와 사이의 법률행위의 취소를 구함과 아울러 전득자를 상대로도 수익자와의 사이의 전득행위의 취소를 구함에 있어서, 전득자의 악의라 함은 전득행위 당시 그 행위가 채권자를 해한다는 사실, 즉 사해행위의 객관적 요건을 구비하였다는 인식을 의미하는 것이므로, <u>전득자의 악의를 판단함에 있어서는 단지 전득자가 전득행위 당시 채무자와 수익자 사이의 법률행위의 사해성을 인식하였는지 여부만이 문제가 될 뿐이지, 수익자와 전득자 사이의 전득행위가 다시 채권자를 해하는 행위로서 사해행위의 요건을 갖추어야 하는 것은 아니라고 할 것</u>이다.

이 사건을 기록에 의하여 검토하여 보면, 피고 기금은 소외인에 대한 채권자로서, 채무자 소외인과 피고 1 사이의 이 사건 부동산의 처분행위가 사해행위라는 이유로 처분금지가처분을 하고 사해행위취소의 본안소송을 제기하여 승소판결을 얻은 다음, 소외인에 대한 채권회수 대신 이 사건 전득행위인 근저당권을 설정받았음을 자인하고 있으므로, 피고 기금은 위 전득행위 당시 소외인과 피고 1 사이의 이 사건 부동산의 처분행위가 원고를 포함한 소외인의 다른 채권자들을 해하는 사해행위임을 인식하고 있었다고 할 것이고, 달리 기록상 피고 기금이 선의임을 뒷받침할 아무런 자료가 없어, 결국 전득자의 피고 기금에 대한 악의의 추정은 번복될 여지가 없다고 하겠다.

그런데도 불구하고 원심은 이와 달리, 전득행위에 있어서도 사해행위의 요건이 갖추어져야 함을 전제로 이 사건 전득행위가 신규채무의 부담에 따른 담보의 설정으로서 사해행위가 아니라는 이유로 결국 피고 기금이 선의라는 항변을 받아들이고 말았으니, 이러한 원심판결에는 사해행위취소 및 전득자의 악의에 관한 법리를 오해하였음은 물론 변론주의 내지 채증법칙에 위배하여 사실을 오인한 위법이 있다고 하지 않을 수 없고, 이 점을 지적하는 원고의 상고이유의 주장은 이유 있다.

우선변제권이 확보되어 있는 채권자의 기준에서 사해행위 판단 (대법원 2002. 11. 8. 선고 2002다41589 판결)

판례해설

채권자로서 우선변제권이 설정되어 있다면 채무자의 법률행위로 인하여 자신의 채권은 영향을 받지 않기 때문에 원칙적으로 사해행위가 성립되지 않는다. 다만 <u>채권자의 채권액이 그 부동산의 가액 및 채권최고액</u>

> **을 초과하는 경우에는 그 담보물로부터 우선변제 받을 액을 공제한 나머지 채권액**에 대해서는 인정될 수 있다.
>
> 대상판결에서는 더 나아가 이와 같은 부동산 가치 등에 대한 기준시점은 채무자의 법률행위 당시 즉 사해행위 당시를 기준으로 평가를 하게 된다.

법원판단

(1) 주채무자 또는 제3자 소유의 부동산에 대하여 채권자 앞으로 근저당권이 설정되어 있고, 그 부동산의 가액 및 채권최고액이 당해 채무액을 초과하여 채무 전액에 대하여 채권자에게 우선변제권이 확보되어 있다면, 그 범위 내에서는 채무자의 재산처분행위는 채권자를 해하지 아니하므로 연대보증인이 비록 유일한 재산을 처분하는 법률행위를 하더라도 채권자에 대하여 사해행위가 성립되지 않는다고 보아야 할 것이고, **당해 채무액이 그 부동산의 가액 및 채권최고액을 초과하는 경우에는 그 담보물로부터 우선변제받을 액을 공제한 나머지 채권액에 대하여만 채권자취소권이 인정된다**고 할 것이며(대법원 2000. 12. 8. 선고 2000다21017 판결, 2001. 7. 27. 선고 2000다73377 판결, 2002. 4. 12. 선고 2000다63912 판결 등 참조), 피보전채권의 존재와 그 범위는 채권자취소권 행사의 한 요건에 해당된다고 할 것이므로 이 경우 채권자취소권을 행사하는 채권자로서는 그 담보권의 존재에도 불구하고 자신이 주장하는 피보전채권이 그 우선변제권 범위 밖에 있다는 점을 주장·입증하여야 할 것이다.

그리고 **채무자의 재산처분행위가 사해행위가 되는지 여부는 처분행위 당시**를 기준으로 판단하여야 하므로 담보로 제공된 부동산이 사해성 여부가 문제되는 재산처분행위가 있은 후에 임의경매 등 절차에서 환가가 진행된 경우에는 그 재산처분행위의 사해성 여부를 판단하기 위한 부동산 가액의 평가는 부동산 가액의 하락이 예상되는 등 특별한 사정이 없는 한 사후에 환가된 가액을 기준으로 할 것이 아니라 **사해성 여부가 문제되는 재산처분행위 당시의 시가**를 기준으로 하여야 할 것이다(대법원 2001. 7. 27. 선고 2000다73377 판결 참조).

(2) 따라서 위에서 본 바에 의하면, 우선 원심의 위와 같은 판단에는 그 피보전채권의 존재와 범위에 관한 주장·입증책임을 전도한 위법이 있음을 알 수 있고, 다음으로 원심으로서는 **사해행위 당시를 기준으로 하여 원고의 주채무자인 서라벌음향과 그 연대보증인인 소외 1에 대한 채권원리금의 수액을 특정하여 그 채권액이 과연 주채무자 소유인 이 사건 담보부동산에 관하여 경료된 각 근저당권설정등기상의 채권최고액 및 그 당시 이 사건 담보부동산의 시가를 초과하는 피보전채권에 해당될 것인지 여부를 심리하였어야 할 것임에도**, 그러한 심리를 한 흔적이 전혀 없을 뿐더러, 나아가 이 사건 담보부동산의 가액을 따짐에 있어서 사해행위시를 기준으로 하지 아니하고 그 이후 이 사건 담보부동산이 낙찰되어 원고가 실제로 배당받은 금액까지 참작하여 원고의 피보전채권이 주채무자에 대한 그 우선변제권으로 담보되는지 여부를 판정한 원심의 판단에도 채권자취소권에 있어서 피보전채권의 범위 등에

관한 법리를 오해하고 심리를 다하지 아니한 위법이 있다고 할 것이다.

(3) 다만, 기록에 의하면, 원고는 2002. 4. 3.자 원심 준비서면에서 1999. 8. 31.을 기준으로 하여 원고의 채권원리금 총액은 1,590,084,018원이라고 주장한 바 있었고 피고 역시 원심 변론과정 및 상고이유에서 원고의 주장과 같은 채권원리금 총액에 대하여는 명백히 다투지 아니하고 있음을 알 수 있으므로, 만일 위 시점 및 이 사건 사해행위 시점으로 볼 수 있는 1999. 9. 1. 당시 원고의 채권원리금의 수액이 그 주장과 같다고 한다면, 원고의 채권은 이미 이 사건 담보부동산에 경료된 각 근저당권의 채권최고액 합계 15억 원을 상회하고 있는 결과가 되어, 적어도 위 채권최고액을 초과하는 부분에 관한 한은 더 이상 이 사건 담보부동산에 관한 우선변제권에 의하여 담보되지 아니하는 채권에 해당되는 것은 그 자체로 명백하게 되었다고 할 것이니, 원고가 그 부분을 피보전채권으로 한 채권자취소권은 이를 능히 행사할 수 있다고 할 것이므로(따라서 위 채권원리금 총액이 채권최고액을 상회하더라도 사해행위 당시 이 사건 담보부동산의 가액이 그 채권원리금 총액을 상회하는 한에서는 그 채권총액이 이 사건 담보부동산에 의하여 전액 우선담보되므로 원고의 채권자취소권 행사는 허용될 수 없다는 피고의 상고이유에서의 주장은 그 자체로 잘못된 것이다.), **원심으로서는 적어도 사해행위 당시의 원고의 채권원리금의 액수가 얼마인지를 정확하게 확정하여 위 채권최고액의 범위를 상회하는 부분이 있는지 여부를 확인한 다음, 그래도 상회하는 잔액이 있다면 그 잔액을 기초로 하여 원**

고의 피보전채권의 범위를 특정하여야 한다는 점, 또한 이 사건 담보부동산의 사해행위 당시의 시가가 위 채권최고액을 하회하는지 여부를 원고의 주장·입증에 의하여 따로 감정 등의 방법으로 심리하여 보고, 그 결과 그 당시 이 사건 담보부동산의 시가가 위 채권최고액을 하회하게 된다면 그 하회하는 만큼 원고의 채권 부분도 아울러 우선변제권에 의하여 담보되지 아니한 것으로 볼 여지가 있게 될 것이므로 이러한 채권 부분도 원고의 채권자취소권에 의하여 보전될 수 있는 채권의 범위에 포함될 것이라는 점, 그리고 원고의 채권원리금이 그 우선변제권에 의하여 전액 담보되지 아니하는 경우에는 변제충당의 법리를 유추적용하여 사해행위 시점에서는 이자채권이 원금채권에 우선하여 우선변제권에 의하여 담보되고 있다고 볼 것이므로 담보되지 아니하는 부분 가운데에는 원금에 해당하는 금원이 포함되어 남아 있게 될 것이고, 따라서 원고가 채권자취소권을 행사할 수 있는 범위는 그 이후 담보권의 실행 등으로 소멸한 부분을 제외하고 난 다음 실제로 남은 미회수 원리금 전부가 아니라 사해행위 당시 채권최고액 및 이 사건 담보부동산의 가액을 초과하는 부분에 해당하는 채무원리금 및 그 중 원금 부분에 대한 사실심 변론종결시점까지 발생한 지연이자 상당의 금원이 이에 해당할 것(대법원 2001. 9. 4. 선고 2000다66416 판결, 2001. 12. 11. 선고 2001다64547 판결, 2002. 4. 12. 선고 2000다63912 판결 등 참조)이라는 점도 아울러 지적해 두고자 한다.

권리보호이익 및 중복제소 여부

수명의 채권자의 사해행위 취소청구 가능성 1 / 동일한 사해행위에 관하여 어느 한 채권자가 채권자취소 및 원상회복청구를 하여 승소판결을 받아 그 판결이 확정되면 그 후에 제기된 다른 채권자의 동일한 청구가 권리보호이익이 없어지는지 여부(한정소극) (대법원 2003. 7. 11. 선고 2003다19558)

> **판례해설**
>
> **채권자 대위소송**에서 채무자의 또다른 채권자가 채권자 대위소송을 하는 경우 중복 제소 또는 권리보호이익이 없어 각하를 당할 수 있다. 즉 대위소송 요건 중 하나로서 보전의 필요성을 요구하고 이는 채무자가 권리행사를 하지 않을 것이라는 내용의 보전의 필요성이라는 요건을 요구한다. 이런 이유로 채권자 대위소송에서 다른 채권자가 채무자의 권리를 대신 행사하면 그 자체로 채무자의 권리행사로 볼 수 있어 보전의 필요성이 존재하지 않는다고 하여 각하를 당하는 것으로 보인다.
>
> 그러나 **채권자 취소소송**은 채권자 대위소송과 같이 소극적으로 단순히 채무자의 권리를 대신하는 소송이 아니라 적극적으로 각 채권자의 자신의 채권 만족을 위하여 채무자의 법률행위를 취소시키는 것이고 더불어 그 효과 역시 채무자에게 복귀하는 것이 아닌 채권자와 수익자 또는 전득자 사이에서만 발생하기 때문에 각 채권자마다 별개의 권리로서 별개로 청구할 수 있고 더불어 어떠한 채권자가 취소권을 행사하였다고 하

더라도 그로 말미암아 또 다른 채권자가 영향을 받지 않은 것이다.

다만 다음에서 보는 판례에서와 같이 **판결이 확정된 뒤 원상회복까지 마치고 집행까지 모두 마무리된다**면 더 이상 남아있는 채무자의 법률행위는 존재하지 않기 때문에 이 때 비로소 채권자 취소권을 행사할 권리보호이익이 존재하지 않게 되는 것이다.

법원판단

1. 원심의 판단

원심은, 사해행위취소소송에 있어서 채권자취소 및 그 원상회복은 모든 채권자의 이익을 위하여 효력이 있는 것이므로 어느 한 채권자가 먼저 수익자를 상대로 사해행위취소소송을 제기하여 승소판결을 받아 확정된 경우 다른 채권자가 다시 동일한 소송을 제기하는 것은 권리보호의 이익이 없다고 판단하고, 이 사건에서 기술신용보증기금이 피고 박근식, 이수연을 상대로 대구지방법원 2000가합4092호로 이 사건 각 매매계약이 사해행위임을 이유로 그 매매계약의 취소 및 가액배상의 이행을 구하는 소송을 제기하여 2001. 1. 16. 승소 판결이 선고되어 확정되었으므로 원고의 피고 박근식, 이수연에 대한 이 사건 소는 권리보호의 이익이 없어 부적법하다는 이유로 이를 각하하였다.

2. 이 법원의 판단

원심의 판단은 요컨대, 어느 한 채권자가 먼저 수익자를 상대로 채권자취소 및 원상회복청구소송을 제기하여 승소판결을 받아 확정된 경우 다른 채권자가 동일한 소송을 제기하는 것은 권리보호의 이익이 없어 부적법하다는 것이다.

그러나 **채권자취소권의 요건을 갖춘 각 채권자는 고유의 권리**로서 채무자의 재산처분 행위를 취소하고 그 원상회복을 구할 수 있는 것이므로 각 채권자가 동시 또는 이시에 채권자취소 및 원상회복소송을 제기한 경우 이들 소송이 중복제소에 해당하는 것이 아닐 뿐만 아니라, **어느 한 채권자가 동일한 사해행위에 관하여 채권자취소 및 원상회복청구를 하여 승소판결을 받아 그 판결이 확정되었다는 것만으로 그 후에 제기된 다른 채권자의 동일한 청구가 권리보호의 이익이 없어지게 되는 것은 아니고, 그에 기하여 재산이나 가액의 회복을 마친 경우에 비로소 다른 채권자의 채권자취소 및 원상회복청구는 그와 중첩되는 범위내에서 권리보호의 이익이 없게 된다**고 보아야 할 것이다(대법원 2000. 7. 28. 선고 99다6180 판결, 2001. 10. 12. 선고 2001다49043 판결 참조).

그럼에도 불구하고, 기술신용보증기금이 피고 박근식, 이수연을 상대로 위 각 부동산에 관한 이 사건 각 매매계약이 사해행위임을 이유로 그 계약의 취소 및 가액배상의 이행을 구하는 승소 판결을 받아 확정되었다는 점만으로 원고의 피고 박근식, 이수연에 대한 이 사건 소가 권리보호의 이익이 없어 부적법하다고 한 원심은 사해행위취소의 소에 있어 권리보호의 이익에 관한 법리를 오해하여 판결에 영향을 미친 위법을 저지른 것이라 할 것이다.

수명의 채권자의 사해행위 취소 청구 2 / 동일한 사해행위에 관하여 어느 한 채권자가 채권자취소 및 원상회복청구를 하여 승소판결을 받아 그 판결이 확정되고 그에 따라 이행이 완료된 경우 다른 채권자의 사해행위 취소소송의 권리보호이익이 없어지는지 여부(적극) (대법원 2012. 4. 12. 선고 2011다110579 판결

> **판례해설**
>
> 사해행위 취소채권자 각자가 각각 취소소송을 제기하였을 경우 후소는 채권자 대위소송과 다르게 권리보호이익이 없다고 판단되지 않고 더 나아가 전소가 확정되었다고 하더라도 후소 역시 권리보호이익이 없어지지 않으며 다만, **확정된 판결에 의하여 원상회복이 마쳐진 이후에야 비로소 권리보호이익이 없어지게 된다.**

법원판단

어느 한 채권자가 동일한 사해행위에 관하여 채권자취소 및 원상회복청구를 하여 승소판결을 받아 그 판결이 확정되고, 그에 기하여 재산이나 가액의 회복을 마친 경우에는 다른 채권자의 채권자취소 및 원상회복청구는 그와 중첩되는 범위 내에서 권리보호의 이익이 없게 된다(대법원 2003. 7. 11. 선고 2003다19558 판결 참조).

원심판결 이유 및 원심이 적법하게 채택하여 조사한 증거 등에 의하면, 서울보증보험 주식회사는 망 소외인에 대한 구상금채권을 피보전채권으로 하여 망 소외인과 피고 1 사이의 2004. 11. 4.자 증여계약에 대한 채권자취소의 소를 제기해 승소판결을 받은 사실을 알 수 있는데, 위 증여계약은 원고가 이 사건에서 취소를 구하는 망 소외인과 피고 1 사이의 2005. 3. 7.자 및 2005. 6. 8.자 증여계약과 동일한 사해행위가 아님이 명백하므로, 원심이 피고들에게 위 승소판결의 내용과 피고 1의 원상회복의무 이행 여부에 관해 주장·증명을 촉구하지 아니하였다고 하여 원심판결에 상고이유 주장과 같은 석명의무 위반 등의 위법이 있다고 할 수 없다.

수익자가 채권자를 선택하여 이행하여 일부 채권자가 지급받지 못한 경우 신의칙에 반하는지 여부 (대법원 2014. 8. 20. 선고 2014다28114 판결 [사해행위취소등])

판례해설

대상판결은 수익자가 **특정 채권자에 대하여 이익을 주기 위한 의도로 각기 별개의 채권자가 진행한 사건에 대하여, 특정 채권자에 대하여는 자백한 이후 곧바로 이행한 반면 다른 채권자에 대하여는 다툰 결과** 다른 채권자에 대한 청구 자체가 권리보호이익이 있는지 여부가 문제가 되었다. 이는 사실 신의칙과 연결될 여지가 있고, 실제 원심에서는 수익자가 채무자의 권리보호이익이 없다고 항변하는 것은 신의칙에 반한다고 판단하였다.

그러나 **대상판결에서 수익자가 확정시킨 특정 채권자와 공모관계가 아니라고 한다면 부적법하다고 볼 수 없다고 판단하였던 것으로** 소송 중 권리보호이익이 없다고 다투더라도 이는 신의칙에 위반된 주장이 아니라고 판단한 것이다.

법원판단

1. 원심의 판단

원심은, 건화약품 주식회사(이하 '건화약품'이라 한다)가 피고를 상대로 제기한 사해행위취소 소송(이하 '선행 소송'이라 한다)에서 피고에게 가액배상을 명하는 판결이 선고되어 그대로 확정된 사실, 피고는 위 확정판결에 따라 건화약품에 가액배상으로 3억 4,400만 원을 지급한 사실을 인정하였다. 나아가 원심은, 피고가 건화약품에 위 확정판결에 따른 가액의 회복을 마쳤으므로 그와 배상의 범위가 중첩되는 이 사건 소는 권리보호의 이익이 없어 부적법하다는 취지의 피고의 항변에 대하여, ① 피고는 선행 소송과 이 사건 소송 사이에 별다른 차이가 없음에도 이 사건 소송에서는 항소를 제기하면서까지 적극적으로 다투면서도 선행 소송에서는 제1심판결이 그대로 확정되도록 하였고, ② 피고가 건화약품에 대하여만 가액 전부를 지급한 것은 취소채권자들 사이의 형평을 깨뜨리는 행위로서 또 다른 형태의 사해행위와 유사한 측면이 있으며, ③ 피고가 위 확정판결에 따른 가액의 회복을 마쳤더라도 이는 피고가 이 사건 소송에서 가액배상을 면하기 위한 항변자료를 제출할 목적으로 한 것에 불과한 점 등을 고려하면, 피고가 위 확정판결에 따른 가액의 회복을 내세워 이 사건 소송에서 권리보호 이익이 없다고 주장하는 것은 신의성실의 원칙상 받아들일 수 없다고 판단하여 피고의 위 항변을 배척하였다.

2. 대법원의 판단

신의성실의 원칙은, 법률관계의 당사자는 상대방의 이익을 배려하여 형평에 어긋나거나 신뢰를 저버리는 내용 또는 방법으로 권리를 행사하거나 의무를 이행하여서는 아니 된다는 추상적 규범을 말하는 것으로서, 신의칙에 위배된다는 이유로 그 권리행사를 부정하기 위해서는 상대방에게 신의를 공여하였거나 객관적으로 보아 상대방이 신의를 가지는 것이 정당한 상태에 이르러야 하고 이와 같은 상대방의 신의에 반하여 권리를 행사하는 것이 정의관념에 비추어 용인될 수 없는 정도의 상태에 이르러야 한다(대법원 1991. 12. 10. 선고 91다3802 판결 등 참조).

채권자취소권의 요건을 갖춘 각 채권자는 고유의 권리로서 채무자의 재산처분 행위를 취소하고 그 원상회복을 구할 수 있는 것이므로 여러 명의 채권자가 동시에 또는 시기를 달리하여 사해행위취소 및 원상회복청구의 소를 제기한 경우 이들 소가 중복제소에 해당하지 아니할 뿐만 아니라, 어느 한 채권자가 동일한 사해행위에 관하여 사해행위취소 및 원상회복청구를 하여 승소판결을 받아 그 판결이 확정되었다는 것만으로는 그 후에 제기된 다른 채권자의 동일한 청구가 권리보호의 이익이 없게 되는 것은 아니다. 그러나 **확정된 판결에 기하여 재산이나 가액의 회복을 마친 경우에는 다른 채권자의 사해행위취소 및 원상회복청구는 그와 중첩되는 범위 내에서 권리보호의 이익이 없게 된다**(대법원 2003. 7. 11. 선고 2003다19558 판결, 2005. 5. 27. 선고 2004다67806 판결 등 참조). 그리고 수익자가 확정된 판결에 기하여 해당 채권자에게 재산이나 가액을 반환함으로써 그 채권자가 다른 채권자보다 사실상 우선변제를 받는 불공평한 결과가 초래된다고 하더라도, 그 재산이나 가액의 반환이 다른 채권자를 해할 목적으로 수익자와 해당 채권자가 통모한 행위라는 등의 특별한 사정이 없는 한 확정된 판결에 따른 반환의무를 이행하는 것이 다른 채권자의 신의에 반하는 행위라고 할 수는 없으므로, 확정된 판결에 따라 재산이나 가액의 반환을 마친 수익자가 다른 채권자의 사해행위취소 및 원상회복청구에 대하여 권리보호의 이익이 없다고 주장하는 것이 신의성실의 원칙에 위배된다고 할 수는 없다.

그런데 이 사건에서 피고는 건화약품이 제기한 선행 소송에서 피고에 대하여 가액배상을 명하는 판결이 선고되어 확정되자 그 판결에 따라 건화약품에 가액을 반환한 것이고, 그 과정에서 원고를 해할 목적으로 건화약품과 통모하였다는 등의 사정을 인정할 만한 자료는 없다. 피고의 가액 반환이 원고가 제기한 이 사건 소송이 계속 중일 때 이루어졌고 위 가액 반환으로 건화약품이 다른 채권자보다 사실상 우선변제를 받는 불공평한 결과가 초래되었다고 하더라도, 그러한 사정만으로 피고가 위 가액 반환에 의하여 원고의 청구가 권리보호의 이익이 없게 되었다는 항변을 하는 것이 신의성실의 원칙에 위배된다고 할 수는 없다.

그럼에도 원심은 이와 달리 피고의 위 항변이 신의성실의 원칙에 위배되어 받아들일 수 없다고 판단하였으니, 원심의 이러한 판단에는 신의성실의 원칙과 권리보호의 이익에 관한 법리를 오해하여 판결 결과에 영향을 미친 위법이 있다.

채권자가 원물반환청구 승소 이후 가액배상 청구 가능한지 여부 (대법원 2006. 12. 7. 선고 2004다54978 판결)

> **판례해설**
>
> 사해행위 취소소송에서 **취소채권자가 주장하는 원상회복청구권은 사실심 변론종결 당시의 채권자의 선택에 따라 원물반환과 가액배상 중 어느 하나로 확정된다.** 채권자가 일단 사해행위 취소 및 원상회복으로서 원물반환 청구를 하여 승소 판결이 확정되었다면, 그 후 어떠한 사유로 원물반환의 목적을 달성할 수 없게 되었다고 하더라도 다시 원상회복청구권을 행사하여 가액배상을 청구할 수는 없고 이 가액배상 청구는 권리보호의 이익이 없어 허용되지 않는다.

법원판단

민법 제406조 제1항에 따라 채권자의 사해행위 취소 및 원상회복청구가 인정되면, 수익자는 원상회복으로서 사해행위의 목적물을 채무자에게 반환할 의무를 지게 되고, 만일 원물반환이 불가능하거나 현저히 곤란한 경우에는 원상회복의무의 이행으로서 사해행위 목적물의 가액 상당을 배상하여야 한다. 여기에서 <u>원물반환이 불가능하거나 현저히 곤란한 경우라 함은 원물반환이 단순히 절대적·물리적으로 불능인 경우가 아니라 사회생활상의 경험법칙 또는 거래상의 관념에 비추어 그 이행의 실현을 기대할 수 없는 경우</u>를 말한다.

따라서 사해행위 후 그 목적물에 관하여 제3자가 저당권이나 지상권 등의 권리를 취득한 경우에는 수익자가 목적물을 저당권 등의 제한이 없는 상태로 회복하여 이전하여 줄 수 있다는 등의 특별한 사정이 없는 한 채권자는 수익자를 상대로 원물반환 대신 그 가액 상당의 배상을 구할 수 있지만, 그렇다고 하여 채권자가 스스로 위험이나 불이익을 감수하면서 원물반환을 구하는 것까지 허용되지 아니하는 것으로 볼 것은 아니며, 채권자는 원상회복 방법으로 가액배상 대신 수익자를 상대로 채무자 앞으로 직접 소유권이전등기절차를 이행할 것을 구할 수도 있다. 이 경우 <u>원상회복청구권은 사실심 변론종결 당시의 채권자의 선택에 따라 원물반환과 가액배상 중 어느 하나로 확정되며, 채권자가 일단 사해행위 취소 및 원상회복으로서 원물반환 청구를 하여 승소 판결이 확정되었다면, 그 후 어떠한 사유로 원물반환의 목적을 달성할 수 없게 되었다고 하더라도 다시 원상회복청구권을 행사하여 가액배상을 청구할 수는 없으므로 그 청구는 권리보호의 이익이 없어 허용되지 않는다</u>고 할 것이다.

원심은, 그 채용 증거들을 종합하여, 피고가 이 사건 부동산의 소유자인 소외인으로부터 사해행위로서 이 사건 부동산을 매수하여 소유권이전등기를 마친 다음 수산업협동조합중앙회 앞으로 근저당권설정등기를 마쳤는데, 그 후 소외인의 채권자인 원고가 피고를 상대로 사해행위 취소 및 원상회복으로서 소외인에게로의 소유권이전등기를 청구하여 원고 승소 판결이 확정된 사실 및 원고가 위 확정 판결에 따른 소유권이전등기를 지체하던 중 사해행위 이전에 이미 이 사건 부동산에 설정되어 있던 삼성화재해상보험 주식회사의 근저당권이 실행되어 제3자에게 매각됨으로써 소외인에게로의 소유권이전등기가 불가능해진 사실을 인정한 다음, 종전 확정 판결에 따른 원물반환이 불가능해졌음을 이유로 가액배상을 구하는 이 사건 주위적 청구 부분의 소를 권리보호의 이익이 없어 부적법하다는 이유로 각하하였는바, 앞서 본 법리에 비추어 보면, 원심은 그 이유 설시를 일부 달리하는 부분은 있으나 주위적 청구가 부적법하다는 결론에 있어서는 정당하므로, 거기에 사해행위취소 및 기판력에 관한 법리오해 등으로 판결에 영향을 미친 위법이 있다고 할 수 없다.

수익자 등기 말소 청구 승소 확정 이후 가액배상 청구가 가능한지 여부 (대법원 2018. 12. 28. 선고 2017다265815 판결 [소유권이전등기])

> **판례해설**
>
> 채권자가 사해행위취소 및 원상회복으로서 수익자 명의 등기의 말소를 청구하여 승소판결이 확정된 경우, 수익자 명의 등기를 말소하는 것이 불가능하게 되었다고 하여 다시 수익자를 상대로 원상회복청구권을 행사하여 가액배상을 청구하거나 원물반환으로서 채무자 앞으로 직접 소유권이전등기절차를 이행할 것을 청구할 수는 없다.
>
> 원상회복으로서 수익자 명의 등기를 말소하는 것이 불가능하게 되었다고 하더라도 다시 수익자를 상대로 원상회복청구권을 행사하여 가액배상을 청구하거나 원물반환으로서 채무자 앞으로 직접 소유권이전등기절

차를 이행할 것을 청구할 수는 없으므로, 그러한 청구는 권리보호의 이익이 없어 허용되지 않는다.

따라서 당초 원상회복을 구할 당시에 권리실현에 방해가 될 만한 사안이 없는지를 잘 살펴보아야 할 것이다.

법원판단

채권자의 사해행위취소 및 원상회복청구가 인정되면, 수익자는 원상회복으로서 사해행위의 목적물을 채무자에게 반환할 의무를 진다. 만일 원물반환이 불가능하거나 현저히 곤란한 경우에는 원상회복의무 이행으로서 사해행위 목적물의 가액 상당을 배상하여야 하는데, 여기서 원물반환이 불가능하거나 현저히 곤란한 경우는 원물반환이 단순히 절대적, 물리적으로 불가능한 경우가 아니라 사회생활상 경험법칙 또는 거래 관념에 비추어 채권자가 수익자나 전득자로부터 이행의 실현을 기대할 수 없는 경우를 말한다. 따라서 **사해행위로 부동산 소유권이 이전된 후 그 부동산에 관하여 제3자가 저당권이나 지상권 등의 권리를 취득한 경우에는 수익자가 부동산을 저당권 등의 제한이 없는 상태로 회복하여 채무자에게 이전하여 줄 수 있다는 등의 특별한 사정이 없는 한 채권자는 수익자를 상대로 원물반환 대신 가액 상당의 배상을 구할 수 있지만, 그렇다고 하여 채권자가 스스로 위험이나 불이익을 감수하면서 원물반환을 구하는 것까지 허용되지 않는 것은 아니다. 채권자는 원상회복 방법으로 가액배상 대신 수익자 명의 등기의 말소를**

구하거나 수익자를 상대로 채무자 앞으로 직접 소유권이전등기절차를 이행할 것을 구할 수도 있다. 이 경우 원상회복청구권은 사실심 변론종결 당시 채권자의 선택에 따라 원물반환과 가액배상 중 어느 하나로 확정된다. 채권자가 일단 사해행위취소 및 원상회복으로서 수익자 명의 등기의 말소를 청구하여 승소판결이 확정되었다면, 어떠한 사유로 수익자 명의 등기를 말소하는 것이 불가능하게 되었다고 하더라도 다시 수익자를 상대로 원상회복청구권을 행사하여 가액배상을 청구하거나 원물반환으로서 채무자 앞으로 직접 소유권이전등기절차를 이행할 것을 청구할 수는 없으므로, 그러한 청구는 권리보호의 이익이 없어 허용되지 않는다.

원상회복방법으로 원물반환이 불가능하게 된 경우 가액반환청구로 인정하기 위한 요건 (대법원 2015. 5. 21. 선고 2012다952 전원합의체판결 [사해행위취소])

> **판례해설**
>
> 사해행위 취소소송에서 채무자의 법률행위가 취소되면 수익자 또는 전득자는 원상회복의무를 이행하여야 하고 그 원상회복의무는 원물반환과 가액반환으로 나누어진다. 그리고 원물반환과 가액반환은 각각의 요건을 갖추어야 하는 별개의 법리가 적용되고 <u>원물반환이 인정되지 않는다고 보충적으로 가액반환으로 되는 것은 아니다.</u>

일반 민사소송에서 소송의 결과가 불능일 경우에는 소익이 없다고 판단되게 되는데, 그렇다면 사해행위 취소소송에서 원물반환이 불가능할 경우란 어떤 경우인가라는 점에 관하여 대상판결은 설명해주고 있다.

즉 대상판결은 사해행위 취소소송에서 **원물반환이 불가능하거나 현저히 곤란한 경우는 원물반환이 단순히 절대적, 물리적으로 불가능한 경우가 아니라 사회생활상의 경험법칙 또는 거래상의 관념에 비추어 채권자가 수익자나 전득자로부터 이행의 실현을 기대할 수 없는 경우를 의미한다**고 판시하여 원물반환이 불가능한 경우를 넓게 인정하고 있고, 가액반환이 불가능한 경우는 사실상 없다고 보는 것이 타당하다.

대상판결의 사실관계에서도 채무자의 법률행위인 가등기에 대한 말소소송을 제기하였는데 민사소송법상 가등기가 부기등기가 된 이후 본등기 절차로 이행되었다면 가등기 말소는 소의 이익이 존재하지 않는바 사해행위 취소소송에서는 <u>**채무자의 법률행위는 취소하되 전득자에 대한 가액반환이 가능하다고 판시하여 통상의 등기 소송과는 다르게 판단**</u>하였다.

법원판단

가. 채권자의 사해행위취소 및 원상회복청구가 인정되면, 수익자 또는 전득자는 원상회복으로서 사해행위의 목적물을 채무자에게 반환할 의무를 진다. 만일 원물반환이 불가능하거나 현저히 곤란한 경우에는 원상회복의무의 이행으로서 사해행위 목적물의 가액 상당을 배상하여야 하는데, 여기서 **원물반환이 불가능하거나 현저히 곤란한 경우**

는 원물반환이 단순히 절대적, 물리적으로 불가능한 경우가 아니라 사회생활상의 경험법칙 또는 거래상의 관념에 비추어 채권자가 수익자나 전득자로부터 이행의 실현을 기대할 수 없는 경우를 말한다(대법원 1998. 5. 15. 선고 97다58316 판결 등 참조).

채무자 소유 부동산에 관하여 소유권이전청구권을 보전하기 위한 가등기를 마친 경우에, **가등기 자체만으로는 소유권이전의 효력이 발생하지 않지만 후일 본등기를 마치면 가등기 시에 소급하여 소유권변동의 효력이 발생하고 그 결과 채권자가 채무자의 재산으로부터 완전한 변제를 받을 수 없게 되어 채권자를 해할 수 있다**(대법원 1975. 2. 10. 선고 74다334 판결 등 참조). 따라서 채권자를 해하는 가등기의 원인인 법률행위는 사해행위로서 취소의 대상이 되고, 그 법률행위가 사해행위로 취소되면 특별한 사정이 없는 한 가등기권자는 그 취소에 따른 원상회복으로서 원물반환의무인 가등기말소의무를 진다. 한편 가등기에 의하여 순위 보전의 대상이 되는 물권변동의 청구권은 그 성질상 양도될 수 있는 재산권일 뿐만 아니라 가등기로 인하여 그 권리가 공시되어 결과적으로 공시방법까지 마련된 셈이므로, 이를 양도한 경우에는 **양도인과 양수인의 공동신청으로 그 가등기상의 권리의 이전등기를 가등기에 대한 부기등기의 형식으로 할 수 있다**(대법원 1998. 11. 19. 선고 98다24105 전원합의체 판결 등 참조).

위와 같은 법리들을 종합하여 보면, 사해행위인 매매예약에 기하여 수익자 앞으로 가등기를 마친 후 전득자 앞으로 그 가등기 이전의 부기등기를 마치고 나아가 그 가등기에 기한 본등기까지 마쳤다 하더라도, 위 부기등기는 사해행위인 매매예약에 기초한 수익자의 권리의 이전을 나타내는 것으로서 위 부기등기에 의하여 수익자로서의 지위가 소멸하지는 아니하며, 채권자는 수익자를 상대로 그 사해행위인 매매예약의 취소를 청구할 수 있다. 그리고 설령 부기등기의 결과 위 가등기 및 본등기에 대한 말소청구소송에서 수익자의 피고적격이 부정되는 등의 사유로 인하여 수익자의 원물반환의무인 가등기말소의무의 이행이 불가능하게 된다 하더라도 달리 볼 수 없으며, 특별한 사정이 없는 한 수익자는 위 가등기 및 본등기에 의하여 발생된 채권자들의 공동담보 부족에 관하여 원상회복의무로서 가액을 배상할 의무를 진다 할 것이다.

이와 달리 <u>사해행위인 매매예약에 의하여 마친 가등기를 부기등기에 의하여 이전하고 그 가등기에 기한 본등기를 마친 경우에, 그 가등기에 의한 권리의 양도인은 가등기말소등기청구 소송의 상대방이 될 수 없고 본등기의 명의인도 아니므로 가액배상의무를 부담하지 않는다는 취지의 대법원 2005. 3. 24. 선고 2004다70079 판결 등은 이 판결의 견해에 배치되는 범위 안에서 이를 변경</u>하기로 한다.

나. 원심판결 이유와 적법하게 채택한 증거들에 의하면, ① 2006. 9. 13. 소외 1 소유인 별지 목록 기재 제2 내지 5, 7, 9, 11 내지 16 부동산에

관하여 2006. 8. 31.자 매매예약(이하 '이 사건 매매예약'이라 한다)을 원인으로 한 주식회사 보은종합목재(이하 '보은종합목재'라 한다) 명의의 각 소유권이전청구권가등기가 마쳐졌다가 2006. 9. 18. 등기관이 착오발견을 이유로 직권으로 그 가등기권자를 피고 1 및 보은종합목재로 경정하는 각 부기등기가 마쳐진 사실, ② 이어서 원심판시와 같이 위 각 부동산에 관하여 각 수분양자 등 앞으로 매매 또는 계약양도를 원인으로 한 가등기 이전의 부기등기가 마쳐졌다가 그 각 가등기에 기한 본등기가 마쳐진 사실을 알 수 있다.

다. 위와 같은 사실관계를 앞서 본 법리에 비추어 살펴보면, 이 사건 매매예약이 사해행위임을 이유로 하여 그 취소를 구하는 이 사건에서, **채권자인 원고는 이 사건 매매예약에 관한 수익자인 피고 1 및 보은종합목재를 상대로 매매예약의 취소를 청구할 수 있고, 위 수익자들 명의의 가등기말소의무의 이행이 불가능하다 하더라도 위 가등기 및 본등기에 의하여 발생된 공동담보 부족에 관하여 <u>원상회복의무로서 위 수익자들에게 가액배상을 청구</u>할 수 있다.**

라. 그럼에도 이와 달리 원심은 위 각 부동산에 관하여 피고 1 및 보은종합목재로부터 수분양자 등 제3자에게 가등기 이전의 부기등기가 마쳐졌고 본등기 명의인도 아니므로 피고 1, 보은종합목재가 사해행위취소 채권자에 대하여 가액배상의무를 지지 아니한다고 잘못 판단하여, 위 가등기에 관한 사해행위취소 및 가액배상청구를 기각하였다.

따라서 이러한 원심판결에는 사해행위에 의하여 마쳐진 가등기가 이전된 경우의 사해행위취소 및 가액배상에 관한 법리를 오해하여 판결에 영향을 미친 위법이 있다.

채권자의 채무자에 대한 수개의 채권 / 각각의 채권이 별개의 소송물인지 여부 (대법원 2012. 7. 5. 선고 2010다80503 판결)

판례해설

채무자의 채권자들이 각자 채무자의 법률행위에 대하여 사해행위 취소소송을 제기할 경우 이는 중복 소송이 아니라고 판단한 바 있다. 이는 각 채권자들마다 채무자에 대하여 가지고 있는 채권이 다르기 때문이다. 문제는 채무자에 대하여 수 개의 채권을 가진 채권자가 각기 다른 절차에서 채무자의 동일한 법률행위에 대하여 사해행위 취소소송을 제기하였다면 과연 어떤 판결을 받을까

대상판결은 <u>동일한 채권자이고 동일한 채무자</u>라고 한다면 동일한 채권자가 동일한 채무자에 대하여 가지고 있는 각각의 채권은 동일한 소송물로서 각기 다른 공격방어방법에 불과하다고 하여 중복소송에 해당하고 만약 채권자의 하나의 채권이 확정되었다면 더 이상 기판력에 의하여 다툴 수 없다고 판단한 것이다.

결국 동일한 채무자로서 동일한 법률행위에 대한 취소를 구한다고 하더라도 동일한 채권자가 수개의 채권을 가지고 있는 경우와 채권자가 수인인 경우와 구분하여 판단하여야 할 것이다.

법원판단

1. 채권자가 사해행위취소 및 원상회복청구를 하면서 그 보전하고자 하는 채권을 추가하거나 교환하는 것은 그 사해행위취소권과 원상회복청구권을 이유 있게 하는 공격방법에 관한 주장을 변경하는 것일 뿐이지 소송물 또는 청구 자체를 변경하는 것이 아니므로(대법원 2003. 5. 27. 선고 2001다13532 판결 등 참조), 채권자가 보전하고자 하는 채권을 달리하여 동일한 법률행위의 취소 및 원상회복을 구하는 채권자취소의 소를 이중으로 제기하는 경우 전소와 후소는 소송물이 동일하다고 보아야 하고, 이는 전소나 후소 중 어느 하나가 승계참가신청에 의하여 이루어진 경우에도 마찬가지이다.

한편 소송에서 다투어지고 있는 권리 또는 법률관계의 존부가 동일한 당사자 사이의 전소에서 이미 다루어져 이에 관한 확정판결이 있는 경우에 법원은 이에 저촉되는 판단을 할 수 없고, 위와 같은 확정판결의 존부는 당사자의 주장이 없더라도 법원이 직권으로 조사하여 판단하여야 하며, 이러한 사정이 사실심 변론종결 이후에 발생한 경우 상고심에서도 이를 참작하여야 한다(대법원 1992. 5. 22. 선고 92다3892 판결, 대법원 2010. 11. 25. 선고 2010다64877 판결 등 참조).

2. 원심이 인정한 사실과 기록에 의하면, 원고 승계참가인(이하 '참가인'이라고 한다)은 피고를 상대로 대구지방법원 서부지원 2008가합2174호로 소외인에 대한 구상금채권을 피보전채권으로 하여 이 사건

매매계약의 취소와 가액배상을 구하는 채권자취소의 소를 제기하여 그 소장부본이 2008. 9. 3. 피고에게 송달되었고(이하 '대구 사건 소송' 이라고 한다), 원고도 피고를 상대로 이 사건 제1심법원에 소외인에 대한 양수금채권을 피보전채권으로 하여 이 사건 매매계약의 취소와 가액배상을 구하는 이 사건 채권자취소의 소를 제기하여 그 소장부본이 2008. 9. 12. 피고에게 송달된 사실(이하 '이 사건 소송'이라고 한다), 그런데 참가인은 대구 사건 소송의 제1심판결 선고 전인 2009. 7. 7. 원고로부터 이 사건 소송의 피보전채권을 양수받은 후 이를 이유로 2009. 9. 2. 이 사건 원심법원에 이 사건 승계참가를 신청하였고, 원고는 소송탈퇴서를 제출한 사실, 대구 사건 소송의 제1심법원은 2009. 11. 12. 참가인의 청구를 기각하였고, 이에 참가인이 항소하였으나, 그 항소심(대구고등법원 2010나294)에서 2010. 11. 3. 참가인의 항소가 기각되어 이 사건이 이 법원에 계속 중이던 2010. 11. 27. 확정된 사실 등을 알 수 있다.

앞서 본 법리를 위 사실관계에 비추어 보면, **참가인의 이 사건 승계참가신청으로 인한 이 사건 소송은 대구 사건 소송과 채권자취소의 소의 피보전채권만 달리할 뿐 당사자와 소송물이 동일하고, 이 사건 소송의 상고심 계속 중 전소인 대구 사건 소송이 참가인의 패소판결로 확정되었으므로 이 사건 청구에 대하여는 전소의 확정판결의 기판력이 그대로 미친다**고 할 것이다. 따라서 이 사건 청구에 대하여도 확정판결과 모순 없는 판단을 하기 위하여 이를 기각하여야 할 것이므로, 원심판결은 이 점에서 더 이상 유지될 수 없게 되었다.

사해행위로 성립된 근저당이 말소된 경우 말소된 근저당권의 근저당설정계약에 대한 취소를 구할 이익이 있는지 여부 (대법원 2018. 6. 19. 선고 2017다270107 판결)

판례해설

　사해행위로 성립된 **근저당권이 이미 말소되었다고** 하더라도 **근저당권 설정에 대한 사해행위 취소소송을 제기**할 수 있다. 이는 통상의 근저당 말소소송이 아닌 사해행위로 인하여 반환되는 범위의 한도 내에서 상대적으로 취소를 인정하는 것이고 이에 대한 사실상의 효과는 가액배상이기 때문에 통상의 근저당 말소소송과 다르게 권리보호이익이 없다고 볼 수 없다.

법원판단

　가. 채무자가 사해행위로 인한 근저당권 실행으로 경매절차가 진행 중인 부동산을 매각하고, 그 대금으로 근저당권자인 수익자에게 피담보채무를 변제함으로써 그 근저당권설정등기가 말소된 경우에 위와 같은 변제는 특별한 사정이 없는 한 근저당권의 우선변제권에 기하여 일반 채권자에 우선하여 된 것이라고 봄이 타당하므로 <u>수익자로 하여금 근저당권 말소를 위한 변제 이익을 보유하게 하는 것은 부당</u>하다. 따라서 이 경우 근저당권설정등기로 말미암아 해를 입게 되는 채권자는 원상회복을 위하여 사해행위인 근저당권설정계약의 취소를 구할 이익이 있고(대법원 2012. 11. 15. 선고 2012다65058 판결, 대법원 2015. 4.

23. 선고 2014다82118 판결 참조), 근저당권설정계약을 사해행위로서 취소하는 경우 타인이 소유권을 취득하고 <u>근저당권설정등기가 말소되었다면 원물반환이 불가능하므로 가액배상의 방법으로 원상회복을 명하여야 한다</u>(대법원 2011. 2. 10. 선고 2010다90708 판결 참조).

나. 원심의 판단

원심은 위 사실관계를 토대로 「사해행위에 해당하는 각 근저당권설정계약에 기한 근저당권설정등기는 이미 말소됨으로써 원상회복이 이루어졌고, 피고들이 지급받은 돈은 위 각 근저당권설정계약과는 별도의 변제행위에 의하여 취득한 것이므로 변제행위 자체의 사해성을 다투지 아니한 채 근저당권설정계약의 취소에 따른 가액배상으로서 지급금의 반환을 구할 수는 없다」고 판단하였다.

다. 그러나 원심의 위와 같은 판단은 다음과 같은 이유에서 그대로 수긍하기 어렵다.

채무자 소외 1은 사해행위로 인한 근저당권의 실행으로 경매절차가 진행 중인 이 사건 제2부동산을 마산남부새마을금고에 매도하였고, 위 금고가 근저당권자인 피고들에게 피담보채무를 변제하여 피고들 앞으로 설정되어 있던 근저당권이 말소되었으므로, 피고들은 근저당권의 우선변제권에 기하여 원고를 비롯한 일반 채권자들에 우선하여 변제받게 된 것이라고 봄이 상당하고, 피고들로 하여금 근저당권을 말소하는 대가로 변제받은 돈을 보유하게 하는 것은 부당하다. 따라서 **원고에게는 사해행위인 각 근저당권설정계약의 취소를 구할 이익이 있을 뿐만 아니라, 마산남부새마을금고가 이 사건 제2부동산의 소유권을 취득하고 각 근저당권설정등기가 말소되어 원물반환이 불가능한 이상 가액배상의 방법으로 원상회복을 청구**할 수 있다.

그런데도 원심은 이 사건 제2부동산에 관하여 피고들과 소외 1 사이에 체결된 각 근저당권설정계약이 사해행위에 해당함을 전제로 그 취소를 명한 제1심판결을 유지하면서도 판시와 같은 이유로 피고들에 대한 **가액배상 청구를 기각**하였다. 이러한 원심판결에는 채권자취소권의 행사에 따른 가액배상에 관한 법리를 오해한 나머지 판결 결과에 영향을 미친 잘못이 있다. 이를 지적하는 상고이유 주장은 이유 있다.

채무자의 사해행위로 이전된 재산이 여하한 사유로 채무자의 재산으로 복귀될 경우 권리보호이익 유무 (대법원 2018. 6. 15. 선고 2018다215763, 215770 판결)

> **판례해설**
>
> 채무자의 사해행위로 인하여 이전된 재산권이 채무자에게 다시 복귀한 경우 과연 권리보호이익이 있을까

> 사해행위 취소소송의 목적은 채무자의 사해행위로 인하여 이전된 재산권을 채권자들이 집행이 가능하도록 채무자에게 원상복귀 시키는 것을 목적으로 하는 바 여하한 이유로 채무자에게 다시 복귀되었다고 한다면 그 목적은 이미 달성되었기 때문에 더 이상 사해행위 취소소송을 유지할 실익이 없어지게 된다.

법원판단

채권자가 채무자의 부동산에 관한 사해행위를 이유로 수익자를 상대로 그 사해행위의 취소 및 원상회복을 구하는 소송을 제기한 후 소송계속 중에 그 사해행위가 해제 또는 해지되고 채권자가 그 사해행위의 취소로 복귀를 구하는 재산이 벌써 채무자에게 복귀한 경우에는, 특별한 사정이 없는 한 그 **사해행위취소소송의 목적은 이미 실현되어 더 이상 그 소에 의해 확보할 권리보호의 이익이 없어진다**(대법원 2015. 5. 21. 선고 2012다952 전원합의체 판결 등 참조).

원심판결 이유와 기록에 의하면, 원고의 채무자 소외인이 그 소유인 파주시 (주소 생략) 임야 8,499㎡에 관하여 2014. 3. 28. 피고 농협과 근저당권설정계약 및 추가 근저당권설정계약을 체결하고, 의정부지방법원 고양지원 파주등기소 2014. 3. 28. 접수 제20892호, 제20896호로 위각 계약을 원인으로 한 근저당권설정등기를 마쳐 주었으나, **원심판결 선고 후인 2018. 3. 14. 해지 또는 일부 포기를 원인으로 위 각 근저당권설정등기가 말소된 사실**을 알 수 있다.

이러한 사실관계를 앞서 본 법리에 비추어 살펴보면, 이 사건 소 중 위 각 계약이 사해행위라는 이유로 그 취소 및 원상회복으로서 위 각 근저당권설정등기의 말소를 청구하는 피고 농협에 대한 부분은 권리보호이익이 없어 부적법하게 되었으므로, 이 부분 원심판결을 그대로 유지할 수 없다. 이 점을 지적하는 상고이유 주장은 이유 있다.

사해행위 취소 상대방 및 관할

사해행위 취소소송 피고 적격 / 채무자 포함 여부 (대법원 1991. 8. 13. 선고 91다13717 판결)

> **판례해설**
>
> 채권자가 채권자취소권을 행사하려면 <u>채무자를 상대로 그 소송을 제기할 수는 없고,</u> 사해행위로 인하여 이익을 받은 자나 전득한 자를 상대로 그 법률행위의 취소를 청구하는 소송을 제기하여야 한다.

법원판단

채권자가 채권자취소권을 행사하려면 사해행위로 인하여 이익을 받은 자나 전득한 자를 상대로 그 법률행위의 취소를 청구하는 소송을 제기하여야 되는 것으로서, <u>채무자를 상대로 그 소송을 제기할 수는 없다</u>는 것이 당원의 확립된 판례가 취하여 온 견해로서(당원 1961.11.9. 선고 4293민상263 판결; 1965.9.7. 선고 65다1481 판결; 1967.12.26. 선고 67다1839 판결; 1988.2.23. 선고 87다카1586 판결 등 참조), 이와 같은 의견을 변경할 필요가 있다고 인정되지 않으므로, 이와 견해를 같이한 원심판결에 사해행위 취소소송의 당사자적격에 관한 법리를 오해한 위법이 있다는 취지의 논지도 받아들일 것이 못된다.

사해행위 취소소송의 상대방은 채무자와 법률행위를 한 수익자이거나 수익자로부터 사해행위 목적물을 양수받은 전득자 (대법원 2004. 8. 30. 선고 2004다21923 판결)

판례해설

사해행위 취소소송의 상대방은 채무자가 아니라 그로부터 목적물을 양수받은 수익자 또는 전득자이다. 즉 **사해행위로 인한 결과는 채무자의 사해행위로 인하여 이전된 재산을 회수하는 것이기 때문에 결국 원상회복의 상대방인 수익자 전득자가 사해행위 취소의 당사자가 될 뿐 채무자는 원칙적으로 당사자가 되지 않는다.**

법원판단

1. 채권자가 채권자취소권을 행사하려면 사해행위로 인하여 이익을 받은 자나 전득한 자를 상대로 그 법률행위의 취소를 청구하는 소송을 제기하여야 되는 것으로서 채무자를 상대로 그 소송을 제기할 수는 없고(대법원 1991. 8. 13. 선고 91다13717 판결 등 참조), **채권자가 전득자를 상대로 하여 사해행위의 취소와 함께 책임재산의 회복을 구하는 사해행위취소의 소를 제기한 경우에 그 취소의 효과는 채권자와 전득자 사이의 상대적인 관계에서만 생기는 것이고 채무자 또는 채무자와 수익자 사이의 법률관계에는 미치지 않는 것**이므로(대법원 1988. 2. 23. 선고 87다카1989 판결, 2002. 5. 10. 자 2002마1156 결정 등 참조), 이

경우 취소의 대상이 되는 사해행위는 채무자와 수익자 사이에서 행하여진 법률행위에 국한되고, 수익자와 전득자 사이의 법률행위는 취소의 대상이 되지 않는다고 할 것이다.

따라서 채권자인 원고가 전득자인 피고를 상대로 제기한 이 사건 사해행위취소소송에서 원심이 채무자와 수익자 사이의 법률행위의 취소를 선언함과 아울러 전득자인 피고로 하여금 채무자인 삼화그린텍 주식회사(이하 '삼화그린텍'이라 줄인다)에게 명의회복을 하도록 명한 것은 위 법리에 따른 것으로서 정당하고, 거기에 상고이유 제1점의 주장과 같은 사해행위취소소송에서 취소의 대상이 되는 법률행위 내지 사해행위취소소송에서의 피고적격에 관한 법리를 오해한 위법이 없다.

사해행위 취소소송 재판관할 (대법원 2002. 5. 10.자 2002마1156 결정)

판례해설

재판관할 즉 어느 법원에 사해행위 취소의 소를 제기해야 하는지 여부에 관한 문제이다.

<u>사해행위 취소의 소는 채무자의 법률행위를 취소시키는 것으로서 수익자 또는 전득자에 대하여 가액배상을 명한다고 하더라도 이는 채</u>

> 권자와의 관계에서 발생하는 법률효과에 불과한바 결국 재판관할이 되는 부동산의 의무이행지는 '취소의 대상인 법률행위의 의무이행지' 가 아니라 '취소로 인하여 형성되는 법률관계에 있어서의 의무이행지' 라고 보아야 할 것이다. 그렇지 않을 경우 대상판결과 같이 이송을 당하여 사실상 재판이 상당히 지연되는 상황이 발생할 수 있다.

법원판단

원심은, 포항시에 주소를 둔 원고가 원주시에 본점을 둔 소외 삼양주택건설 주식회사(이하 '소외 회사'라 한다)에 대하여 **약속어음공정증서에 의한 금전채권을 가지고 있는데** 소외 회사가 그 소유인 강원 고성군 토성면 청간리 소재 부동산들을 인천시에 본점을 둔 피고 회사에 매도하고 소유권이전등기까지 마쳤음을 이유로 위 매매계약을 사해행위로서 취소하고 피고 회사에게 위 소유권이전등기의 말소등기절차의 이행을 구하는 소를 원고의 주소지 관할법원인 대구지방법원 포항지원에 제기한 데 대하여 **원고의 사해행위취소에 의하여 형성되는 법률관계는 피고의 소외 회사에 대한 소유권이전등기의 말소등기절차 이행에 관한 권리의무관계이고, 그 취소로 인하여 소외 회사의 채권자인 원고와 수익자인 피고 사이에는 아무런 실체상 권리의무관계가 형성되지 않으므로, 원고의 주소지는 민사소송법 제6조의 의무이행지가 아니라고** 판단하였다.

그러나 채권자가 사해행위의 취소와 함께 수익자 또는 전득자로부터 책임재산의 회복을 구하는 사해행위취소의 소를 제기한 경우 그 취소의 효과는 채권자와 수익자 또는 전득자 사이의 관계에서만 생기는 것이므로, 수익자 또는 전득자가 사해행위의 취소로 인한 원상회복 또는 이에 갈음하는 가액배상을 하여야 할 의무를 부담한다고 하더라도 이는 채권자에 대한 관계에서 생기는 법률효과에 불과하고 채무자와 사이에서 그 취소로 인한 법률관계가 형성되는 것은 아니다. 뿐만 아니라, 이 경우 채권자의 주된 목적은 사해행위의 취소 그 자체보다는 일탈한 책임재산의 회복에 있는 것이므로, **사해행위취소의 소에 있어서의 의무이행지는 '취소의 대상인 법률행위의 의무이행지'가 아니라 '취소로 인하여 형성되는 법률관계에 있어서의 의무이행지'라고 보아야 할 것**이다. 따라서 원심의 위와 같은 판단에는 사해행위취소의 소에 있어서의 의무이행지에 관한 법리를 오해한 위법이 있다.

그러나 이 사건에 있어서, 부동산등기의 신청에 협조할 의무의 이행지는 성질상 등기지의 특별재판적에 관한 민사소송법 제19조에 규정된 '등기할 공무소 소재지'라고 할 것이므로, 원고가 사해행위취소의 소의 채권자라고 하더라도 사해행위취소에 따른 원상회복으로서의 소유권이전등기 말소등기의무의 이행지는 그 등기관서 소재지라고 볼 것이지, 원고의 주소지를 그 의무이행지로 볼 수는 없다. 따라서 관할위반을 이유로 사건을 부동산의 소재지 관할법원인 춘천지방법원 속초지원으로 이송한 제1심법원의 조치를 유지한 원심결정의 결론은 정당하다고 할 것이다.

사해행위 취소의 소를 수익자나 전득자 중 일부만을 상대로 할 수 있는지 여부 (대법원 2014. 12. 11. 선고 2011다49783 판결 [사해행위취소])

> 판례해설
>
> 사해행위취소의 소는 수익자나 전득자 중 일부만을 상대로 하거나 수익자와 전득자를 공동피고로 하여 제기할 수 있다.
>
> 사해행위취소소송에 있어서 수익자 또는 전득자가 악의라는 점에 관하여는 채권자에게 입증책임이 있는 것이 아니라 수익자 또는 전득자 자신에게 선의라는 사실을 입증할 책임이 있다

법원판단

어느 특정 채권자에 대한 담보제공행위가 사해행위가 되기 위하여는 채무자가 이미 채무초과 상태에 있을 것과 그 채권자에게만 다른 채권자에 비하여 우선변제를 받을 수 있도록 하여 다른 일반 채권자의 공동담보를 감소시키는 결과를 초래할 것을 그 요건으로 하며, **특정 채권자에게 부동산을 담보로 제공한 경우 그 담보물이 채무자 소유의 유일한 부동산인 경우에 한하여만 사해행위가 성립한다고 볼 수는 없다** (대법원 2008. 2. 14. 선고 2005다47106, 47113, 47120 판결 참조).

채권자의 사해행위취소 및 원상회복청구가 인정되면 **수익자 또는 전**

득자는 원상회복으로서 사해행위의 목적물을 채무자에게 반환할 의무를 지게 되고 원물반환이 불가능하거나 현저히 곤란한 경우에는 원상회복의무의 이행으로서 사해행위 목적물의 가액 상당을 배상하여야 한다(대법원 1998. 5. 15. 선고 97다58316 판결 등 참조). 그리고 **사해행위가 채권자에 의하여 취소되기 전에 이미 수익자 또는 전득자가 배당금을 지급받은 경우에는, 채권자는 원상회복방법으로 수익자 또는 전득자를 상대로 배당으로 수령한 금전의 지급을 가액배상의 방법으로 청구할 수 있다**(대법원 2002. 10. 25. 선고 2002다42711 판결 참조). 한편 **사해행위취소의 소는 수익자나 전득자 중 일부만을 상대로 하거나 수익자와 전득자를 공동피고로 하여 제기할 수 있고, 사해행위취소소송에 있어서 수익자 또는 전득자가 악의라는 점에 관하여는 채권자에게 입증책임이 있는 것이 아니라 수익자 또는 전득자 자신에게 선의라는 사실을 입증할 책임이 있다**(대법원 2011. 9. 29. 선고 2009다81920 판결 등 참조).

원심은 그 판시와 같은 사실을 인정한 다음, 채무자 소외인이 이 사건 부동산에 관하여 2008. 9. 4. 피고 1과 이 사건 근저당권설정계약을 체결할 당시 이미 채무초과 상태에 있었으므로 이는 사해행위에 해당하고, 그로 인한 수익자인 피고 1과 전득자인 피고 신용보증기금의 악의는 추정되며, 한편 피고 1은 이 사건 근저당권을 피고 신용보증기금에 양도함으로써, 피고 신용보증기금은 이 사건 부동산에 대한 임의경매절차에서 이 사건 근저당권이 소멸됨으로써 각 원물반환이 불가능하게 되었으므로 채권자인 원고에 대하여 가액배상을 하여야 할 것인데, 그 가액배상액은 피고 신용보증기금이 이 사건 근저당권에 기하여 배당받은 98,787,360원이라고 판단하여, 소외인과 피고 1 사이의 이 사건 근저당권설정계약을 취소하고 피고들에 대하여 각자 원고에게 위 98,787,360원 및 이에 대한 지연손해금의 지급을 명하는 한편, 자신들이 선의의 수익자 또는 전득자라는 피고들의 주장을 배척하였다.

앞서 본 법리에 비추어 기록을 살펴보면, 원심의 이러한 조치는 정당하고, 거기에 상고이유의 주장과 같이 필요한 심리를 다하지 아니하고 채증법칙을 위반하거나 사해행위취소소송에 있어서 가액배상에 관한 법리를 오해하는 등의 잘못이 없다.

제척기간 관련 쟁점

> 제406조(채권자취소권)
> ②전항의 소는 채권자가 취소원인을 안 날로부터 1년, 법률행위있은 날로부터 5년내에 제기하여야 한다.

제척기간 / 취소원인을 안날의 의미 (대법원 2005. 6. 24. 선고 2005다19859 판결 [구상금등])

> **판례해설**
>
> 사해행위 취소소송을 제기할 수 있는 기한은 사해행위의 원인을 안 날로부터 1년, 법률행위 있는 날로부터 5년 내에 제기하여야 한다.
>
> 여기서 사해행위의 원인을 안날이라고 함은 단기 제척기간임을 고려하여 **단순히 채무자가 재산의 처분행위를 하였다는 사실을 아는 것만으로는 부족하고 구체적인 사해행위의 존재를 알고 나아가 채무자에게 사해의 의사가 있었다는 사실까지 알 것을** 요한다.
>
> 다만 채무자가 자기의 유일한 재산인 부동산을 매각하여 소비하기 쉬운 금전으로 바꾸는 행위는 특별한 사정이 없는 한 채권자에 대하여 사해행위가 되어 채무자의 사해의 의사가 추정되는 것이므로, 이와 동일 선상에서 **채무자가 유일한 재산인 부동산을 처분하였다는 사실을 채권자가 알았다면 특별한 사정이 없는 한 채무자의 사해의사도 채권자가 알았다고 봄이 상당**하다고 판단하고 있다.

법원판단

가. 채권자취소권 행사에 있어서 채권자가 취소원인을 알았다고 하기 위하여서는 단순히 채무자가 재산의 처분행위를 하였다는 사실을 아는 것만으로는 부족하고 구체적인 사해행위의 존재를 알고 나아가 채무자에게 사해의 의사가 있었다는 사실까지 알 것을 요하나, 나아가 채권자가 수익자나 전득자의 악의까지 알아야 하는 것은 아니며, 또한 채무자가 자기의 유일한 재산인 부동산을 매각하여 소비하기 쉬운 금전으로 바꾸는 행위는 특별한 사정이 없는 한 채권자에 대하여 사해행위가 되어 채무자의 사해의 의사가 추정되는 것이므로, 이와 같이 **채무자가 유일한 재산인 부동산을 처분하였다는 사실을 채권자가 알았다면 특별한 사정이 없는 한 채무자의 사해의사도 채권자가 알았다고 봄이 상당**하다(대법원 2000. 9. 29. 선고 2000다3262 판결, 2005. 3. 25. 선고 2004다66490 판결 등 참조).

나. 기록에 의하면 이 사건 각 신용보증약정에 따라 두언의 연대보증인인 이규호가 원고에게 부담하는 채무는 원금만 2,741,540,421원에 이르는 사실을 인정할 수 있고, 원심의 인정과 같이 이규호는 이 사건 매매계약 당시 이 사건 아파트와 별건 토지의 지분만을 소유하고 있었고 {별건 토지의 지분은 2003년도 개별공시지가가 1,192,900원(15.8㎡ × 151,000원/㎡ × 1/2)에 불과하다.}, 원고의 의정부지점 직원인 윤여철은 2002. 5. 3. 대출은행들로부터 두언의 신용보증사고 발생을 통지받고, 이

규호 등의 재산상태를 조사하였으며, 이 사건 아파트의 소유권이 피고 앞으로 이전된 사실을 알게 되었고, 그 경위를 알아보기 위하여 2002. 5. 8. 피고에게 관련 계약서와 예금통장, 대출금통장 등 지급한 금전의 출처에 관한 명세서를 제출하여 줄 것을 요구하는 채권조회서를 발송하였다고 한다면, 이 사건 매매계약 당시에 이규호에게 다른 재산이 있었다고 보이지 아니하고 두언이 부도나기 직전에 두원의 대표이사인 이규호에 의하여 이 사건 매매계약이 체결된 이 사건에서, **원고로서는 늦어도 2002. 5. 8.경에는 채무자인 이규호가 사실상 유일한 부동산인 이 사건 아파트를 처분하였다는 사실을 알게 되었고, 따라서 특별한 사정이 없는 한 이규호의 사해의 의사도 그 때 알았다고 보아야 할 것이고, 그렇게 본다면 이 사건 소는 위 2002. 5. 8. 늦어도 위 2002. 5. 17.부터 1년의 제척기간이 경과한 2003. 5. 19.에야 제기되어 부적법하다**고 할 것이다.

그렇다면 위에서 본 특별한 사정에 관하여 심리하여 보거나 **이를 고려하지 아니한 채로 윤여철이 처분금지가처분신청을 위한 품의서를 작성한 2002. 5. 24.에야 원고가 이규호에게 사해의 의사가 있었다는 사실을 알게 되었다**고 한 원심 판단에는 필요한 심리를 다하지 아니하였거나 채무자의 사해의사에 관한 법리를 오해하여 판결 결과에 영향을 미친 위법이 있다고 할 것이다.

취소원인을 안날의 의미 / 채권자가 채무자의 법률행위를 알았다는 요건을 추정할 수 있는지 여부(대법원 2006. 7. 4. 선고 2004다61280 판결)

판례해설

채권자가 '취소원인을 안 날'이라 함은 **채권자가 채권자취소권의 요건을 안 날, 즉 채무자가 채권자를 해함을 알면서 사해행위를 하였다는 사실을 알게 된 날을 의미하고, 채권자가 취소원인을 알았다고 하기 위하여서는 단순히 채무자가 재산의 처분행위를 하였다는 사실을 아는 것만으로는 부족하고 구체적인 사해행위의 존재를 알고 나아가 채무자에게 사해의 의사가 있었다는 사실까지 알 것을 요한다고** 판시하고 있다.

무엇보다도 법원은 단기 제척기간의 특성에 비추어 채무자의 객관적 법률행위를 알았다고 하여 곧바로 사해행위임을 알았다고 추정하는 것은 아니라고 그 해석을 명확하게 하고 있다.

법원판단

채권자취소권의 행사에 있어서 제척기간의 기산점인 채권자가 '취소원인을 안 날'이라 함은 채권자가 채권자취소권의 요건을 안 날, 즉 채무자가 채권자를 해함을 알면서 사해행위를 하였다는 사실을 알게 된 날을 의미하고, 채권자가 취소원인을 알았다고 하기 위하여서는 단순히 채무자가 재산의 처분행위를 하였다는 사실을 아는 것만으로는 부족하고 **구체적인 사해행위의 존재를 알고 나아가 채무자에게 사해의 의사가 있었다는 사실까지 알 것을 요하며, 사해의 객관적 사실을 알았다고 하여 취소의 원인을 알았다고 추정할 수는 없다** 할 것이다(대법원 2002. 9. 24. 선고 2002다23857 판결 참조).

원심판결 이유에 의하면 원심은, 원고 은행 주안지점에서 2000. 9. 30. 소외인에 대한 어음금채권에 대한 대손상각 조치를 할 당시 이 사건 부동산의 처분행위와 소외인의 사해의사까지 알았다고 보아야 하므로 2002. 1. 15. 제기된 원고의 이 사건 소는 제척기간이 도과하였다는 피고들의 항변에 대하여, 위 대손상각 조치는 통상적으로 채무자인 소외인의 자력이 부족하다는 내용으로 보아야 할 것이고 나아가 그 판단에 이 사건 처분행위가 사해행위라는 판단이 전제되어 있음을 인정할 아무런 증거가 없다는 이유로 이를 배척하였는바, 기록에 의하여 검토하여 보면 원심의 위와 같은 사실인정과 판단은 앞서 본 법리에 따른 정당한 것으로 넉넉히 수긍할 수 있고, 거기에 피고 1이 상고이유로 주장하는 바와 같은 채증법칙 위배 또는 심리미진으로 인한 사실오인이나 제척기간에 관한 법리오해 등의 위법이 있다고 할 수 없다.

피고 1이 상고이유에서 들고 있는 대법원판례들은 채무자가 채무초과 상태에서 '유일한 재산'을 처분한 경우에 대한 것으로, 이 사건과는 사안을 달리하는 것이므로 이 사건에 원용하기에 적절하지 아니하다.

가압류 채권자 1 / 가압류 신청 당시 근저당권 존재 (대법원 2001. 2. 27. 선고 2000다44348 판결)

판례해설

민법 제406조 제2항에서는 **사해행위 취소소송의 제척기간에 관하여** 규정하고 있고 그 기간의 기산점은 취소원인을 안 날로부터 1년, 법률행위가 있는 날로부터 5년인바 대상판결에서 문제되는 기산점은 "안 날"과 관련된 쟁점이다.

대상판결에서 **채무자는 사해행위취소 소송을 제기한 채권자가 자신의 부동산에 가압류를 할 당시 등기부에 단순히 수익자 명의의 근저당권이 존재**하고 있었으므로 이 경우 채권자가 가압류 결정 및 등기 경료시 그와 같은 부동산 등기부를 확인한 것이 명확하므로 안날로 볼 수 있다고 주장하였던 것이다.

그러나 판례에서는 <u>**채권자가 채무자의 재산을 모두 파악한 이후 부득이하게 남아있는 재산이 없어서 부동산 가압류를 한 경우가 아니라면 단지 근저당권이 설정되어 있는 것만으로 채무자의 무자력 상태를 알았다고 판단할 수 없다**</u>고 판시하였다.

이에 더하여 그와 같은 채권자의 "안 날"에 대한 증명은 소송요건에 해당하므로 원칙적으로 법원의 직권조사사항이지만 여기에서 법원은 법원에 현출된 자료만을 가지고 판단할 의무가 있고 더불어 의심스럽다면 법원이 증거조사를 통하여 판단할 수 있는바 의심스러운 경우도 발생하지 않았을 경우 법원은 추가적인 증거조사가 필요 없다고 하여 사

> 실상의 소명 책임을 권리장애사유를 주장하는 피고 측 즉 수익자 또는 전
> 득자 측에 부담시키고 있다.

법원판단

　채권자취소의 소는 채권자가 취소원인을 안 때로부터 1년 이내에 제기하여야 하고, 위 채권자취소권의 행사기간은 제소기간이므로 법원은 그 기간의 준수 여부에 관하여 직권으로 조사하여 그 기간이 도과된 후에 제기된 채권자취소의 소는 부적법한 것으로 각하하여야 한다.

　따라서 그 기간 준수 여부에 대하여 의심이 있는 경우에는 법원이 필요한 정도에 따라 직권으로 증거조사를 할 수 있으나, **법원에 현출된 모든 소송자료를 통하여 살펴보았을 때 그 기간이 도과되었다고 의심할 만한 사정이 발견되지 않는 경우까지 법원이 직권으로 추가적인 증거조사를 하여 기간 준수 여부를 확인하여야 할 의무는 없다**(대법원 1996. 5. 14. 선고 95다50875 판결 참조).

　그리고 여기에서 **취소원인을 안다**고 하기 위하여서는 **단순히 채무자의 법률행위가 있었다는 사실을 아는 것만으로는 부족하고, 그 법률행위가 채권자를 해하는 행위라는 것 즉, 그에 의하여 채권의 공동담보에 부족이 생기거나 이미 부족상태에 있는 공동담보가 한층 더 부족하게 되어 채권을 완전하게 만족시킬 수 없게 된다는 것까지 알아**

야 하므로, 채권자가 채무자의 유일한 재산에 대하여 가등기가 경료된 사실을 알고 채무자의 재산상태를 조사한 결과 다른 재산이 없음을 확인한 후 채무자의 재산에 대하여 가압류를 한 경우, 채권자는 그 가압류 무렵에는 채무자가 채권자를 해함을 알면서 사해행위를 한 사실을 알았다고 봄이 상당하지만, **채권자가 채무자 소유의 부동산에 대한 가압류신청시 첨부한 등기부등본에 수익자 명의의 근저당권설정등기가 경료되어 있었다는 사실만으로는 채권자가 가압류신청 당시 취소원인을 알았다고 인정할 수 없다**(대법원 1999. 4. 9. 선고 99다2515 판결, 2000. 6. 13. 선고 2000다15265 판결 등 참조).

이제 이 사건에 관하여 보건대, 원고가 제1심에서 제출한 갑 제1호증(등기부등본)의 기재에 의하면, 원고가 1997. 10. 28.경 이 사건 부동산에 대한 가압류신청을 하기 전에 이미 이 사건 부동산에 관한 등기부등본에 1996. 6. 28. 설정계약을 원인으로 한 피고 명의의 근저당권설정등기가 마쳐져 있었으므로 원고는 채무자인 노희숙과 피고 사이에 이 사건 근저당권설정계약을 체결한 사실을 알고 있었다고 추인할 수는 있지만, 그와 같은 기재만으로는 원고가 그 가압류 무렵에 노희숙의 다른 재산이 없음을 확인하여 위 근저당권설정행위가 사해행위임을 알고 있었다고 의문을 갖게 할 사유가 된다고 할 수는 없고, 그 밖에 기록상 원고가 이 사건 소 제기일로부터 역산하여 1년 전부터 이 사건 사해행위를 알고 있었다고 의심할 만한 자료도 발견되지 않는다.

따라서 원심이 민법 제406조 제2항 소정의 제소기간이 도과되었는지의 여부를 판단하기 위하여 직권으로 증거조사를 하지 아니하였다고 하여 원심판결에 상고이유로 주장하고 있는 바와 같은 심리미진의 위법이 있다고 할 수 없다.

가압류 채권자 2 / 가압류 신청시 이미 수개의 근저당권 존재 (대법원 2012. 1. 12. 선고 2011다82384 판결)

판례해설

채권자가 사해행위 취소소송을 제기하기 위해서는 취소원인을 안 날로부터 1년, 취소원인이 있는 날로부터 5년 내에 소송을 제기하여야 하는바 취소원인을 안 날로부터부터 1년은 단기 제척기간이기 때문에 안 날의 의미를 엄격하게 해석하고 있다.

다만 대상판결에서는 채권자가 채무자의 부동산에 가압류신청을 할 당시 이미 거액의 근저당권이 새로 설정되어 있었고 거기에 더하여 <u>자신의 신청서에도 거액의 근저당권이 설정되어 있는 등으로 자력 부족이 염려된다고</u> 작성하였는바 결국 채권자는 가압류 당시 이미 근저당권 설정 자체가 사해행위임을 알았다고 판시하였다.

사실 가압류 신청서에는 보전의 필요성을 위해서 자력 부족이 있다는 등의 내용을 작성하는 바 이런 내용을 보고 무자력을 알고 있었다고 하기에는 다소 무리가 있으나 여하튼 대법원은 취소원인의 안 날의 의미에 가압류 신청서까지 고려하기 때문에 유의해야 할 판례이다.

법원판단

채권자취소권 행사에 있어서 제척기간의 기산점인 채권자가 '취소원인을 안 날'이라 함은 채권자가 채권자취소권의 요건을 안 날, 즉 채무자가 채권자를 해함을 알면서 사해행위를 하였다는 사실을 알게 된 날을 의미한다고 할 것이므로, 단순히 채무자가 재산의 처분행위를 하였다는 사실을 아는 것만으로는 부족하고, 그 법률행위가 채권자를 해하는 행위라는 것 즉, 그에 의하여 채권의 공동담보에 부족이 생기거나 이미 부족상태에 있는 공동담보가 한층 더 부족하게 되어 채권을 완전하게 만족시킬 수 없게 되었으며 나아가 채무자에게 사해의 의사가 있었다는 사실까지 알 것을 요한다고 할 것이나, 그렇다고 하여 **채권자가 수익자나 전득자의 악의까지 알아야 하는 것은 아니고, 또 채권자가 채무자의 재산상태를 조사한 결과 자신의 채권 총액과 비교하여 채무자 소유의 부동산의 가액이 그에 미치지 못하는 것을 이미 파악하고 있었던 상태에서 채무자의 재산에 대하여 가압류를 하는 과정에서 그 중 일부 부동산에 관하여 제3자 명의의 근저당권설정등기가 경료된 사실을 확인하였다면, 다른 특별한 사정이 없는 한 채권자는 그 가압류 무렵에는 채무자가 채권자를 해함을 알면서 사해행위를 한 사실을 알았다고 봄이 상당하다**(대법원 2005. 3. 25. 선고 2004다66490 판결 등 참조).

원심판결 이유 및 기록에 의하면, 원고는 2006. 12. 20. 주식회사 리더디앤씨(이하 '리더디앤씨'라 한다)에게 5억 원을 대출하면서 연대보증인만을 입보하였을 뿐 부동산을 담보로 제공받지 아니하였던 사실, 원고의 신청에 의하여 원심판결 별지 목록 기재 부동산(이하 '이 사건 부동산'이라 한다)을 포함하여 리더디앤씨 소유의 모든 부동산인 일곱 개의 부동산(이하 '이 사건 가압류부동산'이라 한다)에 관하여 2008. 10. 17. 청구금액을 5억 원으로 한 가압류등기가 경료되었는데(이하 '이 사건 가압류'라 한다), 그 시점에서는 이미 이 사건 부동산에는 채권최고액 2억 원인 피고 1 명의의 근저당권설정등기(이하 '이 사건 근저당권등기'라 한다)가 2008. 9. 25. 같은 달 24일 설정계약을 원인으로 하여 경료되어 있었던 사실, 리더디앤씨가 소유한 이 사건 가압류부동산의 2009년경 당시 감정평가액은 합계 580,896,920원 상당이고, 이 사건 가압류 당시 그 가압류보다 앞서 이 사건 가압류부동산 중 일부에는 전세금 4,000만 원인 2005. 6. 7.자 대한주택공사 명의의 전세권설정등기, 채권최고액 5,200만 원인 2003. 12. 29.자 월배새마을금고 명의의 근저당권설정등기, 채권최고액 2억 6,000만 원 및 채권최고액 2,600만 원인 2007. 1. 31.자 및 2008. 4. 10.자 세림신용협동조합 명의의 각 근저당권설정등기, 채권최고액 1억 원인 2008. 9. 22.자 소외인 명의의 근저당권설정등기가 각 경료되어 있었던 사실, <u>원고가 이 사건 가압류신청 당시 제출하였던 가압류신청서의 신청원인에는 '채권자인 원고가 알아본 바에 의하면 채무자인 리더디앤씨는 타에도 많은 채무를 부담하고 있으므로, 이 사건 가압류부동산이라도 시급히 가압류하여 두지 아니하면 나중에 승소판결을 받더라도 집행이 불능될 우려가 있다'는 취지로 기재</u>되어 있었고, 아울러 위 가압류신청서와 함께 제출된 가압류신청진술서의 '보전의 필요성' 항목에는 '채무자인 리더디앤씨의 유일한 재산인 이 사건 가압류부동산을 매각할 우려가 매우 크므로 시급히 가압류신청에 이르렀다'는 취지로 기재되어 있었던 사실 등을 알 수 있다.

위 사실관계를 앞서본 법리에 비추어 살펴보면, **신용사업을 그 주된 목적사업의 하나로 하고 있는 원고로서는 리더디앤씨에 대한 재산상태를 조사한 결과를 통하여 이 사건 부동산을 포함한 이 사건 가압류부동산이 리더디앤씨의 유일한 재산이라는 것과 그 부동산에 관하여 제3자 명의로 경료된 근저당권의 피담보채무를 확인함으로써 이 사건 가압류부동산의 공동담보로서의 순자산 가치가 원고의 리더디앤씨에 대한 채권액에 미달함을 능히 알 수 있었다고 봄이 상당**하고, 이 사건 가압류 과정에서 이 사건 부동산에 관한 근저당권설정계약과 피고 1 명의의 이 사건 근저당권등기의 경료사실을 알게 되었다고 볼 것이므로, 다른 특별한 사정이 없는 한 원고는 이 사건 가압류 무렵에는 이 사건 부동산에 관한 이 사건 근저당권등기가 경료됨으로써 이미 부족상태에 있는 공동담보가 한층 더 부족하게 되어 채권을 완전하게 만족시킬 수 없게 되었다는 사정을 인식할 수 있게 되었고, 또한 그러한 사해행위를 한 리더디앤씨의 사해의사도 마찬가지로 알게 되었다고 볼 것이다.

그렇다면 원고가 리더디앤씨의 사해행위를 알았다고 볼 수 있는 2008. 10. 17. 무렵부터 1년이 경과한 2010. 3. 10.에 제기된 이 사건 부동산에 관한 원고의 사해행위취소의 소는 제척기간을 도과한 것으로서 부적법하다고 할 것임에도, 그 판시와 같은 이유만으로 피고들의 제척기간 도과의 항변을 배척한 원심판결에는 사해행위취소의 소에 있어서의 제척기간의 기산점에 관한 법리를 오해하였거나 필요한 심리를 다하지 아니하여 판결에 영향을 미친 위법이 있다고 볼 수 있다.

그러므로 나머지 상고이유에 대한 판단을 생략한 채 원심판결을 파기하고, 사건을 다시 심리·판단하게 하기 위하여 원심법원에 환송하기로 하여 관여 대법관의 일치된 의견으로 주문과 같이 판결한다.

가압류 채권자 3 / 가압류 신청시 가등기가 설정되어 있는 경우 (대법원 2006. 2. 23. 선고 2005다64422 판결 [사해행위취소등])

판례해설

채무자의 법률행위를 취소시키는 사해행위 취소의 소는 장기간에 걸쳐 법률관계를 불안정하게 유지할 위험이 있기 때문에 취소소송의 제척기간은 취소원인을 안 날로부터 1년, 취소원인이 있는 날로부터 5년 내에 소송을 제기하여야 한다.

여기서 취소원인을 안 날로부터 1년은 너무 짧은 기간이기 때문에 법원은 다소 엄격하게 해석하여 채권자가 채권자취소권의 요건을 안 날, 즉 채무자가 채권자를 해함을 알면서 사해행위를 하였다는 사실을 알게 된 날

> 을 의미하는 것이고, <u>채권자가 취소원인을 알았다고 하기 위하여서는 단순히 채무자가 재산의 처분행위를 하였다는 사실을 아는 것만으로는 부족하고 구체적인 사해행위의 존재를 알고 나아가 채무자에게 사해의 의사가 있었다</u>는 사실까지 알 것을 요한다고 판단하고 있다.

법원판단

1. 원심의 판단

원심은, 원고들이 A와 피고 사이에 체결된 이 사건 부동산에 관한 매매예약이 사해행위에 해당한다는 이유로 그 취소와 원상회복을 구하는 이 사건 사해행위취소의 소는 원고들이 그 취소원인을 안 날로부터 1년이 경과한 2002. 8. 12.에야 제기한 것으로 이미 제척기간이 경과하여 부적법하다는 피고의 본안전 항변에 대하여, 사해행위취소의 소에 있어서 제척기간의 기산점인 채권자가 '취소원인을 안 날'이라 함은 채권자가 채권자취소권의 요건을 안 날, 즉 채무자가 채권자를 해함을 알면서 사해행위를 하였다는 사실을 알게 된 날을 의미하는 것이고, <u>채권자가 취소원인을 알았다고 하기 위하여서는 단순히 채무자가 재산의 처분행위를 하였다는 사실을 아는 것만으로는 부족하고 구체적인 사해행위의 존재를 알고 나아가 채무자에게 사해의 의사가 있었다는 사실까지 알 것을 요한다고 전제</u>한 다음, 원고들이 2001. 8. 21. 서울동부지방법원 (사건번호 생략)호로 A가 주식회사 동아상호신용금고(이하 동아금고라 한다)로부터 1,810,000,000원을 대출받고도 이를 모두 변제하지 아니하였다는 이유로 청구금액을 위 대출금 중 300,000,000원으로 하여 이 사건 부동산 등에 대하여 가압류신청을 하였는데, 원고들은 이를 위하여 2001. 7. 11. 이 사건 부동산에 관한 등기부등본을, 2001. 8. 8.까지 위 가압류신청에 필요한 나머지 서류들을 각 발급받고, 위 등기부등본에는 위 매매예약을 원인으로 한 피고 명의의 소유권이전청구권가등기가 경료된 내용이 등기되어 있었지만, 이러한 사정만으로는 원고들이 그 무렵 채무자인 A가 채권자인 동아금고를 해할 의도로 위 매매예약을 체결하였다는 사정을 알았다고 인정하기에 부족하고 달리 이를 인정할 증거가 없으며, 오히려 원고들은 2001. 8. 21. 이 사건 부동산 등에 대하여 가압류신청을 하였다가 2002. 3. 8.에 이르러 서울서부지방법원 (사건번호 생략)호로 이 사건 부동산에 경료된 피고 명의의 소유권이전청구권가등기에 관하여 처분금지가처분신청을 하였는데, 만일 원고들이 이 사건 부동산에 관한 등기부등본 등을 발급받는 과정에서 A가 동아금고를 해할 의도로 위 매매예약을 체결하였다는 사정을 알았다면 그 즉시 위 처분금지가처분신청을 하였을 것이라는 점에 비추어, 원고들은 위 가압류 신청일인 2001. 8. 21.부터 위 가처분 신청일인 2002. 3. 8.까지 사이에 A가 동아금고를 해할 의도로 위 매매예약을 체결하였다는 사정을 알게 되었다고 봄이 상당하므로, 그 무렵부터 1년 이내인 2002. 8. 12. 제기된 이 사건 소는 적법하다는 이유로 피고의 본안전 항변을 배척하였다.

2. 대법원의 판단

가. 사해행위취소의 소에 있어서 제척기간의 기산점인 채권자가 '취소원인을 안 날'이라 함은 <u>채권자가 채권자취소권의 요건을 안 날, 즉 채무자가 채권자를 해함을 알면서 사해행위를 하였다는 사실을 알게 된 날을 의미하는 것이고, 채권자가 취소원인을 알았다고 하기 위하여서는 단순히 채무자가 재산의 처분행위를 하였다는 사실을 아는 것만으로는 부족하고 구체적인 사해행위의 존재를 알고 나아가 채무자에게 사해의 의사가 있었다는 사실까지 알 것</u>을 요함은 원심이 설시한 바와 같다(대법원 2005. 6. 9. 선고 2004다17535 판결 등 참조).

나. 그러나 원고들이 채무자인 A가 채권자인 동아금고를 해할 의도로 위 매매예약을 체결하였다는 사정을 알게 된 시점에 관한 원심의 판단은 다음과 같은 이유로 수긍하기 어렵다.

원심판결 이유 및 기록에 의하면, 원고들은 A의 재산상태를 조사한 결과 그가 무자력임을 파악하고 있었던 상태에서 이 사건 부동산 등에 대한 가압류신청을 위하여 2001. 7. 11. 이 사건 부동산에 관한 등기부등본을, 2001. 8. 8.까지 위 가압류신청에 필요한 나머지 서류들을 각 발급받고, 위 등기부등본을 발급받을 무렵 이 사건 부동산에 관하여 위 매매예약을 원인으로 한 피고 명의의 소유권이전청구권가등기가 경료된 사실을 확인하였음을 알 수 있는바, 사실관계가 위와 같다면 다른 특별한 사정이 없는 한 원고들은 위 가압류신청을 위하여 이 사건 부동산에 관한 등기부등본을 발급받은 2001. 7. 11.경이나, 늦어도 **위 가압류신청이 가능하다는 판단하에 이에 필요한 나머지 서류들을 발급받은 2001. 8. 8.경**에는 위 등기부등본의 내용을 확인함으로써 A가 동아금고를 해할 의도로 위 매매예약을 체결하였다는 사정을 알게 되었다고 보아야 할 것이고, 원고들이 **위 가압류신청을 하였다가 2002. 3. 8.에 이르러 추가로 피고 명의의 소유권이전청구권가등기에 관하여 처분금지가처분신청을 하였다고 하여 달리 볼 것이 아니다.**

따라서, 이 사건 사해행위 취소의 소는 다른 특별한 사정이 없는 한 원고들이 취소원인을 안 날로부터 1년이 경과한 2002. 8. 12.에야 제기한 것으로 이미 제척기간이 경과하여 부적법하다고 할 것이다.

그럼에도 불구하고, 원심은 다른 특별한 사정에 관하여 심리하여 보거나 이를 고려하지 아니한 채 위와 달리 판단하였는바, 이러한 원심판결에는 필요한 심리를 다하지 아니하거나 사해행위 취소의 소에 있어서 제척기간의 기산점에 관한 법리를 오해하여 판결에 영향을 미친 위법이 있다고 할 것이므로, 이 점을 지적하는 상고이유의 주장은 이유가 있다.

가압류 채권자 4 / 가압류 채권자가 채무자와의 다른 판결에서 이미 1심 승소판결을 받은 경우 (대법원 2005. 3. 25. 선고 2004다66490 판결)

판례해설

이전 언급한 사례에서는 가압류 당시 원칙적으로 근저당등기나 가등기가 존재한다고 하더라도 특별한 사정이 없는 한 채무자의 사해행위를 알았다고 볼 수 없다는 판례를 보았다.

대상판결은 대법원 2001. 2. 27. 선고 2000다44348 판결과 모순되는 것처럼 보이지만 그렇지 않다. 즉 대상판결에서 채권자의 채무자에 대한 총 채권액이 채무자의 부동산 보다 훨씬 상회하였고 더욱이 가압류 당시 가등기가 경료되어 있었으며 **무엇보다도 이미 채무자와 사해행위 취소소송을 진행하여 자신이 1심 판결까지 받았기 때문에 알았다고 판단**한 것이다. 즉 가압류당시 가등기가 존재한다는 것만으로 되는 것이 아니라 1심 판결 선고 정도는 존재하였고 이를 알고 있었다는 사실 정도의 소명이 존재하여야 비로소 제척기간을 기산점이 되는 "안 날"에 해당한다고 평가되는 것이다.

법원판단

가. 채권자취소권 행사에 있어서 제척기간의 기산점인 채권자가 '취소원인을 안 날'이라 함은 채권자가 채권자취소권의 요건을 안 날, 즉 **채무자가 채권자를 해함을 알면서 사해행위를 하였다는 사실을 알게 된 날**을 의미한다고 할 것이므로, 단순히 채무자가 재산의 처분행위를 하였다는 사실을 아는 것만으로는 부족하고, 그 법률행위가 채권자를 해하는 행위라는 것 즉, 그에 의하여 채권의 공동담보에 부족이 생기거나 이미 부족상태에 있는 공동담보가 한층 더 부족하게 되

어 채권을 완전하게 만족시킬 수 없게 되었으며 나아가 채무자에게 사해의 의사가 있었다는 사실까지 알 것을 요한다고 할 것이나, 그렇다고 하여 채권자가 수익자나 전득자의 악의까지 알아야 하는 것은 아니고, 또 채권자가 채무자의 재산상태를 조사한 결과 자신의 채권 총액과 비교하여 채무자 소유의 부동산의 가액이 그에 미치지 못하는 것을 이미 파악하고 있었던 상태에서 채무자의 재산에 대하여 가압류를 하는 과정에서 그 중 일부 부동산에 관하여 제3자 명의의 가등기가 경료된 사실을 확인하였다면, 다른 특별한 사정이 없는 한 채권자는 그 가압류 무렵에는 채무자가 채권자를 해함을 알면서 사해행위를 한 사실을 알았다고 봄이 상당하다(대법원 2000. 9. 29. 선고 2000다3262 판결, 2002. 11. 26. 선고 2001다11239 판결, 2003. 9. 5. 선고 2003다29753 판결 등 참조).

나. 그런데 원심의 판단에 의하더라도 <u>원고는 자신의 이 사건 부동산을 가압류한 1998. 11. 23. 무렵에는 이 사건 부동산에 관하여 피고 김순태, 이혜자 앞으로 위 각 근저당권이 설정된 사실을 알았고, 또 최소한 위 관련 소송의 1심판결문을 송달받은 2001. 5. 4.까지는 김해근의 위 각 근저당권 설정 당시 무자력인 사실을 알았다는 것인바,</u> 사정이 이와 같다면 위 법리에 비추어 볼 때 원고는 다른 특별한 사정이 없는 한 위 각 근저당권설정사실과 김해근의 무자력상태를 모두 인식한 위 관련 소송의 1심판결문의 송달일인 2001. 5. 4.까지는 위 각 근저당권설정행위에 대하여 김해근에게 사해의사가 있음을 알았다고 봄이 상당하고, 비

록 원고가 그 당시 김해근과 피고들 사이의 관계를 몰랐고 위 관련 소송에서 위 각 근저당권의 피담보채무액을 김해근의 소극재산에 포함시켜 계산하였으며 또 담당 법원이 원고의 그러한 주장을 바탕으로 김해근의 무자력 여부를 판단하였다고 하더라도 이를 달리 볼 수는 없다.

나아가 원심이 적법하게 인정한 위 사실관계에 의하면, 1999. 9. 4. 제기된 위 관련 소송의 대상인 전주시 완산구 삼천동 1가 742-7 지상건물에 관한 매매행위와 이 사건 소송의 대상인 이 사건 부동산에 관한 피고 이혜자 명의의 근저당권설정행위는 모두 같은 날인 1998. 9. 9. 이루어진 것을 알 수 있는바, <u>비록 위 두 행위의 상대방, 목적물, 유형이 다르다고 하더라도 채무초과상태에 있는 채무자가 그 소유의 부동산을 채권자 중의 어느 한 사람에게 대물변제로 제공하는 행위, 자신의 재산을 소비하기 쉬운 금전으로 바꾸는 행위, 그리고 채권자 중의 어느 한 사람에게 채권담보로 제공하는 행위는 모두 특별한 사정이 없는 한 다른 채권자에 대한 관계에서 사해행위에 해당하기는 마찬가지</u>이므로, 원고가 같은 날 이루어진 위 두 행위 중 매매행위에 대해서만 김해근에게 사해의사가 있음을 알았고 나머지 한 행위인 위 각 근저당권설정행위에 대해서는 김해근에게 사해의사가 있음을 몰랐다고 볼 수도 없다.

그렇다면 이 사건 소는 다른 특별한 사정이 없는 한 원고가 김해근의 사해행위 사실을 알게 된 2001. 5. 4.로부터 민법 제406조 제2항에 규정된 제척기간인 1년이 경과한 2003. 5. 30. 제기된 것으로서 부적법하다고 할 것임에도, 그 판시와 같은 이유만으로 피고들의 제척기간 도과의 항변을 배척한 원심판결에는 사해행위취소의 소에 있어서의 제척기간 기산점에 관한 법리를 오해하거나 필요한 심리를 다하지 아니하여 판결 결과에 영향을 미친 위법이 있다고 할 것이므로, 이를 지적하는 상고이유의 주장은 이유 있다.

가압류채권자 5 / 가등기에 기한 본등기일 경우 사해행위 요건 판단 기준시기 (대법원 1999. 4. 9. 선고 99다2515 판결)

판례해설

채무자가 가등기에 기하여 본등기 절차를 진행하는 법률행위를 하였을 경우 채무자의 사해행위 판단 기준 시점을 가등기로 할지, 본등기 시점으로 할지 문제가 남는다.

이 기준이 중요한 이유는 ① 채무자의 사해행위 판단의 기준시점을 설정할 수 있고 더불어 ② 채무자의 사해행위의 기준이 된 법률행위가 취소권을 행사하는 채권자의 채권이 채무자의 사해행위 전에 발생하여야 하며 무엇보다도 ③ 제척기간의 기준이 되기 때문이다.

이 사건에서 채권자가 가압류를 진행할 당시 채무자의 등기부에 다른 채권자의 가등기가 있었고 그 이후 본등기가 있었을 경우 채무자의 사해행위의 기준시를 가등기시로 할 것인가 아니면 본등기시로 할 것인가가 문제되었고 이에 대상 판결은 가등기시를 기준으로 채무자의 법률행위 즉 사해행위라고 평가하였고 이에 **가등기가 사해행위임을 전제로 이와 같은 법률행위를 안 날을 기준으로 1년이 도과되었으므로 더 이상 취소 청구를 할 수 없다고 판시**한 것이다.

    살피건대 사행행위와 관련한 제척기간을 둔 취지 및 일련의 행위를 하나의 소유권 이전 절차로 보았을 경우 해당 절차에 대한 당사자의 의사가 명확히 나타난 시기를 기준으로 하더라도 법적 안정성이나 그 외 채권자 보호에 그리 부족하지 않다는 점을 고려한다면 타당한 판결이라고 판단된다.

법원판단

    가등기에 기하여 본등기가 경료된 경우 가등기의 원인인 법률행위와 본등기의 원인인 법률행위가 명백히 다른 것이 아닌 한, 사해행위 요건의 구비 여부는 가등기의 원인된 법률행위 당시를 기준으로 하여 판단하여야 한다(대법원 1998. 3. 10. 선고 97다51919 판결, 1993. 1. 26. 선고 92다11008 판결 등 참조). 또한 채무자가 유일한 재산인 부동산을 매각하여 소비하기 쉬운 금전으로 바꾸는 것은 특별한 사정이 없는 한 사해행위가 되고, 사해행위의 주관적 요건인 채무자의 사해의사는 채권의 공동담보에 부족이 생기는 것을 인식하는 것을 말하는 것으로서, 채권자를 해할 것을 기도하거나 의욕하는 것을 요하지 아니하며, 채무자가 유일한 재산인 부동산을 매각하여 소비하기 쉬운 금전으로 바꾸는 경우에는 채무자의 사해의사는 추정되므로, 채무자가 유일한 재산인 부동산을 매도한 경우 그러한 사실을 채권자가 알게 된 때에 채권자가 채무자에게 당해 부동산 외에는 별다른 재산이 없다는 사실을 알고 있었다면 그 때 채권자는 채무자가 채권자를 해함을 알면서 사해행위를 한 사실을 알게 되었다고 보아야 할 것이다(대법원 1998. 3. 10. 선고 97다51537 판결, 1997. 5. 9. 선고 96다2606, 2613 판결 등 참조).

원심판결 이유에 의하면, 원심은, 원고가 1996. 7. 10. 채무자인 소외 정동석의 유일한 재산인 이 사건 아파트에 관하여 피고 명의로 매매예약에 기한 가등기가 경료된 사실을 확인하고, 그에 대한 재산상태를 조사한 결과 다른 재산이 없어 우선 이 사건 아파트에 관하여 가압류 신청을 하여 1996. 7. 15. 가압류 결정을 받은 사실을 인정한 후, 원고는 적어도 그 무렵 정동석이 채권자인 원고를 해함을 알면서 이 사건 아파트를 피고에게 매도한 사실을 알게 되었다고 판단하였다.

기록에 비추어 살펴보면, 원심의 사실인정과 판단은 옳은 것으로 수긍되고, 거기에 채증법칙을 위배하여 사실을 오인하거나, 채권자취소권 행사기간의 기산점에 관한 법리를 오해한 위법이 있다고 할 수 없다. 상고이유는 받아들일 수 없다.

전득자에 대한 제척기간 적용 여부 (대법원 2005. 6. 9. 선고 2004다17535 판결)

판례해설

채무자에 대한 취소 청구와 원상회복과 관련하여서는 취소 청구가 제척기간 내에 소제기 되었다면 같은 소송 내에서 원상회복 청구는 제척기간이 지난 뒤에 제기되어 유효하다는 판결이 있었다(대법원 2001. 9. 4. 선고 2001다14108판결).

그러나 대상 판결은 채권자가 채무자의 법률행위에 관하여 취소 청구를 한 경우 해당 소제기가 제척기간 내에 존재한다고 하더라도 **전득자에 대한 소제기 자체가 사해행위임을 안 날로부터 1년의 제척기간이 도과되었다면 전득자에 대하여는 더 이상 청구할 수 없다고 판시**한 것이다.

살피건대, 전득자에 대한 소송 역시 채무자의 법률행위를 취소하는 것이지만 **엄연히 "당사자"가 다른 재판에 해당하여 그 청구기초가 같을 수가 없고 더불어 일반적인 취소권에 비추어 사해행위 취소는 제3자에게 미치는 영향이 크기 때문에 조속한 확정을 도모하기 위한 본 조항의 취지에도 부합하는 해석**이라고 생각한다.

다만 수익자에 대한 소송 중 수익자가 전득자에게 해당 목적물을 매도하고 그 기간이 소송 진행으로 인하여 도과되었다면 전득자에 대해서는 본 대상판결로 인하여 더 이상 다툴 수 없기 때문에 사해행위 취소소송을 제기할 경우 우선 가처분을 신청하는 것이 차후 또 다른 법적분쟁을 예방하기 위하여 유익하다.

법원판단

채권자가 전득자를 상대로 민법 제406조 제1항에 의한 채권자취소권을 행사하기 위해서는, 같은 조 제2항에서 정한 기간 안에 채무자와 수익자 사이의 사해행위의 취소를 소송상 공격방법의 주장이 아닌 법원에 소를 제기하는 방법으로 청구하여야 하는 것이고, 비록 채권자가 수익자를 상대로 사해행위의 취소를 구하는 소를 이미 제기하여 채무자와 수익자 사이의 법률행위를 취소하는 내용의 판결을 선고받아 확정되었더라도 그 판결의 효력은 그 소송의 피고가 아닌 전득자에게는 미칠 수 없는 것이므로, **채권자가 그 소송과는 별도로 전득자에 대하여 채권자취소권을 행사하여 원상회복을 구하기 위해서는 위에서 본 법리에 따라 민법 제406조 제2항에서 정한 기간 안에 전득자에 대한 관계에 있어서 채무자와 수익자 사이의 사해행위를 취소하는 청구를 하지 않으면 아니 된다**(대법원 1984. 11. 24. 84마610 결정, 1988. 2. 23. 선고 87다카1989 판결, 1990. 10. 30. 선고 89다카35421 판결, 1993. 1. 26. 선고 92다11008 판결 등 참조).

그런데 앞서 본 바와 같이 원고가 1998. 6.경 민옥희를 상대로 사해행위취소 소송을 제기하였으므로 원고는 늦어도 그 무렵에는 민준식이 원고를 해함을 알면서 민옥희에게 이 사건 건물을 매도하였음을 알고 있었다고 할 것이고, 그로부터 1년이 경과한 후인 2002. 3. 25.에 제기된 이 사건 소는 민법 제406조 제2항 소정의 제소기간이 도과된 후에 제기된 것이어서 부적법하다고 할 것이다.

그럼에도 불구하고, 원심은 수익자를 상대로 사해행위취소의 소를 제기하여 승소판결을 받은 후 전득자를 상대로 원상회복의 청구를 하는 경우에는 민법 제406조 제2항이 적용되지 않는다고 보아 피고의 제척기간 도과의 항변을 배척하였으니, 원심판결에는 사해행위취소의 소의 제척기간에 관한 법리를 오해한 위법이 있고, 이러한 위법은 판결의 결과에 영향을 미쳤음이 분명하다.

사해행위취소 이외 원상회복 청구 역시 제척기간이 적용되는지 여부 (대법원 2001. 9. 4. 선고 2001다14108판결)

판례해설

통상적으로 사해행위 취소청구를 할 경우 해당 사해행위 취소청구 이외에 원상회복도 함께 청구하는 것이 일반적이다. **채권자의 입장에서는 궁극적인 목적이 채무자의 법률행위를 취소시키는 것이 아니라 채무자가 사해행위로 처분한 재산을 환수하여 집행하는 것이 목적이기 때문이다.**

대상 판결의 1심에서는 사해행위 취소 청구를 하면서도 절차 미숙으로 인하여 원상회복과 관련된 청구를 하지 않았고 2심이 되어서야 비로소 원상회복 청구를 추가시켰는바 2심에서 원상회복과 관련된 청구를 추가할 당시에는 이미 제척기간이 도과된 뒤였다.

그러나 법원은 당시 사해행위 취소라는 소가 제기되어 계속 중이었고 더불어 취소 청구는 이미 원상회복을 전제로 하기 때문에 사해행위 취소와 원상회복을 도식적으로 구분하여 제척기간을 판단하지 않았던 것으로 보인다.

법원판단

채권자가 민법 제406조 제1항에 따라 사해행위의 취소와 원상회복을 청구함에 있어 <u>사해행위의 취소만을 먼저 청구한 다음 원상회복을 나중에 청구할 수 있으며, 이 경우 사해행위 취소 청구가 민법 제406조 제2항에 정하여진 기간 안에 제기되었다면 원상회복의 청구는 그 기간이 지난 뒤에도 할 수 있다.</u>

원심이 같은 취지에서, 원고들이 이 사건 부동산에 관하여 피고와 이흥수 사이에 체결된 근저당권설정계약과 매매계약의 취소 및 피고 명의로 경료된 소유권이전등기의 말소를 청구하여 제1심에서 승소한 뒤, 원심에서 사해행위의 취소에 따른 원상회복으로서 근저당권설정등기의 말소 청구를 추가하는 경우, 그 추가 청구 부분에 대하여는 민법 제406조 제2항이 적용되지 아니한다고 판단한 것은 옳고, 거기에 상고이유의 주장과 같은 법리오해 등의 잘못이 없다.

취소원인을 안날의 의미 / 채무자의 사해의사 및 수익자 전득자의 악의 포함여부 (대법원 2005. 6. 24. 선고 2005다19859 판결 [구상금등])

판례해설

채권자 취소권의 제척기간을 규정하고 있는 민법 제406조에서의 취소원인을 안 날에는 **채무자의 법률행위 및 채무자의 사해의사**까지 알아야 하지만 그 외 취소를 구하는 상대방인 수익자 또는 전득자의 악의까지는 알아야 하는 것은 아니다.

이에 더하여 법원은 채권자의 입장에서 **채무자가 유일한 재산인 부동산을 처분하였다는 사실을 채권자가 알았다면 특별한 사정이 없는 한 채무자의 사해의사도 채권자가 알았다고 봄이 상당**하다고 판단하여 사실상 채무자의 사해행위를 알았다면 사해 의사까지 알았다고 추정하여 원칙적으로 제척기간 도과에 대한 입증책임을 수익자 또는 전득자에 있음에 반하여 이 경우는 사실상 채권자에 대하여 사해의사가 있음을 몰랐다는 점의 입증책임을 채권자에게 부담시키고 있다.

법원판단

가. 채권자취소권 행사에 있어서 **채권자가 취소원인을 알았다고 하기 위하여서는 단순히 채무자가 재산의 처분행위를 하였다는 사실을 아는 것만으로는 부족하고 구체적인 사해행위의 존재를 알고 나아가 채무자에게 사해의 의사가 있었다는 사실까지 알 것**을 요하나, 나아가

채권자가 수익자나 전득자의 악의까지 알아야 하는 것은 아니며, 또한 채무자가 자기의 유일한 재산인 부동산을 매각하여 소비하기 쉬운 금전으로 바꾸는 행위는 특별한 사정이 없는 한 채권자에 대하여 사해행위가 되어 채무자의 사해의 의사가 추정되는 것이므로, 이와 같이 <u>**채무자가 유일한 재산인 부동산을 처분하였다는 사실을 채권자가 알았다면 특별한 사정이 없는 한 채무자의 사해의사도 채권자가 알았다고 봄이 상당**</u>하다(대법원 2000. 9. 29. 선고 2000다3262 판결, 2005. 3. 25. 선고 2004다66490 판결 등 참조).

나. 기록에 의하면 이 사건 각 신용보증약정에 따라 두언의 연대보증인인 이규호가 원고에게 부담하는 채무는 원금만 2,741,540,421원에 이르는 사실을 인정할 수 있고, 원심의 인정과 같이 이규호는 이 사건 매매계약 당시 이 사건 아파트와 별건 토지의 지분만을 소유하고 있었고 {별건 토지의 지분은 2003년도 개별공시지가가 1,192,900원(15.8㎡ × 151,000원/㎡ × 1/2)에 불과하다.}, 원고의 의정부지점 직원인 윤여철은 2002. 5. 3. 대출은행들로부터 두언의 신용보증사고 발생을 통지받고, 이규호 등의 재산상태를 조사하였으며, 이 사건 아파트의 소유권이 피고 앞으로 이전된 사실을 알게 되었고, 그 경위를 알아보기 위하여 2002. 5. 8. 피고에게 관련 계약서와 예금통장, 대출금통장 등 지급한 금전의 출처에 관한 명세서를 제출하여 줄 것을 요구하는 채권조회서를 발송하였다고 한다면, 이 사건 매매계약 당시에 이규호에게 다른 재산이 있었다고 보이지 아니하고 두언이 부도나기 직전에 두원의 대

표이사인 이규호에 의하여 이 사건 매매계약이 체결된 이 사건에서, **원고로서는 늦어도 2002. 5. 8.경에는 채무자인 이규호가 사실상 유일한 부동산인 이 사건 아파트를 처분하였다는 사실을 알게 되었고, 따라서 특별한 사정이 없는 한 이규호의 사해의 의사도 그 때 알았다고 보아야 할 것**이고, 그렇게 본다면 이 사건 소는 위 2002. 5. 8. 늦어도 위 2002. 5. 17.부터 1년의 제척기간이 경과한 2003. 5. 19.에야 제기되어 부적법하다고 할 것이다.

그렇다면 위에서 본 특별한 사정에 관하여 심리하여 보거나 이를 고려하지 아니한 채로 윤여철이 처분금지가처분신청을 위한 품의서를 작성한 2002. 5. 24.에야 원고가 이규호에게 사해의 의사가 있었다는 사실을 알게 되었다고 한 원심 판단에는 필요한 심리를 다하지 아니하였거나 채무자의 사해의사에 관한 법리를 오해하여 판결 결과에 영향을 미친 위법이 있다고 할 것이다.

전전득자에 대하여 제척기간 적용 여부 (대법원 2014. 2. 13. 선고 2012다204013 판결 [근저당권말소])

판례해설

사해행위 취소소송은 수익자 또는 전득자에 청구한다고 하더라도 채무자의 사해행위를 안 날로부터 1년 이내에 제기하여야만 가능하다. 문제는 수익자 또는 전득자가 패소한 이후 판결을 무력화시킬 의도로 또 다른 전득자에게 해당 부동산을 매도하였거나 근저당을 설정하였을 경우 제척기간이 그대로 적용될 수 있는지 여부이다.

원심에서는 이에 대하여 **새로운 전득자에 대하여는 적용되지 않는다**고 판단하였으나 제척기간이라는 제도는 가장 객관적인 제도라는 점에서 각각의 개별적 사안에 따라 판단할 수 없고 결국 이는 처분금지가처분이라는 제도를 통해서 충분히 해결할 수 있는 바 수익자든 전득자든 그리고 또 다른 전득자는 모두 채무자의 법률행위를 안 날로부터 1년 이내에만 가능하고 이를 방지하기 위해서는 부동산 처분금지가처분 등의 적절한 조치를 취하여야 할 것이다.

법원판단

1. 이 사건 소의 적부에 관한 원심의 판단

가. 이미 사해행위취소의 제척기간이 도과한 후 사해행위취소를 명한 확정판결에 따라 전득자 앞으로의 근저당권이전등기가 말소된 것을 기화로 수익자가 다시 이를 제3자에게 처분하는 경우에는 채권자가 민법 제406조 제2항이 정한 제척기간 내에 사해행위취소를 구할 수 없을 뿐만 아니라, <u>악의의 수익자가 이미 확정된 사해행위취소 판결을 무력화하기 위하여 판결 확정 후 처분한 책임재산은 채권자로 하여금 다시 회복할 수 있도록 함이 정의관념에 보다 부합하는 점에 비추어</u>, 이러한 경우에는 채권자는 사해행위취소소송의 제척기간을 도과한 후라

도 제3자를 상대로 채권자취소권을 행사하여 원상회복을 구할 수 있다고 보아야 한다.

나. ① 사해행위취소소송의 확정판결에 따라 전득자 소외 1 명의의 근저당권이전등기가 말소되자 수익자 소외 2가 2010. 9. 29. 피고에게 근저당권부채권 중 일부를 양도하고 근저당권일부이전등기를 마쳐 주었는바, 원고가 채권자취소권 행사의 제척기간이 지난 후에 이루어진 위 근저당권 일부양도계약에 관하여 그 계약이 체결되기 전에 사해행위취소의 소를 제기하는 것은 물리적으로 불가능한 점, ② 피고가 사해행위취소소송의 확정판결에 의하여 소외 1 명의의 근저당권이전등기가 말소된 후 소외 2로부터 다시 근저당권일부이전등기를 경료받은 것이 주식회사 삼한지(이하 '삼한지'라고 한다)와 소외 2 사이의 사해행위에 기초한 것인 점, ③ 소외 2가 이미 확정된 사해행위취소 판결을 무력화하기 위하여 판결 확정 후 책임재산을 처분한 것인바, 채권자인 원고가 이를 회복할 수 있도록 함이 보다 정의관념에 부합하는 것으로 보이는 점, ④ 피고가 확정된 사해행위취소 판결에 기하여 소외 1 명의의 근저당권이전등기가 말소된 사정을 알면서 근저당권을 일부 이전받음으로써 사해행위취소로 인한 원상회복을 방해하는 데 적극적으로 가담하였음에도 불구하고 채권자취소권 행사가 제척기간을 도과하였다는 취지의 본안전 항변을 하는 것은 신의성실의 원칙상 허용될 수 없는 점 등을 고려하면, 원고는 사해행위취소소송의 제척기간이 도과한 후라도 전득자인 피고를 상대로 채권자취소권을 행사하여 원상회복을 구

할 수 있다. 따라서 이 사건 소는 적법하다.

2. 대법원의 판단

그러나 원심의 위와 같은 판단은 다음과 같은 이유로 수긍하기 어렵다.

가. 채권자가 전득자를 상대로 민법 제406조 제1항에 의한 채권자취소권을 행사하기 위하여는 같은 조 제2항에서 정한 기간 안에 채무자와 수익자 사이의 사해행위취소를 법원에 소를 제기하는 방법으로 청구하여야 하는 것이고, **채권자가 수익자를 상대로 사해행위취소를 구하는 소를 제기하여 채무자와 수익자 사이의 법률행위를 취소하는 내용의 판결이 선고되어 확정되었더라도 그 판결의 효력은 그 소송의 피고가 아닌 전득자에게는 미치지 아니하므로, 채권자가 전득자에 대하여 채권자취소권을 행사하여 원상회복을 구하기 위하여는 민법 제406조 제2항에서 정한 기간 안에 별도로 전득자에 대한 관계에서 채무자와 수익자 사이의 사해행위를 취소하는 청구**를 하여야 한다(대법원 2005. 6. 9. 선고 2004다17535 판결 등 참조). 이는 기존 전득자 명의의 등기가 말소된 후 다시 새로운 전득자 명의의 등기가 경료되어 새로운 전득자에 대한 관계에서 채무자와 수익자 사이의 사해행위를 취소하는 청구를 하는 경우에도 마찬가지이다.

나. 원심판결 이유와 적법하게 채택된 증거들에 의하면 다음과 같은

사실을 알 수 있다.

① 소외 3, 4가 2009. 8. 10. 광주지방법원 2009가합8781호로 소외 1을 상대로 소외 2와 소외 1 사이의 근저당권에 관한 양도양수계약이 사해행위에 해당한다고 주장하며 사해행위취소소송을 제기하여 2009. 10. 8. 광주지방법원으로부터 "소외 1과 소외 2 사이에 이 사건 부동산 등에 관하여 2009. 5. 23. 체결된 계약양도계약을 취소한다. 소외 1은 소외 2에게 이 사건 부동산에 관하여 마친 근저당권이전등기의 말소등기절차를 이행하라"는 취지의 판결이 선고되었고, 2010. 6. 28. 확정되었다.

② 위 판결의 집행으로 2010. 9. 14. 소외 1 명의의 위 근저당권이전등기가 말소되었다.

③ 이와 같이 근저당권이전등기가 말소되자 소외 2는 2010. 9. 29. 다시 피고에게 근저당권부채권 중 3,350,000,000원 부분을 양도하는 계약을 체결하고, 광주지방법원 나주등기소 2010. 9. 29. 접수 제25649호로 근저당권일부이전등기를 마쳐 주었다.

④ 한편 원고는 위 판결이 확정되기 전인 2010. 1. 28. 광주지방법원 2010가합1007호로 소외 1을 상대로 삼한지와 소외 2 사이의 이 사건 근저당권설정계약이 사해행위에 해당한다고 주장하며 사해행위취소 등의 소를 제기하였고, 2010. 11. 18. "삼한지와 소외 2 사이에 이 사건 부동산에 관하여 체결된 이 사건 근저당권설정계약을 취소한다. 소외 1은 삼한지에게 이 사건 부동산에 관하여 마친 이 사건 근저당권설정등기의

말소등기절차를 이행하라"는 판결이 선고되어 2011. 1. 6. 확정되었다.

다. 위 인정 사실을 앞서 본 법리에 비추어 보면, **원고가 2010. 1. 28. 소외 1을 상대로 채무자 삼한지와 수익자 소외 2 사이의 근저당권설정계약이 사해행위에 해당한다고 주장하며 사해행위취소소송을 제기하였으므로, 원고는 늦어도 그 무렵에는 채무자 삼한지가 원고를 해함을 알면서 수익자 소외 2에게 근저당권을 설정하였음을 알고 있었다**고 할 것이고, 따라서 이 사건 소의 제척기간은 늦어도 2010. 1. 28.부터는 진행한다고 할 것인바, 그로부터도 1년이 경과한 후인 2011. 9. 20. 새로운 전득자인 피고에 대하여 제기된 이 사건 소는 민법 제406조 제2항에서 정한 제소기간이 도과한 후에 제기된 것으로서 부적법하다.

그럼에도 원심은 그 판시와 같은 이유로 이 사건 소가 적법하다고 판단하였는바, 이는 사해행위취소의 소의 제척기간에 관한 법리를 오해하여 판단을 그르친 것이다.

제척기간 도과에 대한 증명책임자 (대법원 2013. 4. 26. 선고 2013다5855 판결)

판례해설

채권자취소권의 행사에 있어서 제척기간의 기산점인 '**취소원인을 안 날**'이라 함은 채권자가 채권자취소권의 요건을 안 날, 즉 채무자가 채권자를 해함을 알면서 사해행위를 하였다는 사실을 알게 된 날을 의미한다고 할 것이므로, 이는 단순히 채무자가 재산의 처분행위를 하였다는 사실을 아는 것만으로는 부족하고, 채무자의 법률행위가 공동담보의 부족을 일으키거나 부족한 상태에서 이루어졌다는 점을 알아야 하며 거기에 더하여 채무자에게 사해의사가 존재하는 것까지 알아야 하는 것까지 포함한다.

더 나아가 <u>제척기간 도과의 문제는 권리멸각사유로서 항변에 해당하는바 이를 주장하는 수익자 또는 전득자가 증명책임을 부담해야 하고, 다만 기존의 법리에 따르면 채권자가 채무자의 사해행위임을 알았다면 사해의사가 존재하는 것으로 추정하는 바 이런 경우에는 사해의사가 있는 것까지 알 수 없었다는 점은 사실상 채권자가 그 증명책임을 부담</u>할 수 있다.

법원판단

채권자취소권의 행사에 있어서 제척기간의 기산점인 채권자가 '취소원인을 안 날'이라 함은 채권자가 채권자취소권의 요건을 안 날, 즉 채무자가 채권자를 해함을 알면서 사해행위를 하였다는 사실을 알게 된 날을 의미한다고 할 것이므로, <u>단순히 채무자가 재산의 처분행위를 하였다는 사실을 아는 것만으로는 부족하고, ① 그 법률행위가 채권자를 해하는 행위라는 것에 의하여 채권의 공동담보에 부족이 생기거나 의미 부족상태에 있는 공동담보가 한층 더 부족하게 되어 채권을 완전하게 만족시킬 수 없게 되었고 ② 나아가 채무자에게 사해의 의사가</u>

<u>있었다는 사실까지 알 것을 요하며,</u> 사해행위의 객관적 사실을 알았다고 하여 취소의 원인을 알았다고 추정할 수는 없고 <u>제척기간의 도과에 관한 입증책임은 채권자취소소송의 상대방</u>에게 있다(대법원 2006. 7. 4. 선고 2004다61280 판결, 대법원 2009. 10. 29. 선고 2009다47852 판결 등 참조).

같은 취지에서 원심이 피고가 주장하는 사정만으로는 원고가 이 사건 소 제기 시점으로부터 1년 전인 2009. 7. 30. 이전에 이 사건 매매예약 및 가등기로 인하여 원고의 채권을 완전하게 만족시킬 수 없게 되었고 소외 1에게 사해의 의사가 있었다는 사실까지 알았다고 보기 어렵다는 이유로 이 사건 소는 제척기간이 지나기 전에 제기되었다고 판단한 것은 정당하고, 거기에 상고이유 주장과 같은 제척기간의 기산점에 관한 사실오인, 법리오해의 위법이 없다.

제척기간 / 직권증거조사 사항 (대법원 2012. 4. 12. 선고 2011다110579 판결)

판례해설

당사자의 주장 사실 이외의 것은 법원이 임의로 판단할 수 없는바 만약 이를 위반할 경우에는 민사소송법상 변론주의 위반으로 취소나 파기를 면하지 못한다. 이에 반하여 **직권조사사항이라고 함은 당사자가 변론 즉 주장을 하지 않더라도 법원이 법원에 현출된 자료에서 확인될 경우**

스스로 판단할 수 있다는 사항이다. 그리고 사해행위 취소소송에서 제소기간 여부는 직권조사사항으로서 법원이 스스로 조사하여 판단할 사항이다.

다만 대상판결은 그 한계를 정한 사례인바 법원으로서는 제소기간에 대하여 직권으로 조사할 의무는 있으나 그렇다고 하여 현출된 모든 소송자료를 통하여 살펴보았을 때 그 기간이 도과되었다고 의심할 만한 사정이 발견되지 않은 경우까지도 준수 여부를 확인할 의무는 없다고 판시하였다.

법원판단

채권자취소의 소는 채권자가 취소원인을 안 날로부터 1년, 법률행위 있은 날로부터 5년 내에 제기하여야 하고, 위 채권자취소권의 행사기간은 제소기간이므로 **법원은 그 기간의 준수 여부에 관하여 직권으로 조사**하여 그 기간이 도과된 후에 제기된 채권자취소의 소는 부적법한 것으로 각하하여야 하므로 그 기간 준수 여부에 대하여 의심이 있는 경우에는 법원이 필요한 정도에 따라 직권으로 증거조사를 할 수 있으나, **법원에 현출된 모든 소송자료를 통하여 살펴보았을 때 그 기간이 도과되었다고 의심할 만한 사정이 발견되지 않는 경우까지 법원이 직권으로 추가적인 증거조사를 하여 기간 준수 여부를 확인하여야 할 의무는 없다**(대법원 2005. 4. 28. 선고 2004다71201 판결 등 참조).

이 사건 기록상 원고가 이 사건 소 제기일로부터 역산하여 1년 전부터 이 사건 각 사해행위를 알고 있었다고 의심할 만한 아무런 자료가 없으므로, 원심이 민법 제406조 제2항 소정의 1년의 제소기간이 도과되었는지 여부를 판단하기 위하여 직권으로 증거조사를 하지 아니하였다고 하여 원심판결에 상고이유 주장과 같은 직권조사사항에 대한 법리오해 등의 위법이 있다고 할 수 없다.

그리고 원심판결 이유에 의하면, 원심은 망 소외인이 2005. 3. 7.과 2005. 6. 8. 피고 1과 이 사건 각 증여계약을, 2005. 3. 4. 피고 2와 이 사건 매매예약을 각 체결한 사실을 인정하고, **망 소외인과 피고 1 사이의 증여계약 체결일이 2004. 2. 12.임을 전제로 이 사건 소가 그로부터 5년의 제소기간이 도과된 후인 2010. 2. 26. 제기되어 부적법하다는 취지의 피고들의 본안전 항변에 대하여 명시적으로 판단하지 아니한 채 본안에 관하여 판단**하였다. 원심의 이와 같은 판단에는 피고들의 위 본안전 항변을 배척하는 취지가 포함되어 있다고 할 것이므로, 원심판결에 상고이유 주장과 같은 제소기간 도과 여부에 관한 판단누락 등의 위법이 있다고 할 수 없다.

제척기간 안날의 기준 / 회사인 경우 담당 직원 기준으로 판단 (대법원 2018. 7. 20. 선고 2018다222747 판결)

> **판례해설**
>
> <u>단기 제척기간의 기준이 되는 취소원인을 안 날</u>은 채권자가 법인 아닌 자연인일 경우 해당 자연인을 기준으로 판단하면 충분하지만 법인일 경우 누구를 기준으로 누가 취소원인을 알아야 하는지 해석상 문제가 될 수 있다.
>
> 이에 대하여 법인일 경우 대표가 아닌 담당직원을 기준으로 판단할 수 있다고 하여 담당 직원이 채무자의 사해행위를 구체적으로 알만한 정황이 있었다면 단기 제척기간이 적용된다고 판시하였다.

법원판단

1. 채권자취소권의 행사에서 그 제척기간의 기산점인 '채권자가 취소원인을 안 날'은 채권자가 채권자취소권의 요건을 안 날, 즉 채무자가 채권자를 해함을 알면서 사해행위를 하였다는 사실을 알게 된 날을 말한다. 이때 채권자가 취소원인을 알았다고 하기 위해서는 단순히 채무자가 재산의 처분행위를 하였다는 사실을 아는 것만으로는 부족하며, 구체적인 사해행위의 존재를 알고 나아가 채무자에게 사해의 의사가 있었다는 사실까지 알 것을 요한다(대법원 2003. 7. 11. 선고 2003다19435 판결, 대법원 2018. 4. 10. 선고 2016다272311 판결 등 참조). 한편 **예금보험공사 등이 채무자에 대한 채권을 피보전채권으로 하여 채무자의 법률행위를 대상으로 채권자취소권을 행사하는 경우, 제척기간의 기산점과 관련하여 예금보험공사 등이 취소원인을 알았는지 여부는 특별**

한 사정이 없는 한 **피보전채권의 추심 및 보전 등에 관한 업무를 담당하는 직원의 인식을 기준으로 판단**하여야 하므로, 그 담당직원이 채무자의 재산 처분행위 사실 뿐만 아니라 구체적인 사해행위의 존재와 채무자에게 사해의 의사가 있었다는 사실까지 인식하였다면 이로써 예금보험공사 등도 그 시점에 취소원인을 알았다고 볼 수 있다(대법원 2017. 6. 15. 선고 2015다247707 판결 참조). 이러한 법리는 예금보험공사가 파산관재인으로서 대리인을 선임하였다 하더라도 피보전채권의 추심 및 보전에 관하여 직접 조사하여 법적조치를 지시하는 경우에는 마찬가지로 적용된다.

채권양도의 경우 양도인이 이미 사해행위임을 알았을 때 누구를 기준으로 판단하는지 여부 (대법원 2018. 4. 10. 선고 2016다272311 판결)

판례해설

채권양도가 일어난 경우 해당 채권은 동일성을 유지하며 양도인에게서 양수인에게로 이전된다. 당연히 양동 채권의 채무자는 "채권자체"에 붙어있는 항변사항을 주장할 수 있다.

대상판결에서 **양도인이 채무자의 법률행위가 사해행위임을 이미 알고 있었고 그 이후 채권이 양도되었다면 양수인이 아닌 양도인을 기준으로 취소원인을 안날을 결정하여야 한다**고 판시하고 있다.

법원판단

(1) 채권자취소권의 행사에서 그 제척기간의 기산점인 '채권자가 취소원인을 안 날'은 채권자가 채권자취소권의 요건을 안 날, 즉 채무자가 채권자를 해함을 알면서 사해행위를 하였다는 사실을 알게 된 날을 말한다. 이때 채권자가 취소원인을 알았다고 하기 위해서는 단순히 채무자가 재산의 처분행위를 하였다는 사실을 아는 것만으로는 부족하며, 구체적인 사해행위의 존재를 알고 나아가 채무자에게 사해의 의사가 있었다는 사실까지 알 것을 요한다. 사해행위의 객관적 사실을 알았다고 하여 취소원인을 알았다고 추정할 수는 없고, 그 제척기간의 도과에 관한 증명책임은 사해행위취소소송의 상대방에게 있다(대법원 2014. 3. 27. 선고 2013다79320 판결 참조). 그리고 <u>사해행위가 있은 후 채권자가 취소원인을 알면서 피보전채권을 양도하고 양수인이 그 채권을 보전하기 위하여 채권자취소권을 행사하는 경우에는, 그 채권의 양도인이 취소원인을 안 날을 기준으로 제척기간 도과 여부를 판단</u>하여야 한다.

원심은, 사해행위가 있은 후 대출금채권을 양수한 원고가 위 채권을 보전하기 위하여 제기한 이 사건 사해행위취소의 소가 제척기간을 도과하여 제기되었는지는 위 채권의 양수인인 원고를 기준으로 판단하여야 한다고 전제한 후, 원고가 취소원인을 안 날부터 1년 내에 소를 제기하였으므로 이 사건 소는 적법하다고 판단하였다. 나아가 원심은 예비적 판단으로, 설령 위 채권의 양도인들을 기준으로 제척기간 도과 여부를 판단하더라도, 양도인들이 순차로 위 채권을 양도하기 전에 취소원인을 알고 있었다는 점에 대한 증명이 부족하므로, 이 사건 소는 어느 모로 보나 제척기간이 도과하기 전에 제기된 적법한 소라고 판단하였다.

앞서 본 법리에 따라 살펴보면, 원심으로서는 **위 대출금채권의 양도인들이 채권양도 전 취소원인을 알고 있었는지를 먼저 판단한 후 만약 알고 있었다면 양도인들을 기준으로 제척기간 도과 여부를 판단**하였어야 한다. 그런데도 원심판결에서 양도인들이 채권양도 전 취소원인을 알고 있었는지를 판단하기 전에 곧바로 양수인인 원고를 기준으로 제척기간 도과 여부를 판단한 것은, 앞서 본 피보전채권 양도 시의 제척기간 기산점에 관한 법리를 오해한 것으로서 잘못되었다.

그러나 기록을 살펴보면, 위 대출금채권의 양도인들이 채권양도 전 취소원인을 알았다는 점에 대한 증명이 부족하다고 한 원심의 예비적 판단 부분은 정당하고, 거기에 논리와 경험의 법칙을 위반하여 자유심증주의의 한계를 벗어나거나 법리를 오해한 잘못이 없다. 원심판결의 이유 설시에 앞서 본 잘못이 있으나, 제척기간이 도과하지 않았다는 원심의 결론은 타당하므로, 원심의 위와 같은 잘못이 판결에 영향을 미치지는 않는다.

청구취지 변경시 제척기간 도과 판단 (대법원 2019. 10. 31. 선고 2019다215746 판결 [배당이의])

판례해설

채권자가 계속된 소송에서 사해행위 취소로 청구취지를 변경하였을 경우 제척기간 기준 시점을 청구취지 변경시점으로 할지 청구원인까지 고려해야할지 문제될 수 있다.

대상판결에서는 이미 소제기시부터 사해행위를 원인으로 한 다툼이 청구원인에 분명하게 기재되어 있었고 청구취지의 기재가 사해행위로 인한 배당표에 대한 이의였는 바 채무자의 사해행위와 관련된 실질적 다툼이 이미 1년 이내에 제기되었다면 소송 계속 중 형식적으로 사해행위 취소를 원인으로 하는 취소로 청구취지를 변경하였더라도 변경 시점을 기준으로 제척기간을 산정할 수 없다고 판단하였다.

법원판단

원심의 판단은 다음 이유에서 수긍하기 어렵다.

가. 기록에 의하면, <u>원고는 2016. 12. 6. 이 사건 소를 제기하면서 소장의 청구취지로 이 사건 배당표 경정청구만을 기재하였지만, 청구원인에서는 피고가 유니통과 체결한 이 사건 근저당권설정계약이 사해행위에 해당하기 때문에 배당표가 경정되어야 한다고 기재한 사실, 그</u>

후 원고와 피고는 변론과정에서 이 사건 근저당권설정계약의 사해행위 해당 여부를 주된 쟁점으로 하여 다툰 사실, 그러던 중 제1심은 2017. 12. 20. 변론을 종결하였다가 2018. 1. 29. 원고에게 '사해행위취소는 재판상 행사하여야 하므로, 취소 부분(취소한다면 그 범위)을 청구취지에 추가할지를 검토한 서면을 제출하기 바란다'는 내용의 석명준비명령을 함과 동시에 변론재개결정을 한 사실, 그 후 원고는 2018. 5. 14. 청구취지 변경신청서를 제출하면서 사해행위취소를 그 청구취지에 기재한 사실을 알 수 있다.

나. 위와 같은 사실관계를 종합하면, **원고가 이 사건 소장의 청구취지에 이 사건 배당표 경정청구만을 기재한 것은 소송물을 사해행위취소소송에서의 원상회복청구에 한정하고자 한 것이 아니라 착오로 사해행위취소청구 부분을 누락한 것으로 봄이 상당하고, 원고의 위와 같은 청구취지 변경은 청구취지의 보충 내지는 정정으로 볼 수 있을지언정 이를 가리켜 새로운 소의 제기라고 볼 수는 없다.**

다. 그런데도 원심은 이와 달리 원고가 2018. 5. 14. 청구취지 변경신청서를 제출함으로써 비로소 사해행위 취소청구의 소를 제기한 것으로 보아 이 사건 소가 부적법하다고 판단하고 위 소를 각하한 제1심판결을 그대로 유지하였다. 원심의 이러한 판단에는 소장의 청구취지나 청구취지의 변경, 새로운 소의 제기 및 사해행위취소권에 관한 법리를 오해하고 필요한 심리를 다하지 아니하여 판결에 영향을 미친 잘못이 있다.

채권자의 피보전채권 요건

피보전채권 성립시기 / 채무자의 법률행위보다 먼저 성립 (대법원 2002. 4. 12. 선고 2000다43352 판결)

> **판례해설**
>
> 채무자의 법률행위가 사해행위가 되기 위해서는 채권자를 해하는 행위이어야 하기 때문에 취소채권자의 채권의 성립시기는 당연히 채무자의 사해행위가 보다 우선하여 성립되어야 한다.
>
> 대상판결에서 채무자의 법률행위인 가등기가 있었고 그 이후 본등기가 되었는 바, 본등기의 원인된 법률관계는 가등기이고 가등기를 기준으로 채권자의 채권 성립여부를 결정하여야 하기 때문에 가등기 자체가 취소채권자의 채권보다 우선하여 성립하였다면 사해행위 취소를 구할 피보전권리가 존재하지 않았다고 볼 수 있다.

법원판단

1. 원심 인정의 기초사실 원심은, 원고는 원심 공동피고 눌산건설 주식회사(이하 '눌산건설'이라고 한다)가 국민은행으로부터 2억 원을 대출받음에 있어 1996. 10. 31. 눌산건설과 사이에, 눌산건설이 국민은행에 대하여 지게 될 원리금상환채무에 관하여 신용보증을 하기로 하는

신용보증계약을 체결하였고, 눌산건설의 대표이사인 원심 공동피고 윤석보, 그의 처로서 눌산건설의 감사인 피고 성선녀는 원고가 위 신용보증계약에 따라 보증채무를 이행하게 되었을 경우 눌산건설이 원고에 대하여 부담하게 될 대위변제금 및 구상채권보전비용 등 모든 채무를 연대보증한 사실, 눌산건설은 경영의 악화로 1998. 5. 1.부터 위 대출금의 이자지급을 연체하다가 같은 해 7. 13. 부도를 내었고, 이에 원고가 1998. 10. 28. 국민은행에게 원리금조로 합계 금 214,457,052원을 대위변제하였을 뿐만 아니라, 구상금 채권을 보전하기 위하여 금 1,220,310원을 지출한 사실, 윤석보는 눌산건설의 경영이 악화되어 이자를 연체하기 시작한 이후로서 부도가 나기 직전인 1998. 6. 8. 자신의 여동생의 남편인 피고 문병규에게, 자신의 유일한 재산인 남양주시 와부읍 팔당리 581 대지 및 지상 주택(이하 '이 사건 제1부동산'이라고 한다)에 관하여 1996. 2. 10.자 매매예약을 원인으로 한 소유권이전등기청구권가등기를 경료하였고, 피고 성선녀는 1998. 6. 12. 피고 김재순에게, 자신의 유일한 재산인 서울 마포구 상수동 325의 2 대지 및 지상 건물(이하 '이 사건 제2부동산'이라고 한다)에 관하여 1998. 1. 10.자 매매예약을 원인으로 한 소유권이전등기청구권가등기를 경료한 사실을 인정하였다.

2. 원고의 상고이유에 대하여 원심은, **윤석보와 피고 문병규 사이의 위 1996. 2. 10.자 매매예약이 사해행위에 해당함을 이유로 그 취소 및 원상회복을 구하는 원고의 피고 문병규에 대한 청구에 대하여 법률행위의 이행으로서 가등기를 경료하는 경우에 그 채무의 원인되는 법률**

행위가 취소권을 행사하려는 <u>채권자의 채권보다 앞서 발생한 경우에는 특별한 사정이 없는 한 그 가등기는 채권자취소권의 대상이 될 수 없는데,</u> 윤석보와 피고 문병규 사이의 위 매매예약은 원고가 눌산건설과 신용보증계약을 체결하기 이전인 1996. 2. 10. 체결된 사실을 인정할 수 있으므로, 원고의 윤석보에 대한 구상금 채권은 이 사건 채권자취소권의 피보전권리가 될 수 없다는 이유로, 이를 배척하였다. 기록에 비추어 살펴보면, 원심의 위 판단은 정당한 것으로 수긍이 가고, 거기에 상고이유에서 주장하는 바와 같은 사해행위 취소에 관한 법리오해나, 채증법칙이나 경험칙 위배로 인한 사실오인 등의 위법이 있다고 할 수 없다.

피보전채권 성립시기 / 예외적인 경우 / 채권성립의 기초가 되는 법률관계 (대법원 2002. 11. 8. 선고 2002다42957 판결)

판례해설

이전 판례해설에서 언급한 바와 같이 **채권자를 해하는 채무자의 사해행위라는 기본적인 전제는 채무자의 사해행위 이전에 이미 채권자의 채권이 존재함에도 불구하고 채무자는 채권자를 해하는 행위를 하였다는 것이다.** 결국 채권자의 채권은 채무자의 사해행위보다 당연히 먼저 존재하는 것이다.

문제는 채권의 특성상 발생의 개연성만 존재한 상태일 뿐 채권이 확정되지 않은 상태에서 차후 채권이 발생할 것을 예상하여 채무자는 사해행위를 할 수 있는 바 이런 경우와 관련된 사례이다.

대상판결에서는 이에 대하여 채권자의 채권이 채무자의 사해행위 이전에 생겼다고 하더라도 해당 채권이 ① **사해행위 당시에 이미 채권 성립의 기초가 되는 법률관계가 발생되어 있고**, ② **가까운 장래에 그 법률관계에 터잡아 채권이 성립되리라는 점에 대한 고도의 개연성이 있으며**, ③ **실제로 가까운 장래에 그 개연성이 현실화되어 채권이 성립된 경우**에는 피보전채권으로 인정된다고 해석하여 기준을 명확히 하였다.

법원판단

채권자취소권에 의하여 보호될 수 있는 채권은 **원칙적으로 사해행위라고 볼 수 있는 행위가 행하여지기 전에 발생된 것임을 요**하지만, **그 사해행위 당시에 이미 채권 성립의 기초가 되는 법률관계가 발생되어 있고, 가까운 장래에 그 법률관계에 터잡아 채권이 성립되리라는 점에 대한 고도의 개연성이 있으며, 실제로 가까운 장래에 그 개연성이 현실화되어 채권이 성립된 경우**에는, 그 채권도 채권자취소권의 피보전채권이 될 수 있다(대법원 2002. 3. 29. 선고 2001다81870 판결 등 참조). 이는 채무자가 채권자를 해한다는 사해의사로써 채권의 공동담보를 감소시키는 것은 형평과 도덕적 관점에서 허용할 수 없다는 채권자취소권 제도의 취지에 근거한 것으로서, 이렇게 볼 때 여기에서의 '채권성립의 기초가 되는 법률관계'는 당사자 사이의 약정에 의한 법률관계에 한정되는 것이 아니고, **채권성립의 개연성이 있는 준법률관계나**

사실관계 등을 널리 포함하는 것으로 보아야 할 것이며, 따라서 당사자 사이에 채권 발생을 목적으로 하는 계약의 교섭이 상당히 진행되어 그 계약체결의 개연성이 고도로 높아진 단계도 여기에 포함되는 것으로 보아야 할 것이다.

원심은 위 인정 사실에 의하면, 남맹월은 1998. 6. 20. 위 연대보증 신청 서류들을 이승구를 통해 원고 은행에 제출함으로써 원고 은행에게 연대보증계약에 대한 청약의 의사표시를 한 것이거나 또는 남맹월과 원고 은행과 사이에 연대보증계약 체결을 위해 상당히 구체적인 교섭이 이루어져 앞으로 연대보증계약이 확실하게 체결되리라는 정당한 기대 내지 신뢰가 형성된 관계에 이르렀다고 볼 수 있어 이 사건 증여행위시인 1998. 6. 23. 이전에 원고 은행과 남맹월 사이에서는 이 사건 대출금에 대한 연대보증채무 성립에 관한 기초적 법률관계 또는 사실관계가 형성되어 있었고, 남맹월의 연대보증하에 대출승인이 날 것이 거의 확실하여 위 기초적 법률관계 내지 사실관계에 기하여 연대보증채권이 발생하리라는 점에 대한 고도의 개연성도 있었으며 실제로 그 연대보증채권이 발생하였으므로, 원고 은행의 남맹월에 대한 1998. 6. 25.자 연대보증채권은 1998. 6. 23. 행하여진 이 사건 사해행위에 대한 관계에서 채권자취소권에 의하여 보호될 수 있는 피보전채권에 속한다고 볼 것이라고 판단하였다.

위에서 본 법리를 전제로 하여 기록을 검토하여 보면, 위와 같은 원심의 판단은 정당한 것으로 수긍할 수 있고, 거기에 법률행위 해석의 잘못 또는 채권자취소권에 있어서의 피보전채권에 관한 법리오해의 위법이 있다고 할 수 없다.

피보전채권 / 사해행위 당시 성립되지 않은 채권의 피보전채권 가능성 (대법원 2011. 1. 13. 선고 2010다68084 판결)

> 판례해설
>
> 채권자취소권에 의하여 보호될 수 있는 채권은 원칙적으로 사해행위라고 볼 수 있는 행위가 행하여지기 전에 발생된 것임을 요하지만, <u>그 사해행위 당시에 이미 채권 성립의 기초가 되는 법률관계가 발생되어 있고, 가까운 장래에 그 법률관계에 터잡아 채권이 성립되리라는 점에 대한 고도의 개연성이 있으며, 실제로 가까운 장래에 그 개연성이 현실화되어 채권이 성립된 경우에는, 그 채권도 채권자취소권의 피보전채권</u>이 될 수 있다.
>
> 나아가 우리 대법원은 <u>채무자의 무자력 여부를 판단</u>함에 있어서도 그 대상이 되는 소극재산은 원칙적으로 사해행위라고 볼 수 있는 행위가 행하여지기 전에 발생된 것임을 요하지만, 그 사해행위 당시에 이미 채무 성립의 기초가 되는 법률관계가 성립되어 있고, 가까운 장래에 그 법률관계에 터잡아 채무가 성립되리라는 점에 대한 고도의 개연성이 있으며, 실제로 가까운 장래에 그 개연성이 현실화되어 채무가 성립된 경우에는 그 채무도 채무자의 소극재산에 포함시켜야 할 것이라고 판단하고 있다.

법원판단

1. 이 사건 채권자취소권의 피보전채권에 관하여

채권자취소권에 의하여 보호될 수 있는 채권은 원칙적으로 사해행위라고 볼 수 있는 행위가 행하여지기 전에 발생된 것임을 요하지만, <u>그 사해행위 당시에 이미 채권 성립의 기초가 되는 법률관계가 발생되어 있고, 가까운 장래에 그 법률관계에 터잡아 채권이 성립되리라는 점에 대한 고도의 개연성이 있으며, 실제로 가까운 장래에 그 개연성이 현실화되어 채권이 성립된 경우에는, 그 채권도 채권자취소권의 피보전채권</u>이 될 수 있다(대법원 2004. 11. 12. 선고 2004다40955 판결 등 참조).

원심판결 이유와 기록에 의하면, 이 사건 사해행위취소의 피보전채권인 원고의 소외 1에 대한 구상금채권은 원고가 보험금을 지급한 2008. 12. 26. 및 2009. 1. 23. 발생하였으므로, **원고가 사행행위로서 취소를 구하는 이 사건 매매예약 체결일인 2008. 7. 22.에는 아직 발생하지 아니하였으나, 그 당시에는 <u>이미 위 구상금채권 성립의 기초가 되는 각 이행보증보험에 따른 법률관계가 존재</u>하고 있었고, 소외 회사가 2008년 7월경부터 애경레지콘 주식회사(이하 '애경레지콘'이라 한다)에 대한 물품대금의 지급을 지체하고, 2008. 8. 1. 신동아건설 주식회사(이하 '신동아건설'이라 한다)로부터 도급받은 공사가 중단되었으므로, 소외 회사의 원고에 대한 각 이행보증보험에 따른 채무를 연대보증한 소외 1은 가까운 장래에 원고에게 구상금채무를 부담하게 되리라는 점에 대한 고도의 개연성이 있었으며, 실제로 신동아건설 및 애경레지콘의 청구에 따라 원고가 보험금을 지급함으로써 그 개연성이 현실화되었으므로, 원고의 소외 1에 대한 구상금채권은 이 사건 채권자취소권의 피보전채권이 될 수 있다.

2. 채무자의 무자력 요건에 관하여

채권자취소권 행사의 요건인 **채무자의 무자력 여부를 판단**함에 있어서 그 대상이 되는 소극재산은 원칙적으로 사해행위라고 볼 수 있는 행위가 행하여지기 전에 발생된 것임을 요하지만, 그 사해행위 당시에 이미 채무 성립의 기초가 되는 법률관계가 성립되어 있고, 가까운 장래에 그 법률관계에 터잡아 채무가 성립되리라는 점에 대한 고도의 개연성이 있으며, 실제로 가까운 장래에 그 개연성이 현실화되어 채무가 성립된 경우에는 그 채무도 채무자의 소극재산에 포함시켜야 할 것이다(대법원 2000. 9. 26. 선고 2000다30639 판결 참조).

원심은 이 사건 매매예약 당시 소외 1의 원고에 대한 위 구상금채무는 이미 그 성립의 기초가 되는 법률관계가 존재하고 있었고, 가까운 장래에 그 법률관계에 기하여 채무가 성립되리라는 점에 대한 고도의 개연성이 있었으며, 그 후 **실제로 그 개연성이 현실화되어 위 구상금채무**

가 발생하였으므로 소외 1의 무자력 여부를 판단함에 있어 위 구상금 채무가 소외 1의 소극재산에 포함된다고 보고, 이 사건 매매예약 당시 소외 1이 채무초과 상태에 있었다고 판단하였는바, 원심의 이러한 판단은 앞서 본 법리에 따른 것으로 정당하다.

신용카드 가입계약의 체결만으로 채권자취소권의 행사를 위한 '채권성립의 기초가 되는 법률관계'가 있다고 할 수 있는지 여부 (대법원 2004. 11. 12. 선고2004다40955 판결)

> 판례해설
>
> 채무자가 신용카드사와 신용카드 가입계약을 체결하고 신용카드를 받은 이후 사용하기 전 유일한 부동산을 타인에게 매도하고 나서 비로소 신용카드를 사용하기 시작하였다면 과연 신용카드사는 사해행위 취소권을 행사할 수 있을까.
>
> 원칙적으로 채무자의 사해행위 이전에 취소 채권자의 채권은 존재하여야 하고 예외적으로 장래 발생할 고도의 개연성이 있고 실제 발생한 경우 취소 채권자의 채권도 사해행위 취소권을 행사할 수 있어 신용카드사의 입장에서는 신용카드 발급 계약을 받고 곧바로 부동산을 매도한 뒤 신용카드를 사용한 것은 위 예외 법리에 해당하는 것 아니냐라는 이유로 사해행위 취소소송을 제기하였고 고등법원까지 위 법리를 인정하였다. 그러나 대법원에서 신용카드 계약만으로 채권성립의 기초가 되는 법률관계가 형성되었다고 보기 어렵다고 판단하여 신용카드사에 대하여 패소

판결을 선고하였다.

사실 신용카드 계약을 체결한 이후로도 가맹점에서 사용까지 존재하여 비로소 채권이 발생할 수 있다는 점을 고려한다면 대법원의 판단이 법리적으로 타당하다고 볼 여지가 있으나 상식적으로는 이와 같이 악의적으로 카드 발급을 받은 자에 대하여 보호를 하는 것은 다소 이해가 되지 않는다.

법원판단

가. 원심은, 원고는 1997. 1. 6. 김순복과 사이에 원고 발행의 신용카드를 김순복이 사용하되 그 대금 및 수수료 등을 매월 27. 지급받고, 연체시에는 연 25%의 지연손해금을 더하여 지급받기로 약정한 사실, 김순복이 2003. 5.경부터 대금납부를 연체하자 원고는 2003. 9.경 김순복에게 연체에 의한 신용불량사실을 통보하였고, 원고가 2003. 11. 11.까지 김순복으로부터 지급받지 못한 카드관련대금이 13,923,030원(원금 12,499,220원 + 수수료 250,799원 + 지연손해금 1,173,011원)에 이른 사실, 한편 김순복은 2003. 4. 4. 피고와 사이에 이 사건 아파트에 관하여 매매계약을 체결한 후 같은 달 7. 피고 앞으로 소유권이전등기를 경료하여 준 사실, 매매계약 체결일인 2003. 4. 4.경 김순복의 적극재산으로는 2,300만 원 상당의 이 사건 각 부동산이 유일하였고, 소극재산으로는 우리은행에 대한 대출금채무 300만 원, 조흥은행에 대한 대출금채무 4,515,000원, 국민은행에 대한 대출금채무 1,500만 원, 피고에 대한 차용금채무 1,300만 원, 원고에 대한 신용카드대금채무 등 다액의 채

무가 있었던 사실을 인정하였다.

나. 위 인정 사실에 터잡아, 원심은, <u>**이 사건 매매계약 체결일인 2003. 4. 4.경에는 김순복이 신용카드대금을 연체하지 않았다 하더라도,**</u> 이미 1997. 1. 6.자 신용카드가입계약에 의하여 원고가 김순복으로부터 매월 27. 카드대금을 납입받는 계속적 채권관계가 발생하였다고 할 것이므로, 이 사건 카드대금채권은 사해행위의 피보전채권이 되고, 채무자인 김순복이 채무초과상태에서 자기의 유일한 재산인 이 사건 아파트를 매각하여 소비하기 쉬운 금전으로 바꾸는 것은 특별한 사정이 없는 한 사해행위가 된다 할 것이며, 김순복의 사해행위에 의하여 수익자인 피고의 악의는 추정된다 할 것인데, 판시 각 증거들만으로는 피고의 선의를 인정하기에 부족하다고 판단하여, 피고와 김순복 사이의 2003. 4. 4.자 매매계약은 취소되어야 하고, 피고는 그 원상회복으로 그 명의의 소유권이전등기를 말소하여야 한다고 판단하였다.

1. 대법원의 판단

채권자취소권에 의하여 보호될 수 있는 채권은 원칙적으로 사해행위라고 볼 수 있는 행위가 행하여지기 전에 발생된 것임을 요하지만, 그 사해행위 당시에 이미 채권 성립의 기초가 되는 법률관계가 발생되어 있고, 가까운 장래에 그 법률관계에 터잡아 채권이 성립되리라는 점에 대한 고도의 개연성이 있으며, 실제로 가까운 장래에 그 개연성이 현실화되어 채권이 성립된 경우에는, 그 채권도 채권자취소권의 피보전채권이 될 수 있다(대법원 2002. 3. 29. 선고 2001다81870 판결, 2002. 11. 8. 선고 2002다42957 판결 등 참조).

그런데 원심이 확정한 사실 및 기록에 의하면, 이 사건 매매계약 체결일인 2003. 4. 4. 이전인 1997. 1. 6. 김순복이 원고와 사이에 신용카드가입계약을 체결하고 신용카드를 발급받아 이를 물품구매 등에 사용하되 그 대금 및 수수료 등을 매월 27. 지급받고, 연체시에는 연 25%의 지연손해금을 더하여 지급받기로 하는 신용카드가입계약을 체결한 사실, 김순복은 이 사건 아파트를 피고에게 매도한 2003. 4. 4. 이전에는 원고가 발행한 신용카드를 사용하지 않다가 그 20여 일 이후인 2003. 4. 26.경부터 신용카드를 물품구매나 현금서비스 등에 사용하였고, 2003. 5.경부터 그 대금을 연체하여 신용카드의 이용과 관련된 채권이 합계 13,923,030원에 이르는 사실을 알 수 있으나, **신용카드가입계약은 신용카드의 발행 및 관리, 신용카드의 이용과 관련된 대금의 결제에 관한 기본적 사항을 포함하고 있기는 하나 그에 기하여 신용카드업자의 채권이 바로 성립되는 것은 아니고, 신용카드를 발행받은 신용카드회원이 ① 신용카드를 사용하여 신용카드가맹점으로부터 물품을 구매하거나 용역을 제공받음으로써 성립하는 신용카드매출채권을 신용카드가맹점이 신용카드업자에게 양도하거나, ② 신용카드업자로부터 자금의 융통을 받는 별개의 법률관계에 의하여 비로소 채권이 성립하는 것이므로, 단순히 신용카드가입계약만을 가리켜 여기에서 말하는 '채권성립의 기초가 되는 법률관계'에 해당한다고 할 수는 없다.**

따라서 김순복이 이미 1997. 1. 6. 원고와 신용카드가입계약을 체결하고 신용카드를 발행받았다고 하여도, 이 사건 아파트를 피고에게 매도하기 이전에는 신용카드를 사용하지 않다가 그 이후 2003. 4. 26.경부터 신용카드를 물품구매나 현금서비스 등에 사용하기 시작하였고 2003. 5.경부터 그 대금을 연체하게 되었다면, 그 신용카드대금채권은 사해행위 이후에 발생한 채권에 불과하다고 할 것이어서 사해행위의 피보전채권이 된다고 할 수 없다.

사해행위 채권에 관한 고도의 개연성 판단 기준 (대법원 2013. 12. 26. 선고 2012다41915 판결)

판례해설

사해행위 취소채권자의 채권은 채무자의 사해행위 이전에 성립되어야 하는 것이 원칙이고 다만 **사해행위 당시 채권이 성립되라는 고도의 개연성**이 있고 실제 가까운 장래에 그 개연성이 현실화되어 성립된 경우 예외적인 성립을 인정하고 있다. 다만 이와 같은 법리는 원칙적으로 예외적인 경우에만 인정하고 있고 대부분 보증채무에 한하여 판단하고 있다.

대상판결에서는 <u>사해행위 취소 채권자의 채권이 법원에서 취소 판결 받기 전이라고 한다면 취소 채권자의 반환청구권은 사해행위 취소 소송을 제기할 수 있는 피보전권리라고 볼 수 없고 더 나아가 채무자의 소극재산에도 포함될 수 없다</u>고 판단하였다.

법원판단

1. 채권자취소권에 의하여 보호될 수 있는 채권은 원칙적으로 사해행위라고 볼 수 있는 행위가 행하여지기 전에 발생된 것임을 요하지만, 그 사해행위 당시에 이미 채권성립의 기초가 되는 법률관계가 발생되어 있고, 가까운 장래에 그 법률관계에 기하여 채권이 성립되리라는 점에 대한 고도의 개연성이 있으며, 실제로 가까운 장래에 그 개연성이 현실화되어 채권이 성립된 경우에는, 그 채권도 채권자취소권의 피보전채권이 될 수 있다. 그리고 채권자취소권 행사의 요건인 채무자의 무자력 여부를 판단함에 있어서 그 대상이 되는 소극재산도 원칙적으로 사해행위라고 볼 수 있는 행위가 행하여지기 전에 발생된 것임을 요하지만, 그 사해행위 당시에 이미 채무 성립의 기초가 되는 법률관계가 있고, 가까운 장래에 그 법률관계에 기하여 채무가 성립되리라는 점에 대한 고도의 개연성이 있으며, 실제로 가까운 장래에 그 개연성이 현실화되어 채무가 성립된 경우에는 그 채무도 채무자의 소극재산에 포함시켜야 할 것이다(대법원 2011. 1. 13. 선고 2010다68084 판결 참조).

다만 여기서 <u>채무자의 재산처분행위 이후에 발생한 채권이나 채무와 관련하여 채권자취소권을 인정하기 위한 요건으로서의 '고도의 개연성'은 단순히 향후 채권이나 채무가 성립할 가능성이 있는 정도에 그쳐서는 안 되고, 적어도 채무자의 사해의사를 추단할 수 있는 객관적 사정이 존재하여 일반적으로 누구라도 그 채권이나 채무의 성립을 예</u>

견할 수 있을 정도에 이르렀다고 볼 만한 상태에서 채무자의 재산처분 행위가 이루어졌어야 하며, 구체적으로 이러한 고도의 개연성이 있는지 여부는 채권자와 채무자 사이의 기초적 법률관계의 내용, 채무자의 재산 상태 및 그 변화 내용, 일반적으로 그와 같은 상태에서 채권 또는 채무가 발생하는 빈도 및 이에 대한 일반인의 인식 정도, 채무자의 재산처분행위와 채권 또는 채무 발생과의 시간적 간격 등 여러 가지 사정을 종합하여 객관적으로 판단하여야 한다(대법원 2013. 2. 14. 선고 2012다83100 판결 등 참조).

2. 원심판결 이유에 의하면, 원심은, 원고가 소외인과 사이에 1994. 6. 27. 제1매매계약을 체결한 후 1995. 1. 25.까지 매매대금으로 합계 37억 원을 지급하였고, 1998. 4. 11. 제2매매계약을 체결하면서 소외인에게 계약금 5억 원을 지급한 사실, 그 후 2007. 11. 27. 원고가 소외인에게 위 각 매매계약의 해제 통지를 하였고, 2008. 12. 2.에는 제1매매계약에 관한 취소의 의사표시를 한 사실, 한편 소외인은 피고 2에게는 2008. 1. 17.과 2008. 11. 13.에, 피고 1에게는 2008. 1. 18.에 각각 그 소유의 부동산에 관하여 근저당권을 설정해 준 사실 등을 인정한 다음, 원고의 소외인에 대한 위 각 매매계약의 해제 또는 취소로 인한 42억 원(제1매매계약에 의한 37억 원과 제2매매계약에 의한 5억 원의 합계액)의 매매대금 반환채권 전액이 채권자취소권의 피보전채권이 되고 또 소외인의 위 반환채무가 그의 소극재산에 해당한다고 판단하여, 원고의 이 사건 사해행위 취소 및 원상회복청구를 전부 인용하였다.

3. 그러나 소외인의 원고에 대한 제1매매계약과 관련한 37억 원 반환채권이 채권자취소권의 피보전채권이 되고 또 소외인의 위 금액 반환채무를 그의 무자력 여부를 판단할 때 소극재산으로 산정하여야 한다는 원심의 판단은 다음의 이유로 수긍할 수 없다.

가. 원심판결 이유와 기록에 의하면 다음의 사실을 알 수 있다.

(1) 원고는 전문유통단지를 조성할 목적으로 1994. 6. 27. 소외인과 사이에 소외인과 그 형제자매 등의 소유이던 부산 강서구 명지동 소재 20필지의 토지에 관한 제1매매계약을 체결하고 계약금 5억 원을 지급한 이래 1995. 1. 25.까지 합계 37억 원을 지급하였다. 그리고 원고는 1998. 4. 11. 다시 소외인과 사이에 같은 동 소재 6필지의 토지에 관하여 제2매매계약을 체결하고 계약금 5억 원을 지급하였다.

(2) 원고는 전문유통단지 조성사업을 진행하지 아니한 채 제1매매계약상의 잔금지급기일을 1997. 7. 31.경까지 3차례에 걸쳐 연장하였으나, 소외인에게 잔금을 지급하지는 아니하였다.

(3) 그러다가 2003. 10.경 위 매매목적 토지들을 포함한 일대의 토지가 부산진해경제자유구역으로 지정되었고, 원고는 2007. 11. 19.에 이르러 부산진해경제자유구역청장에게 서면으로 위 각 토지에서 전문유통단지 조성을 위한 건축행위가 가능한지 여부에 대하여 질의를 하였으

나, 같은 달 21일 건축행위가 불가능하다는 공문을 받게 되자, 2007. 11. 27. 소외인에게 위 각 매매계약을 해제한다고 통지하였다.

(4) 그 후 원고는 부산지방법원 2008가합9269호로 소외인을 상대로 계약해제를 원인으로 하여 계약금 등의 반환을 구하는 소송을 제기하였고, 그 소송 진행 중인 2008. 12. 2. 소외인이 다른 토지 소유자들인 형제자매 등으로부터 제1매매계약체결에 관한 위임을 받은 사실이 없음에도 위임을 받은 것처럼 원고를 기망하였으므로 제1매매계약을 취소한다는 주장을 추가하였다. 위 소송에서 법원은 2009. 2. 12. 제1매매계약과 관련하여서는 원고의 2007. 11. 27.자 해제통지에 따른 매매계약해제 주장을 배척하는 한편, 기망을 이유로 한 2008. 12. 2.자 취소권 행사에 따라 적법하게 매매계약이 취소되었다고 판단하고, 제2매매계약과 관련하여서는 2007. 11. 27.자 해제통지에 따라 매매계약이 적법하게 해제되었다고 판단하여, 제1매매계약의 매매대금 37억 원과 제2매매계약의 계약금 5억 원 전부의 반환을 명하는 판결을 선고하였다.

(5) 한편 소외인은 피고 2로부터 2007. 5. 7.경부터 2008. 1. 22.경까지 11억 5,000만 원을 차용하고 위 피고에게 2008. 1. 17. 그 소유의 부동산에 관하여 채권최고액 15억 원의 근저당권을 설정하여 주었고, 2008. 11. 13. 그 소유의 부동산에 관하여 다시 채권최고액 5억 원의 근저당권을 설정하여 주었다. 또한 소외인은 피고 1에게 2008. 1. 18. 그 소유의 부동

산에 관하여 채권최고액 12억 원의 근저당권을 설정하여 주고 2008. 1. 23. 위 피고로부터 10억 원을 차용하였다.

나. 이러한 사실관계를 앞서 본 법리에 비추어 살펴보면, 비록 제1매매계약과 관련하여 원고가 2007. 11. 27. 소외인에게 계약 해제의 의사표시를 하였다고 하더라도 법원의 소송절차에서 그 해제 주장이 받아들여지지 아니하였으므로 계약 해제를 원인으로 한 37억 원의 반환채권은 인정될 수 없고, 원고가 위 소송 진행 중인 2008. 12. 2. 소외인의 기망을 이유로 계약 취소의 의사표시를 하였으나, 제1매매계약이 체결된 때는 1994. 6. 27.이고 원고가 소외인에게 37억 원을 지급한 것은 1995. 1. 25.까지이므로 그 무렵부터 10년의 제척기간 내에만 원고가 취소권을 행사할 수 있는 것인데, 소외인이 피고들에게 근저당권을 설정하여 준 때는 그로부터 10년이 경과한 후이고 원고가 취소권을 행사하기 전인 2008. 1. 17.부터 2008. 11. 13.까지이므로, 설사 법원이 위 소송에서 2009. 2. 12. 원고의 취소권 행사를 받아들여 매매대금 반환채권을 인정하였다고 하더라도 그러한 <u>법원의 판결이 선고되기 전인 이 사건 근저당권 설정 당시에 제1매매계약의 취소로 인한 매매대금 반환채권이 발생하리라는 고도의 개연성이 있었다고 할 수는 없다고 봄</u>이 상당하다.

그럼에도 불구하고 원심은 그 판시와 같은 이유만으로 **제1매매계약의 취소로 인한 원고의 37억 원의 매매대금 반환채권이 채권자취소권의 피보전채권이 되고, 소외인의 원고에 대한 위 금액 반환채무는 그의 무자력 여부를 판단할 때 소극재산으로 보아야 한다**고 판단하였으니, 이러한 원심판결에는 채권자취소권의 성립요건 등에 관한 법리를 오해하여 판결에 영향을 미친 위법이 있다.

피보전권리 성립요건 / 사해행위 당시 구체적 채권액수 미확정 (대법원 2018. 6. 28. 선고 2016다1045 판결)

> **판례해설**
>
> 사해행위 취소채권자의 채권이 사해행위보다 이후 발생하였더라도 그 사해행위 당시에 이미 채권 성립의 기초가 되는 법률관계가 발생되어 있고, 가까운 장래에 그 법률관계에 터잡아 채권이 성립되리라는 점에 대한 고도의 개연성이 있으며, 실제로 가까운 장래에 그 개연성이 현실화되어 채권이 성립된 경우에는 예외적으로 인정되는 판례를 보았다.
>
> 대상판결에서도 **역시 채무자의 사해행위가 채권자의 채권보다 먼저 생겼고 사해행위 이전 이미 채권의 기초가 존재하였는바 사정이 <u>이와 같다면 액수나 범위가 구체적으로 확정되지 않은 경우라도 채권자취소권의 피보전채권이 될 수 있다</u>**고 판단하였다.

법원판단

1. 채권자취소권 행사는 채무 이행을 구하는 것이 아니라 총채권자를 위하여 채무자의 자력 감소를 방지하고, 일탈된 채무자의 책임재산을 회수하여 채권의 실효성을 확보하는 데 목적이 있으므로, **피보전채권의 사해행위 이전에 성립되어 있는 이상 그 액수나 범위가 구체적으로 확정되지 않은 경우라고 하더라도 채권자취소권의 피보전채권**이 된다.

2. 원심판결 이유에 의하면, 원심은 원고의 피보전채권인 제2손해배상채권이 원고와 채무자 소외 1 사이의 수원지방법원 2014가합69736호 사건(이하 '관련 사건'이라 한다)의 판결이 선고된 2015. 10. 16.에서야 비로소 구체화된 점, 원고의 손해도 이 사건 증여계약일인 2012. 2. 27. 이후에 발생한 점에 비추어, 이 사건 증여계약 당시 제2손해배상채권은 발생하지 않았고, 위 채권의 성립의 기초가 되는 소외 1의 불법행위가 있었다고 하더라도 그로 인하여 가까운 장래에 위 채권이 성립되리라는 고도의 개연성이 있었다고 보기 어렵다고 판단하였다.

3. 그러나 이와 같은 원심의 판단은 아래와 같은 이유로 수긍하기 어렵다.

기록에 의하면, 제2손해배상채권은 소외 1이 원고의 예금인출 요청을 거부하여 원고가 소외 2에게 지급해야 할 전부금을 지급하지 못하게 됨에 따라 원고가 추가로 부담하게 된 지연손해금 상당의 손해인 사실, 소외 1은 2010. 8.경부터 예금인출 요청을 거부하여 원고는 소외 2에게 화해권고결정에서 정한 지급일까지 전부금 5억 원을 지급하지 못하게 되었고, 5억 원에 대하여 2010. 11. 1.부터 연 20%의 지연손해금을 부담하게 된 사실, 소외 2는 2012. 10. 5. 원고의 공탁금출급청구권에 대하여 압류추심명령을 받은 후 2014. 10. 6. 공탁금 690,983,600원을 회수하였는데, 위 금원에는 2010. 11. 1.부터 2012. 9. 28.까지의 위 5억 원에 대한 지연손해금 190,983,600원이 포함된 사실, 관련 사건에서도 위 예금인출 거부의 불법행위로 인한 원고의 손해액이 위 지연손해금 상당액인 190,983,600원이나 소외 1의 책임을 그중 60%로 제한한 사실이 인정된다.

위 인정 사실에 의하면, **소외 1의 예금인출 거부로 인하여 원고는 소외 2에게 2010. 11. 1.부터 지연손해금을 부담하게 되는 현실적인 손해를 입었고**, 관련 사건이나 소외 2의 원고에 대한 강제집행에 의해 비로소 발생한 손해는 아니므로, 제2손해배상채권은 2010. 11. 1.부터 성립되었다. 그러므로 **비록 이 사건 증여계약 당시인 2012. 2. 27.에 제2손해배상채권의 구체적 액수나 범위가 확정되지 않았고 그 이후 관련 사건에서 정해졌다고 하더라도 제2손해배상채권은 이 사건 증여계약 이전에 이미 성립되었다고 보아야 하고**, 이 사건 채권자취소권의 피보전채권이 된다.

그럼에도 불구하고 원심이 제2손해배상채권이 이 사건 증여계약 이후에 성립되어 채권자취소권의 피보전채권이 될 수 없다는 이유로 원고의 청구를 배척한 것은 채권자취소권의 피보전채권에 관한 법리를 오해하여 판결에 영향을 미친 위법이 있고, 이를 지적하는 상고이유 주장은 이유 있다.

사해행위 이전에 성립한 채권이 사해행위 이후에 양도된 경우 양수인의 사해행위 취소 소송 가능성 (대법원 2012. 2. 9. 선고 2011다77146 판결 [사해행위취소등])

> **판례해설**
>
> 채무자의 법률행위가 채권자를 해하는 사해행위가 되기 위해서는 채권자의 채권이 채무자의 법률행위보다 먼저 성립해야 하는 것이 기본적인 전제이고 이에 대하여는 이전 판례에서 이미 살펴보았다.
>
> 문제는 **채권자의 채권이 채권양도가 되었고 채권양도 되기 전에 채무자의 법률행위가 있었다면 양도 채권자의 입장에서 사해행위가 될 수 있는 반면, 양수 채권자의 입장에서는 아직 채무자의 채권자로 되기 전이기 때문에 사해행위 취소권을 행사할 수 있는지 의문이 있을 수 있다**
>
> 대상판결은 채권양수인이 채권을 양수받기 전에 사해행위가 발생했다

> 고 하더라도 **"채권"의 발생 시기를 기준으로 이미 채무자의 사해행위가 발생한 것**이라는 것이라고 인정하여 사해행위 취소소송의 피보전권리가 될 수 있다고 판단하였다.

법원판단

사해행위라고 볼 수 있는 행위가 행하여지기 전에 발생된 채권은 원칙적으로 채권자취소권에 의하여 보호될 수 있는 채권이 될 수 있고(대법원 1978. 11. 28. 선고 77다2467 판결, 대법원 1995. 2. 10. 선고 94다2534 판결 등 참조), **채권자의 채권이 사해행위 이전에 성립되어 있는 이상 사해행위 이후에 채권이 양도되었다고 하더라도 양수인은 채권자취소권을 행사할 수 있으며, 채권 양수일에 채권자취소권의 피보전채권이 새로이 발생되었다고** 할 수 없다.

원심이 적법하게 확정한 사실에 의하면, 이 사건 채권자취소권의 피보전채권인 매매대금 반환채권은 적어도 2008. 4. 1. 이전에 성립하였고, 피고 1은 2008. 4. 20. 그 소유의 유일한 재산인 이 사건 부동산에 관하여 피고 2와 매매계약을 체결하고 2008. 5. 28. 소유권이전등기를 마쳐 주었으므로, 위 매매대금 반환채권을 양수한 원고로서는 이 사건 채권자취소권을 행사할 수 있다.

피보전채권의 종류 / 특정물 채권 가능성 (대법원 1995. 2. 10. 선고 94다2534 판결 [소유권이전등기말소등])

> 판례해설
>
> 채권자취소권 제도의 기본적인 특징 및 요건은 채무자의 사해행위가 모든 채권자를 해하는 행위일 경우에는 해당 법률행위는 무효로 되는 바 결국 **채권자의 채권은 특정인에게만 귀속되는 특정물 채권이 아니라 금전 채권**일 경우를 전제로 한다.
>
> 대상판결은 채무자의 행위가 부동산 이중매매일 경우 부동산에 대한 소유권이전등기청구는 사해행위를 전제로 하는 금전채권이 아니기 때문에 인정될 수 없다는 판례이고 더 나아가 부동산 이중매매로 인하여 발생한 손해배상 채권이 금전채권이라고 하더라도 이는 사해행위 이후 발생한 채권에 해당하므로 어느모로 보나 부적법하다고 판단한 것이다.

법원판단

채권자취소권은 채무자가 채권자를 해함을 알면서 자기의 일반재산을 감소시키는 행위를 한 경우에 그 행위를 취소하여 채무자의 재산을 원상회복시킴으로써 모든 채권자를 위하여 채무자의 책임재산을 보전하는 권리로서, **특정물 채권을 보전하기 위하여 행사하는 것은 허용되지 않으며**(대법원 1965.3.30. 선고 64다1483 판결 ; 1974.7.26. 선고 73다1954 판결 ; 1988.2.23. 선고 87다카1586 판결 ; 1991.7.23. 선고 91다6757

판결 등 참조), **사해행위로 인하여 사해행위 이후에 권리를 취득한 채권자를 해친다고 할 수 없으므로 취소채권자의 채권은 사해행위가 있기 이전에 발생하고 있어야 함은 채권자 취소권의 성질상 당연한 요건**이라 할 것이다(대법원 1962.2.15. 선고 4294민상378 판결 ; 1967.11.14. 선고 66다2007 판결 ; 1978.11.28. 선고 77다2467 판결). 이는 그 동안 대법원이 계속적으로 판시하여 오고 있는 확립된 견해로서 변경하여야 할 이유가 없다.

원심이 이러한 견해 아래 원고들의 채권자취소권에 기한 주위적 청구를 배척한 조치는 정당하다고 판단되고, 거기에 채권자취소권의 행사 내지 사해행위취소소송의 법리를 오해한 잘못이 없다. 상고이유 중 이 점을 지적하는 부분은 이유 없다.

정지조건부 채권을 피보전채권으로 하는 사해행위 취소소송 요건 (대법원 2011. 12. 8. 선고 2011다55542 판결)

> **판례해설**
>
> 아직 효력 발생하지 않았지만 조건이 성취될 경우 효력이 발생하게 되는 이른바 정지조건부 채권 역시 사해행위 취소소송의 피보전채권이 될 수 있을까.

민법 제148조에서는 **조건 있는 법률행위의 당사자는 조건의 성부가 미정한 동안에 조건의 성취로 인하여 생길 상대방의 이익을 해하지 못한다고 규정**하고 있는 바 이와 같은 이유로 정지조건부 채권에 대해서 채권은 성립했지만 효력이 발생하지 않은 채권에 대하여도 채무자는 조건부 채권을 해하는 법률행위를 할 수 없으며 만약 채무자가 이를 위반할 경우에는 채무자는 사해행위 취소소송의 적법한 당사자로서 그 지위를 인정받을 수 있다.

법원판단

채권자취소권의 행사는 채무의 이행을 구하는 것이 아니라 총채권자를 위하여 이행기에 채무의 이행을 위태롭게 하는 채무자의 자력 감소를 방지하는 데에 그 목적이 있는 점이나, 민법은 제148조에서는 '조건 있는 법률행위의 당사자는 조건의 성부가 미정한 동안에 조건의 성취로 인하여 생길 상대방의 이익을 해하지 못한다'라고 정하고, 제149조에서는 '조건의 성취가 미정한 권리의무는 일반규정에 의하여 처분, 상속, 보존 또는 담보로 할 수 있다'라고 정하여 <u>조건부권리의 보호에 관한 규정을 두고 있는 점을 종합해 볼 때, 취소채권자의 채권이 정지조건부채권이라 하더라도, 장래에 그 정지조건이 성취되기 어려울 것으로 보이는 등의 특별한 사정이 없는 한, 이를 피보전채권으로 하여 채권자취소권을 행사할 수 있다</u>고 보아야 한다.

같은 취지에서 <u>원심이 피고 회사가 이 사건 공사가 완공되지 못하고</u>

중도에 이 사건 공사도급계약이 해제될 경우 원고에 대하여 2억 원을 지급하여야 할 조건부채무를 부담하게 된 사실을 인정한 후, 사해행위 당시에 정지조건이 성취되지 않았다 하더라도 정지조건부채권을 피보전채권으로 하여 채권자취소권을 행사할 수 있다 할 것인데, **피고 회사가 2008. 12. 3. 유일한 재산인 이 사건 토지 및 건물에 관하여 피고 2와 사이에 이 사건 근저당권설정계약을 체결한 후 같은 달 5일 피고 2에게 그 근저당권설정등기를 마쳐 주었으므로, 이 사건 근저당권설정계약은 피고 회사에 대한 채권자인 원고에 대하여 사해행위가 된다고** 보아 그 취소를 명한 것은 정당하고, 거기에 채권자취소권의 요건에 대한 법리오해 등의 위법이 없다.

피보전권리 / 어음채권의 추심 의뢰 혹은 제3채무자에 대한 지급제시로 구체적 권리성을 인정받을 수 있는지 여부 (대법원 2009. 9. 24. 선고 2009다37107 판결 [사해행위취소])

> **판례해설**
>
> 채권자취소권에 의하여 보호될 수 있는 채권은 **원칙적으로 사해행위라고 볼 수 있는 행위가 행하여지기 전에 발생된 것임을 요하고** 대상판결에서의 채권자의 채권은 어음채권의 추심을 의뢰받은 자에 불과한바, **어음채권의 추심을 의뢰받은 수임인이 위임인에 대하여 부담하는 추심금의 지급의무는 현실적으로 제3채무자로부터 이를 지급받은 경우에**

> **구체적으로 발생하는 것일 뿐**이므로 결국 대상판결은 사해행위 취소채권자의 피보전채권이 구체적으로 특정되지 않았다는 이유로 소를 받아들이지 않았다.

법원판단

채권자취소권에 의하여 보호될 수 있는 채권은 **원칙적으로 사해행위라고 볼 수 있는 행위가 행하여지기 전에 발생된 것임을 요**하고, 다만 그 사해행위 당시에 이미 채권 성립의 기초가 되는 법률관계가 발생되어 있고, 가까운 장래에 그 법률관계에 기하여 채권이 성립되리라는 점에 대한 고도의 개연성이 있으며, 실제로 가까운 장래에 그 개연성이 현실화되어 채권이 성립된 경우에는 그 채권도 채권자취소권의 피보전채권이 될 수 있다 할 것인바(대법원 1999. 4. 27. 선고 98다56690 판결 등 참조), **어음채권의 추심을 의뢰받은 수임인이 위임인에 대하여 부담하는 추심금의 지급의무는 현실적으로 제3채무자로부터 이를 지급받은 경우에 구체적으로 발생하는 것일 뿐**이므로(대법원 1963. 9. 26. 선고 63다423 판결, 대법원 2005. 9. 28. 선고 2003다61931 판결 등 참조), 추심의 의뢰 혹은 제3채무자에 대한 청구(지급제시)의 사실만으로는 채권자취소권의 피보전채권이 될 수 있는 구체적 권리가 발생한 것으로 볼 수 없다 할 것이다.

위 법리와 원심의 인정사실에 비추어 보면, 원고와의 추심위임약정에 따라 원고로부터 이 사건 정리채권을 양도받은 소외인이 위 정리채권을 변제기에 추심하여 원고에게 지급하여야 하는 채무는 소외인과 피고 사이의 위 정리채권 양도행위에 대한 채권자취소권의 피보전채권이 될 수 없다 할 것이니, 위 추심행위 이전의 추상적인 추심금지급청구권을 피보전권리로 하는 원고의 이 사건 채권자취소권의 행사는 받아들일 수 없다 할 것이다.

피보전채권의 채권액을 산정하는 기준시점 (대법원 2002. 4. 12. 선고 2000다63912 판결)

> **판례해설**
>
> 피보전채권액이 중요한 이유는 사해행위 취소소송을 제기하는 채권자는 원칙적으로 자신의 채권액에 한하여만 청구(취소는 전부 가능하지만)할 수 있으므로 그 청구액수의 특정이 중요한바 **법원에서는 소제기시가 아니라 변론 종결시까지의 이자를 포함한 금액을 채권자의 피보전금액으로 판단하였고** 그 이유는 **아마도 금액 채권일 경우 채권자는 직접 자신에게 지급할 것을 요청할 수 있고 따라서 직접 지급받기까지 발생한 이자를 산정하는 것은 당연하지만 그와 같은 이자의 특정은 사실심 변론 종결시가 가장 명확하기 때문에 그 시기를 기준으로 정하였던 것**으로 보인다.

법원판단

가. **채권자가 채권자취소권을 행사할 때에는 원칙적으로 자신의 채권액을 초과하여 취소권을 행사할 수 없고, 이 때 채권자의 채권액에는 사해행위 이후 사실심 변론종결시까지 발생한 이자나 지연손해금이 포함**된다(대법원 2001. 9. 4. 선고 2000다66416 판결, 2001. 12. 11. 선고 2001다64547 판결 참조).

원심이 원고의 피보전채권액을 산정함에 있어 지연손해금을 합산한 조치는 위와 같은 법리에 따른 것으로서 옳고, 거기에 상고이유로 주장하고 있는 바와 같은 사해행위 취소의 범위에 관한 법리를 오해한 위법이 없다.

나. 저당권이 설정되어 있는 부동산이 사해행위로 이전된 경우에 그 사해행위는 부동산의 가액에서 저당권의 피담보채권액을 공제한 잔액의 범위 내에서만 성립한다고 보아야 하므로, 사해행위 후 변제 등에 의하여 저당권설정등기가 말소된 경우 그 부동산의 가액에서 저당권의 피담보채무액을 공제한 잔액의 한도에서 사해행위를 취소하고 그 가액의 배상을 구할 수 있을 뿐이고(대법원 1999. 9. 7. 선고 98다41490 판결, 2001. 6. 12. 선고 99다20612 판결 등 참조), 이러한 법리는 그 부동산이 양도담보의 목적으로 이전된 경우에도 마찬가지라고 보아야 할 것이다.

따라서 원심이 양도담보로 부동산을 이전받은 피고 염문규에 대하여 염규홍의 소유 지분 가액에서 저당권의 피담보채무액을 공제한 잔액의 가액배상을 명한 조치는 정당하고, 거기에 상고이유에서 주장하는 바와 같은 가액배상에 관한 법리를 오해한 위법이 없다.

채무자의 사해의사/ 수익자·전득자의 악의의 의미 /증명책임

채무자의 사해의사의 의미 (대법원 2004. 7. 9. 선고 2004다12004 판결)

> 판례해설
>
> 흔히 일반인들은 채무자의 사해행위라는 의미에 관하여 채권자를 해할 목적으로 재산을 처분하여 채권자가 집행할 수 없게끔 만드는 행위이고 이와 같은 의사가 존재하여야 한다고 생각한다. 그래서 가끔 채무자는 자력이 부족해서 현금으로 만들기 위해서 부동산을 매도하였을 뿐 채권자를 해할 목적은 전혀 없었다고 하면서 억울해 한다.
>
> 그런데 판례에서는 채권자 취소권에서의 <u>사해의사란 채무자가 자신의 재산적 처분행위로 인하여 무자력이 되거나 무자력인 상태에서 무자력이 심화되는 경우 이를 인식하는 것을 의미하는 것이지 여기에 채권자를 해할 목적까지는 요하는 것은 아니라고 판단</u>하고 있다.
>
> 생각건대 판례가 위와 같이 인정한 이유는 사람의 인식 자체(특히 채권자를 해한다는 것은 도무지 증명할 방법이 없다)를 객관적인 자료를 토대로 판단할 수 없기 때문으로 보이며 결국 하나의 기준(위와 같은 기준)을 세워두고 이에 부합하면 일단 사해의사로 추정하고 대신 증명책임을 상대방에게 전환시켜 사해의사가 없다는 사실을 증명하게 함으로서 법적 안정성을 도모하고 있는 것이다.

법원판단

채권자취소권의 주관적 요건인 채무자가 채권자를 해함을 안다는 이른바 채무자의 악의, 즉 **사해의사는 채무자의 재산처분 행위에 의하여 그 재산이 감소되어 채권의 공동담보에 부족이 생기거나 이미 부족 상태에 있는 공동담보가 한층 더 부족하게 됨으로써 채권자의 채권을 완전하게 만족시킬 수 없게 된다는 사실을 인식하는 것을 의미하고, 그러한 인식은 일반 채권자에 대한 관계에서 있으면 충분하고 특정의 채권자를 해한다는 인식이 있어야 하는 것은 아니다**(대법원 1998. 5. 12. 선고 97다57320 판결 등 참조).

원심은 제1심판결을 인용하여, 을 제1호증의 기재만으로는 피고들에게 사해의사가 없었다고 인정하기에는 부족하고, 달리 이에 부합하는 증거가 없으며, **오히려 피고들은 이 사건 각 매매예약 및 가등기 당시 유익건설의 채무초과 상태를 인식하고, 이 사건 각 매매예약 및 가등기로 인하여 유익건설의 책임재산이 감소되어 공동담보에 부족이 생긴**다는 사실을 인식하였다고 봄이 상당하다고 판단하였는바, 위에서 본 법리와 기록에 비추어 살펴보면, 원심의 위와 같은 사실인정과 판단은 정당한 것으로 수긍이 가고, 거기에 주장과 같은 채증법칙 위배 또는 법리오해 등의 위법이 없다.

채무자의 사해판단 기준 (대법원 2012. 10. 11.자 2010마2066 결정 [가처분이의])

> **판례해설**
>
> 채무자의 사해의사라고 함은 관념적 개념이기 때문에 결국 객관적 사정을 고려하여 채무자의 의사를 추론할 수 있는 것이고 그와 같은 객관적 사정에는 **채무자가 그와 같은 법률행위에 이르게 된 경위 그리고 법률행위 이후 채무자의 변제 노력까지 종합적으로 고려**하여 판단하는 것이다.

법원판단

1. 채무초과상태에 있는 채무자가 그 소유의 부동산을 채권자 중의 어느 한 사람에게 채권담보로 제공하는 행위는 특별한 사정이 없는 한 다른 채권자들에 대한 관계에서 사해행위에 해당한다고 할 것이나, **자금난으로 사업을 계속 추진하기 어려운 상황에 처한 채무자가 자금을 융통하여 사업을 계속 추진하는 것이 채무변제력을 갖게 되는 최선의 방법이라고 생각하고 자금을 융통하기 위하여 부득이 부동산을 특정 채권자에게 담보로 제공하거나 신탁하고 그로부터 신규자금을 추가로 융통받았다면 특별한 사정이 없는 한 채무자의 담보권 설정 내지 신탁행위는 사해행위에 해당하지 않는다고 할 것이다**(대법원 2001. 5. 8. 선고 2000다50015 판결, 대법원 2003. 12. 12. 선고 2001다57884 판

결 등 참조). 그리고 **채무자의 사해의사를 판단함에 있어 사해행위 당시의 사정을 기준으로 하여야 할 것임은 물론이나, 사해행위라고 주장되는 행위에 이르게 된 경위, 그 행위 이후의 채무자의 변제 노력 등도 사해의사의 유무를 판단함에 있어 다른 사정과 함께 고려**되어야 하는 경우가 있다(대법원 2000. 12. 8. 선고 99다31940 판결, 대법원 2003. 12. 12. 선고 2001다57884 판결 등 참조).

2. 기록에 의하면, 신청외 회사는 이 사건 사업부지를 구입하여 그 지상에 이 사건 리조트를 신축하여 분양하는 사업을 추진하면서 금융기관으로부터 자금을 융통하기 위한 방편으로 이 사건 1, 2신탁계약의 체결에 이르게 된 사실, 신청외 회사는 위 각 신탁계약에 따라 이 사건 사업부지와 리조트의 소유 명의를 순차로 수탁자인 채무자에게 이전하게 되나 이를 통해 융통한 자금으로 리조트 신축을 계속할 수 있게 되고 리조트가 완공된 후에는 채무자의 사전승낙하에 이를 분양함으로써 위와 같이 융통한 자금의 상환과 일반 채권자에 대한 변제자력의 회복을 기대할 수 있게 되는 사실, 만일 **이 사건 1신탁계약 체결 당시에 장차 완공될 이 사건 리조트가 담보신탁의 목적물로 추가되거나 종전의 신탁목적물을 대체하는 것이 전제되지 않았다면 처음부터 위와 같은 자금융통을 통한 리조트신축공사의 계속은 불가능하였던 사실**, 신청외 회사는 이 사건 1신탁계약 체결 후에도 이 사건 2신탁계약 체결 전까지 건물신축공사의 계속을 위하여 상당한 자금을 추가로 제공받았는데 이 역시 이 사건 2신탁계약의 체결을 전제하지 않고서는 불가능하

였던 사실을 알 수 있다.

그렇다면 이 사건 리조트는 처음부터 신청외 회사가 스스로의 자력으로 소유하고 있던 재산이 아니라 위 일련의 신탁계약과 이를 통해 융통한 자금으로 만들어진 것이라고 할 수 있으므로 이러한 전체적 취득 과정을 도외시한 채 이 사건 2신탁계약을 분리해 내어 그 직전과 직후의 일반 채권자의 지위를 비교하는 것만으로 사해행위성을 판단하는 것은 타당하다고 볼 수 없다. 그럼에도 원심은 **이 사건 2신탁계약이 이 사건 1신탁계약과 별개의 계약이라는 점에만 주목하여 양자 사이의 관계나 그를 전후하여 연속적으로 이루어진 자금 융통의 과정, 이를 통한 사업의 계속 등의 사정은 고려하지 않은 채, 신청외 회사가 채권자에 대하여 약정금 채권을 부담하고 있는 상태에서 유일한 부동산인 이 사건 리조트에 관하여 채무자와 사이에 이 사건 2신탁계약을 체결하고 그에 따라 이 사건 등기를 마쳐주었다는 이유만으로 이 사건 2신탁계약이 사해행위에 해당한다고 판단**하였으니, 이러한 원심결정에는 사해행위에 관한 법리를 오해하여 결론에 영향을 미친 위법이 있다고 할 것이고, 이를 지적하는 재항고이유에는 정당한 이유가 있다.

3. 그러므로 원심결정을 파기하고, 사건을 다시 심리·판단하도록 원심법원에 환송하기로 하여 관여 대법관의 일치된 의견으로 주문과 같이 결정한다.

채무자 사해의사 / 수익자의 악의 추정 (대법원 2006. 4. 14. 선고 2006다5710 판결 [구상금등])

> **판례해설**
>
> 우선 채무자의 사해행위가 인정된다면 수익자 또는 전득자의 악의는 추정되고 이에 수익자 또는 전득자가 자신은 선의였음을 증명하여야 한다. 그러나 "사해행위인 줄 몰랐다"라는 증명 자체가 어렵기 때문에 다수의 수익자 및 전득자가 속수무책으로 취소를 당하고 그와 같은 재산을 원상회복당하고 있는 실정이다.
>
> 대상판결의 원심에서 단지 진술서 하나만으로 악의 추정이 깨어진 점은 다소 의아스럽기는 하지만 "<u>그 사해행위 당시 수익자가 선의였음을 인정함에 있어서는 객관적이고도 납득할 만한 증거자료 등이 뒷받침되어야 할 것</u>"이라는 표현을 사용함으로서 차후 수익자의 선의 증명을 더욱 어렵게 만들게 되었다.

법원판단

원심은 다음과 같은 원고의 이 사건 청구원인, 즉 제1심 공동피고였던 제1심 공동피고와 피고 사이에 2004. 6. 14. 이 사건 아파트에 관하여 체결된 근저당권설정계약이 제1심 공동피고의 다른 채권자인 원고에 대한 관계에서 사해행위에 해당한다는 주장에 대하여, 그 설시의 증거들에 의하여 인정되는 판시와 같은 사실관계에 터잡아 이 사건 근저당권설정계약 당시 피고가 선의의 수익자였다는 취지로 판단하여 원고의 이 사건 청구를 기각한 제1심판결을 유지하였다.

그러나 원심의 이러한 조치는 다음과 같은 이유로 수긍하기 어렵다.

이미 채무초과 상태에 빠져 있는 채무자가 그의 유일한 재산인 부동산을 채권자들 중 1인에게 채권담보로 제공하는 행위는 다른 특별한 사정이 없는 한 다른 채권자들에 대한 관계에서 채권자취소권의 대상이 되는 사해행위가 되는 것이고(대법원 2002. 4. 12. 선고 2000다43352 판결 등 참조), 채무자의 제3자에 대한 담보제공행위가 객관적으로 사해행위에 해당하는 경우 수익자의 악의는 추정되는 것이므로 **수익자가 그 법률행위 당시 선의였다는 입증을 하지 못하는 한 채권자는 그 법률행위를 취소하고 그에 따른 원상회복을 청구**할 수 있는 것인데(대법원 2003. 6. 13. 선고 2003다12526 판결 등 참조), 위와 같이 **채무자의 제3자에 대한 담보제공 등의 재산처분행위가 사해행위에 해당할 경우**에, 그 사해행위 당시 수익자가 선의였음을 인정함에 있어서는 객관적이고도 납득할 만한 증거자료 등이 뒷받침되어야 할 것이고, 채무자의 일방적인 진술이나 제3자의 추측에 불과한 진술 등에만 터잡아 그 사해행위 당시 수익자가 선의였다고 선뜻 단정하여서는 안 된다.

기록에 의하면, 피고의 선의를 증명할만한 자료로는, 피고의 주장 외에는 소외 1이 작성한 확인서(을 제7호증, 을 제5호증과 내용이 동일하다)가 유일하다고 할 수 있는데, 그 내용이, 이 사건 근저당권을 설정할 당시 피고가 소외 2 주식회사나 제1심 공동피고의 자금난을 알기 어려웠을 것으로 생각된다는 것으로서 자신의 의견이나 추측을 기재한 것에 불과하여, 이를 가지고 사해행위 당시 피고가 선의였음을 선뜻 인정하기가 어렵다. 뿐만 아니라 소외 1은 피고와 제1심 공동피고를 소개함으로써 피고가 제1심 공동피고에게 금전을 대여하는 단초를 제공한 사람으로서, 만약 이 사건 근저당권설정행위가 사해행위로서 취소되어 피고가 대여금을 반환받지 못할 경우에는 입장이 난처해질 수도 있는 위치에 있기 때문에 그의 진술을 쉽사리 믿기도 어렵다. 그 밖에 원심이 피고의 선의를 인정하는 근거로 삼은 사정들은 대체로 피고 명의의 근저당권의 피담보채권이 허위가 아니라 실제로 존재한다는 것에 관한 것일 뿐 피고의 선의 여부와는 직접적인 관련이 없어 보이고, 피고가 제1심 공동피고와 계속적으로 금전거래를 한 것이 아니라거나 친인척 또는 친우관계가 아니라는 점, 이 사건 근저당권설정계약 당시 제1심 공동피고 소유의 이 사건 아파트에 대하여 가압류 등이 없었다는 점 등은, 기록에 의하여 알 수 있는 다음과 같은 사정에 비추어 볼 때, 피고의 선의를 인정할 근거가 되지 못한다. 즉, 기록에 의하면, 피고는 자신이 소외 2 주식회사의 주주일 뿐만 아니라 위 회사의 대표이사인 제1심 공동피고로부터 위 회사 주식 8만 주를 담보로 취득한 바 있었기 때문에 소외 2 주식회사의 재무상태에 관하여 상당한 경제적 이해관계와 이에 따른 각별한 관심을 가지고 있었을 것으로 보이고, 피고의 전 직장동료로서 친분이 있는 소외 1이 마침 2003. 11. 13.부터 소외 2 주식회사의 감사로 재직하고 있었기 때문에 위와 같은 관심을 가진 피고로서는 소외 1에게 위 회사의 형편에 관하여 자주 문의하였을 것으로 보이며, 소외 1을 통해 소외 2 주식회사가 이 사건 근저당권을 설정하기 약 20일 전인 2004. 5. 25. 중소기업은행에 대한 대출금채무를 연체하기 시작한 사실과 그 대표이사인 제1심 공동피고의 연대보증사실을 알게 되었을 가능성이 농후하다는 점을 알 수 있으므로, 원심이 설시한 앞서 본 사정만으로는 피고의 선의 주장을 그대로 믿기 어렵다.

그럼에도 불구하고, 원심이 납득할 만한 객관적인 증거자료가 전혀 제출되지 아니한 상태에서, <u>피고의 일방적인 진술이나 그 신빙성이 의심되는 소외 1의 진술서</u>만으로 이 사건 근저당권설정계약 당시 선의였다는 피고의 주장을 선뜻 받아들여 원고의 피고에 대한 이 사건 청구를 배척한 데에는 판결에 영향을 미친 채증법칙 위반이나 심리미진 또는 사해행위취소에서 수익자의 선의에 관한 법리오해 등의 위법이 있다고 아니할 수 없다.

그러므로 원심판결을 파기하고, 사건을 원심법원으로 환송하기로 하여 주문과 같이 판결한다.

수익자의 선의판단 / 선의에 대한 과실 유무 (대법원 2008.7.10. 선고 2007다74621 판결)

판례해설

법원은 일관되게 수익자의 선, 악 판단 문제에 관하여 채무자의 법률행위가 사해행위로 인정된다면 수익자의 악의는 추정되고 결국 수익자가 스스로 자신의 선의를 입증하여야 한다고 설시하고 있다.

문제는 수익자의 선의를 어떻게 판단한지 여부인 바 대상판결에서는 "채무자와 수익자의 관계, 채무자와 수익자 사이의 처분행위의 내용과 그에 이르게 된 경위 또는 동기, 그 처분행위의 거래조건이 정상적이고 이를 의심할만한 특별한 사정"이 있었는지 여부를 기준으로 판단하고 수익자에 대하여 객관적인 자료를 요구하고 있다.

더 나아가 수익자로서는 선의로는 인정되지만 최소한의 주의만 기울였다면 이와 같은 사정을 알았을 수 있다고 판단되는 경우 즉 과실이 존재하는 경우 선의가 번복되는 지가 문제 되었는데 대상판결에서는 일단 선의로 평가된다면 이에 대한 과실이 있다고 하더라도 선의가 번복되지 않는다고 판시한 것이다.

생각건대 민법 제406조에서도 보는 바와 같이 수익자 또는 전득자에 대하여 "채권자를 해함을 알지 못한 경우"라고만 규정되어 있어 선의만을 요구하고 과실 여부에 관한 규정이 없는 점 등을 고려한다면 대상판결은 지극히 타당하다고 보인다.

법원판단

사해행위취소소송에서 수익자의 악의는 추정되므로 수익자로서는 자신의 책임을 면하려면 자신의 선의를 입증할 책임이 있다 할 것인데, **이 경우 수익자의 선의 여부는 채무자와 수익자의 관계, 채무자와 수익자 사이의 처분행위의 내용과 그에 이르게 된 경위 또는 동기, 그 처분행위의 거래조건이 정상적이고 이를 의심할만한 특별한 사정이 없으며 정상적인 거래관계임을 뒷받침할만한 객관적인 자료가 있는지 여부, 그 처분행위 이후의 정황** 등 여러 사정을 종합적으로 고려하여 논리칙·경험칙에 비추어 합리적으로 판단하여야 할 것이다.

원심판결에 의하면, 원심은 그 판시와 같은 이유를 들어 채무자 소외 1이 이 사건 부동산에 관하여 피고 명의의 근저당권을 설정한 것이 사해행위에 해당한다고 판단한 다음, 선의의 수익자라는 피고의 항변에 대하여는, 피고가 제출한 증거만으로는 피고의 사해의사에 대한 악의의 추정이 번복되었다고 보기에 부족하고 달리 이를 인정할 증거가 없다고 판단하여 이를 배척함으로써, 피고에 대한 이 사건 사해행위취소의 청구를 인용한 제1심판결을 그대로 유지하였다.

그러나 기록상 원심이 배척하지 아니한 피고 제출 자료에 의하면, 피고 및 피고와 채무자 사이의 이 사건 근저당권 담보조건 사채거래를 알선한 소외 2는 그 이전까지 채무자와는 모르던 사이로서, 위 사채거래는 등록된 대부업자인 소외 2의 생활정보지 광고를 매개로 통상의 사채거래 방식에 따라 이루어진 것인 점, 당시 채무자 소유의 이 사건 부동산에는 채권최고액 871,000,000원의 저축은행 명의의 근저당권 이외에 다른 담보권은 설정되어 있지 않았는데, 채무자의 부도 이후 위 선순위근저당권에 기하여 이루어진 임의경매절차에서 위 부동산이 1,165,300,000원에 매각되어 위 선순위 근저당채권액(547,725,637원) 및 피고의 이 사건 근저당채권액은 물론 3순위 근저당채권(115,000,000원) 전액과 4순위 근저당채권액 일부(162,897,206원)에 대해서까지 배당이 이루어질 정도로 위 부동산의 담보가치가 충분한 것으로 밝혀진 점, 이 사건 근저당권 설정의 대가로 피고는 주거래 금융기관(팔달새마을금고)에서 자신과 가족들 명의로 정기예탁금 인출 혹은 대출 등을 통해 위 대부액 상당의 금원을 조달하여 사채거래 수수료 등을 공제한 잔액을 채무자측에 실제로 지급한 점 등의 사정이 있음을 알 수 있다. 이러한 사정들에다가 사해행위취소소송에서는 수익자의 선의 여부만이 문제되고 수익자의 선의에 과실이 있는지 여부는 문제되지 아니한다는 법리(대법원 2001. 5. 8. 선고 2000다50015 판결 참조)를 보태어 보면, **피고는 이 사건 부동산을 담보로 채무자에게 사채를 제공하는 행위가 채무자에 대한 다른 채권자들을 해하는 사해행위가 된다는 점을 알지 못한 채 위 부동산의 객관적인 담보가치를 신뢰하여 통상적이고 정상적인 사채거래를 통해 그 담보가액 범위 내의 금원을 사채로 제공**하였다고 보아야 할 것이고, 달리 피고 또는 위 소외 2와 채무자 사이에 위 부동산의 담보가치에도 불구하고 채무자의 구체적인 신용상태나 재산상황이 그와 다름을 쉽게 알 수 있을 만큼 특별한 관계가 존재한다는 다른 사정은 없는 것으로 보이는 이상 단지 이 사건 거래가 금융권을 통한 대출이 아닌 사채거래의 방식으로 이루어졌다는 사정만으로 피고의 선의를 인정함에 장애가 될 수는 없다.

그럼에도 불구하고, **원심이 선의의 수익자라는 피고의 항변에 대하여 아무런 구체적 설시 없이 쉽게 이를 배척한 것은 심리미진 또는 사해행위에 있어서 수익자 악의의 점에 관한 법리를 오해하여 판결 결과에 영향을 미친 위법이 있다.**

그러므로 원심판결을 파기하고, 사건을 다시 심리·판단하게 하기 위하여 원심법원에 환송하기로 하여 관여 대법관의 일치된 의견으로 주문과 같이 판결한다.

전득자의 악의의 의미 / 수익자의 법률행위에 대한 악의 고려 여부 (대법원 2006.7.4. 선고 2004다61280 판결)

판례해설

채무자의 법률행위가 있고 그와 같은 법률행위에 의하여 목적물을 이전받은 자를 수익자, 그리고 수익자로부터 목적물을 이전받은 자를 전득자라고 한다. 여기서 수익자의 악의라고 함은 채무자의 법률행위가 다른 채권자를 해하는 행위임을 알았다는 의미인바, 그렇다면 전득자의 악의란 채무자와 수익자 간의 법률행위가 사해행위임을 알았던 것을 의미하는지 아니면 이에 더 나아가 수익자와 전득자 자신과의 법률관계가 채무자의 채권자를 해하는 행위임을 알았던 것까지 포함하는지 문제되었다.

이에 대상판결은 <u>전득자의 악의라고 함은 채무자와 수익자 간의 법률행위에 있어서 악의를 의미하는 것이지 그 이후 수익자와 자신과의 법률행위가 사해행위라는 것까지 알 필요는 없다</u>고 판시한 것이다.

더욱이 본 사안에서 **취소당하는 회사는 신용보증기금**으로, 이와 같은 공공기관 역시 사해행위에 관하여 악의로 인정하여 취소하는 점을 본다면 대법원이 사해행위 취소소송에서 얼마나 그 요건을 객관적으로 판단하는지 알 수 있는 대목이다.

법원판단

가. 원심의 조치

원심판결 이유에 의하면 원심은, 채무자 윤성균과 수익자인 피고 윤봉자 사이의 이 사건 부동산 처분행위가 사해행위로서 취소되어야 한다고 판단한 다음, 피고 윤봉자로부터 근저당권을 설정받은 전득자인 피고 기술신용보증기금(이하 '피고 기금'이라 한다)에게도 그 근저당권설정등기의 말소를 구하는 원고의 청구에 대하여는, <u>이 사건 전득행위인 근저당권설정은 신규채무의 부담에 따른 것</u>으로서 변제나 상당한 가격의 대물변제를 사해행위로 보지 않는 이상 특정 채권자를 위한 물상담보의 제공 역시 사해행위로 되지 않는 것이므로, 이는 결국 사해행위가 아니라는 이유로 이 부분 원고의 청구를 기각하였다.

나. 이 법원의 판단

그러나 원심의 조치는 아래와 같은 이유로 수긍할 수 없다.

채권자가 사해행위의 취소로서 수익자를 상대로 채무자와 사이의 법률행위의 취소를 구함과 아울러 전득자를 상대로도 수익자와의 사이의 전득행위의 취소를 구함에 있어서, **전득자의 악의라 함은 전득행위 당시 그 행위가 채권자를 해한다는 사실, 즉 사해행위의 객관적 요건을 구비하였다는 인식을 의미하는 것이므로, 전득자의 악의를 판단함에 있어서는 단지 전득자가 전득행위 당시 채무자와 수익자 사이의 법률행위의 사해성을 인식하였는지 여부만이 문제**가 될 뿐이지, 수익자와 전득자 사이의 전득행위가 다시 채권자를 해하는 행위로서 사해행위의 요건을 갖추어야 하는 것은 아니라고 할 것이다.

이 사건을 기록에 의하여 검토하여 보면, 피고 기금은 윤성균에 대한 채권자로서, 채무자 윤성균과 피고 윤봉자 사이의 이 사건 부동산의 처분행위가 사해행위라는 이유로 처분금지가처분을 하고 사해행위취소의 본안소송을 제기하여 승소판결을 얻은 다음, 윤성균에 대한 채권회수 대신 이 사건 전득행위인 근저당권을 설정받았음을 자인하고 있으므로, 피고 기금은 위 전득행위 당시 윤성균과 피고 윤봉자 사이의 이 사건 부동산의 처분행위가 원고를 포함한 윤성균의 다른 채권자들을 해하는 사해행위임을 인식하고 있었다고 할 것이고, 달리 기록상 피고 기금이 선의임을 뒷받침할 아무런 자료가 없어, 결국 전득자의 피고 기금에 대한 악의의 추정은 번복될 여지가 없다고 하겠다.

그럼에도 불구하고 원심은 이와 달리, **전득행위에 있어서도 사해행위의 요건이 갖추어져야 함을 전제로** 이 사건 전득행위가 신규채무의 부담에 따른 담보의 설정으로서 사해행위가 아니라는 이유로 결국 피고 기금이 선의라는 항변을 받아들이고 말았으니, 이러한 원심판결에는 사해행위취소 및 전득자의 악의에 관한 법리를 오해하였음은 물론 변론주의 내지 채증법칙에 위배하여 사실을 오인한 위법이 있다고 하지 않을 수 없고, 이 점을 지적하는 원고의 상고이유의 주장은 이유 있다.

전득자의 악의 판단 (대법원 2012. 8. 17. 선고 2010다87672 판결 [구상금등])

> **판례해설**
>
> 채권자의 사해행위 취소를 위한 요건으로 채무자의 법률행위가 사해행위이어야 하고 채무자는 사해의사가 존재하여야 한다. 더 나아가 수익자는 채무자의 법률행위가 사해행위임을 인식하여야 하는 바 이것이 수

익자의 악의이다. 문제는 전득자의 악의의 의미이다.

대상판결은 전득자의 악의에 관하여 채무자의 법률행위가 사해행위라는 사실에 대한 인식으로 충분하고 수익자의 법률행위까지 채무자를 해하는 행위임을 인식할 필요가 없다고 판단하였다.

법원판단

채권자가 사해행위의 취소와 함께 수익자 또는 전득자로부터 책임재산의 회복을 구하는 사해행위취소의 소를 제기한 경우 그 취소의 효과는 채권자와 수익자 또는 전득자 사이의 관계에서만 생긴다(대법원 2004. 8. 30. 선고 2004다21923 판결, 대법원 2006. 8. 24. 선고 2004다23110 판결 등 참조). 그리고 채권자가 사해행위 취소로써 전득자를 상대로 채무자와 수익자 사이의 법률행위의 취소를 구함에 있어서, **전득자의 악의는 전득행위 당시 취소를 구하는 법률행위가 채권자를 해한다는 사실, 즉 사해행위의 객관적 요건을 구비하였다는 것에 대한 인식을 의미하므로, <u>전득자의 악의를 판단함에 있어서는 전득자가 전득행위 당시 채무자와 수익자 사이의 법률행위의 사해성을 인식하였는지 여부만이 문제가 될 뿐</u>**이고(대법원 2006. 7. 4. 선고 2004다61280 판결 등 참조), **수익자가 채무자와 수익자 사이의 법률행위의 사해성을 인식하였는지 여부는 원칙적으로 문제가 되지 않는다.**

원심이 피고 1과 피고 2가 선의의 수익자에 해당하더라도 그들로부터 근저당권설정등기와 가등기를 이전받은 피고 회사는 악의의 전득자에 해당한다고 판단한 것은 위와 같은 법리에 따른 것으로서 정당하고, 거기에 상고이유의 주장과 같은 전득자의 악의에 관한 채증법칙 위반으로 인한 사실오인, 법리오해 등의 위법이 없다.

한편 피고 회사가 선의의 전득자에 해당한다는 주장은 피고 회사가 상고심에 이르러 비로소 내세우는 새로운 주장으로서 적법한 상고이유가 되지 못한다.

수익자, 전득자 악의의 입증책임 (대법원 1997. 5. 23. 선고 95다51908 판결)

> **판례해설**
>
> 일반적으로 사람의 "의사"라고 함은 형이상학적 영역이기 때문에 정확한 데이터를 추출할 수 없고 대신 객관적 자료를 토대로 어떤 사람의 의사(생각)를 추정하게 된다. 결국 **의사를 입증하는 것은 그만큼 어렵고** 이에 관한 증명책임이 누구에게 존재하느냐에 따라 소송의 향방이 결정된다.
>
> 사해행위 취소소송에서 **채무자의 사해의사**는 채무자 자신의 처분행위로 인하여 무자력이 되거나 또는 무자력이 심화될 때 비로소 사해의사가 추정되는바 이에 더하여 수익자, 전득자의 악의는 누가 증명하느

냐가 문제이다(민법 제406조에서는 수익자 또는 전득자가 악의일 것을 요구한다.)

판례는 그 증명에 관하여 소송을 제기한 채권자가 수익자, 전득자의 악의를 증명하는 것이 아니라 채무자의 법률행위가 사행행위라고 평가된다면 수익자, 전득자의 악의는 추정되고 결국 증명책임의 전환이 이루어져 수익자, 전득자 스스로가 자신이 선의라는 것을 증명해야 한다고 판시하고 있다.

생각건대 채무자의 사해의사가 추정된다면 사해의사로 이루어진 법률행위에 관하여 수익자를 선의라고 일단 평가할 수 없기 때문에 그 균형을 맞추기 위해서라도 일단 악의로 추정하는 것이 타당하다고 보이고 결국 수익자와 전득자는 자신이 반환책임을 벗어나기 위해서 무자력 상태를 알 수가 없었다는 등의 항변 등을 하여 벗어나야 할 것이다.

법원판단

원심이 인용한 제1심판결의 이유와 원심판결의 이유를 종합하여 보면, 원심은 소외 황재호가 채무초과의 상태에서 그의 전재산인 이 사건 부동산들에 관하여 피고들과 사이에 원심판시의 각 근저당권설정계약을 체결하고 피고들에게 원심판시의 각 근저당권설정등기를 경료하여 준 사실을 인정한 다음 채권자들의 공동담보인 이 사건 부동산을 채권자들의 일부인 피고들에게 담보로 제공하는 행위는 특별한 사정이 없는 한 다른 채권자인 원고에 대하여는 사해행위가 된다고 판단하고, 피고들이 위 각 근저당권을 취득할 때 그것이 원고 회사를 해하는 것임을 알지 못하였다는 피고들의 항변에 들어맞는 증거들을 배척하였다.

사해행위취소소송에 있어서 채무자의 악의의 점에 대하여는 그 취소를 주장하는 채권자에게 입증책임이 있으나 수익자 또는 전득자가 악의라는 점에 관하여는 입증책임이 채권자에게 있는 것이 아니고 수익자 또는 전득자 자신에게 선의라는 사실을 입증할 책임이 있다고 할 것이다(당원 1991. 2. 12. 선고 90다16276 판결, 1989. 2. 28. 선고 87다카1489 판결, 1988. 4. 25. 선고 87다카1380 판결 등 참조).

기록에 비추어 보면 원심이 피고들의 선의의 항변에 관하여 한 사실인정과 판단은 당원의 판례에 따른 것으로 정당하고 상고이유에서 지적하는 바와 같은 채증법칙의 위배, 선의취득자 보호에 관한 법리오해의 위법이 있다고 할 수 없다.

수익자, 전득자의 악의의 입증책임 (대법원 2014. 12. 11. 선고 2011다49783 판결 [사해행위취소])

> 판례해설
>
> 사해행위 취소소송에 있어서 수익자 또는 전득자가 악의라는 점에 관하여는 채권자에게 입증책임이 있는 것이 아니라 수익자 또는 전득자 자신에게 선의라는 사실을 입증할 책임이 있다.

법원판단

1. 피고들의 상고이유에 대한 판단

어느 특정 채권자에 대한 담보제공행위가 사해행위가 되기 위하여는 채무자가 이미 채무초과 상태에 있을 것과 그 채권자에게만 다른 채권자에 비하여 우선변제를 받을 수 있도록 하여 다른 일반 채권자의 공동담보를 감소시키는 결과를 초래할 것을 그 요건으로 하며, **특정 채권자에게 부동산을 담보로 제공한 경우 그 담보물이 채무자 소유의 유일한 부동산인 경우에 한하여만 사해행위가 성립한다고 볼 수는 없다**(대법원 2008. 2. 14. 선고 2005다47106, 47113, 47120 판결 참조).

채권자의 사해행위취소 및 원상회복청구가 인정되면 수익자 또는 전득자는 원상회복으로서 사해행위의 목적물을 채무자에게 반환할 의무를 지게 되고 원물반환이 불가능하거나 현저히 곤란한 경우에는 원상회복의무의 이행으로서 사해행위 목적물의 가액 상당을 배상하여야 한다(대법원 1998. 5. 15. 선고 97다58316 판결 등 참조). 그리고 **사해행위가 채권자에 의하여 취소되기 전에 이미 수익자 또는 전득자가 배당금을 지급받은 경우에는, 채권자는 원상회복방법으로 수익자 또는 전득자를 상대로 배당으로 수령한 금전의 지급을 가액배상의 방법으로 청구할 수 있다**(대법원 2002. 10. 25. 선고 2002다42711 판결 참조). 한편 사해행위취소의 소는 수익자나 전득자 중 일부만을 상대로 하거나 수익자와 전득자를 공동피고로 하여 제기할 수 있고, **사해행위취소 소송에 있어서 수익자 또는 전득자가 악의라는 점에 관하여는 채권자 에게 입증책임이 있는 것이 아니라 수익자 또는 전득자 자신에게 선의 라는 사실을 입증할 책임**이 있다(대법원 2011. 9. 29. 선고 2009다81920 판결 등 참조).

원심은 그 판시와 같은 사실을 인정한 다음, 채무자 소외인이 이 사 건 부동산에 관하여 2008. 9. 4. 피고 1과 이 사건 근저당권설정계약 을 체결할 당시 이미 채무초과 상태에 있었으므로 이는 사해행위에 해 당하고, 그로 인한 수익자인 피고 1과 전득자인 피고 신용보증기금의 악의는 추정되며, 한편 피고 1은 이 사건 근저당권을 피고 신용보증기 금에 양도함으로써, 피고 신용보증기금은 이 사건 부동산에 대한 임의 경매 절차에서 이 사건 근저당권이 소멸됨으로써 각 원물반환이 불가 능하게 되었으므로 채권자인 원고에 대하여 가액배상을 하여야 할 것 인데, 그 가액배상액은 피고 신용보증기금이 이 사건 근저당권에 기하 여 배당받은 98,787,360원이라고 판단하여, 소외인과 피고 1 사이의 이 사건 근저당권설정계약을 취소하고 피고들에 대하여 각자 원고에게 위 98,787,360원 및 이에 대한 지연손해금의 지급을 명하는 한편, 자신들 이 선의의 수익자 또는 전득자라는 피고들의 주장을 배척하였다.

앞서 본 법리에 비추어 기록을 살펴보면, 원심의 이러한 조치는 정당 하고, 거기에 상고이유의 주장과 같이 필요한 심리를 다하지 아니하고 채증법칙을 위반하거나 사해행위 취소소송에 있어서 가액배상에 관한 법리를 오해하는 등의 잘못이 없다.

연대보증인의 사해의사 판단 기준 1 (대법원 2012. 4. 12. 선고 2011다110579 판결)

> **판례해설**
>
> 연대보증인의 사해의사의 판단은 누구의 자력을 기준으로 해야할지 문제될 수 있다.
>
> 대상판결은 <u>연대보증인 채무자가 아닌 연대보증인 "자신"의 자산상태가 채권자에 대한 연대보증채무를 담보하는 데 부족이 생기게 되리라는 것을 인식하였는가 하는 점에 의하여 판단</u>하여야 한다고 판시하면서 거기에 더하여 연대보증인이 주채무자의 자산상태가 채무를 담보하는 데 부족이 생기게 되리라는 것까지 인식할 필요는 없다고 판단하고 있다.
>
> 이는 연대보증인은 채무자와의 관계에서 통상의 보증과 다르게 보충성이 존재하지 않기 때문으로 풀이된다.

법원판단

연대보증인에게 부동산의 처분행위 당시 사해의 의사가 있었는지 여부는 **연대보증인이 "자신"의 자산상태가 채권자에 대한 연대보증채무를 담보하는 데 부족이 생기게 되리라는 것을 인식하였는가 하는 점에 의하여 판단하여야 하고**, 연대보증인이 주채무자의 자산상태가 채무를 담보하는 데 부족이 생기게 되리라는 것까지 인식하였어야만 사해의 의사를 인정할 수 있는 것은 아니다(대법원 1998. 4. 14. 선고 97다54420 판결 참조). 그리고 '판결에 영향을 미칠 중요한 사항에 관하여 판단을 누락한 때'라고 함은 당사자가 소송상 제출한 공격방어방법으로서 판결에 영향이 있는 것에 대하여 판결 이유 중에 판단을 명시하지 아니한 경우를 말하고, 판단이 있는 이상 그 판단에 이르는 이유가 소상하게 설시되어 있지 아니하거나 당사자의 주장을 배척하는 근거를 일일이 개별적으로 설명하지 아니하더라도 이를 위와 같은 판단누락이라고 할 수 없다(대법원 2002. 1. 25. 선고 99다62838 판결 참조).

원심은 그 채택 증거를 종합하여 그 판시와 같은 사실을 인정한 다음, 원고의 망 소외인에 대한 연대보증채권은 망 소외인과 피고 1 사이의 이 사건 각 증여계약 및 망 소외인과 피고 2 사이의 이 사건 매매예약이 각 체결되기 전에 이미 성립하고 있어 채권자취소권의 피보전채권이 될 수 있고, 망 소외인의 위와 같은 이 사건 각 부동산처분행위는 원고를 비롯한 일반채권자들을 해하는 사해행위가 된다고 판단하였다.

원심의 판단은 앞서 본 법리에 따른 것으로 정당하고, 거기에 상고이유 주장과 같은 망 소외인과 피고 1 사이의 각 증여계약 체결일, 정중희의 할부대출금채무 연체일, 원고의 망 소외인에 대한 연대보증채권의 성립, 망 소외인의 적극재산, 망 소외인의 사해의사 등에 관한 판단누락, 이유모순, 법리오해 등의 위법이 있다고 할 수 없다.

연대보증인의 사해의사 판단기준 2 (대법원 1998. 4. 14. 선고 97다54420 판결)

> **판례해설**
>
> 연대보증인이 채권자에 대한 연대보증채무가 성립되어 있는 상태에서 그의 유일한 재산을 매각함으로써 무자력이 되었다면 특별한 사정이 없는 한 그와 같은 매도행위는 채권자에 대하여 사해행위가 되고, 이 경우 연대보증인의 사해의 의사는 추정된다고 보고 있다.

법원판단

원심은 내세운 증거들에 의하여, 소외 주식회사 삼일피혁(이하 소외회사라고 한다)이 1996. 3. 20.부터 같은 해 8. 1.까지 사이에 원고로부터 3회에 걸쳐서 여신한도액을 금 1,167,000,000원으로 약정한 후 수시로 무역금융을 대출받았다가 같은 해 9. 10. 부도를 내어 같은 달 25. 현재 원고에 대한 대출금 잔액이 금 1,139,200,000원에 이르는 사실, 소외 박동섭은 소외 회사의 원고에 대한 대출금 채무를 금 360,000,000원을 한도로 하여 연대보증을 한 사실, 박동섭은 그 소유이던 원심판결의 별지목록 기재 부동산(이하 이 사건 부동산이라고 한다)에 관하여 1996. 9. 12. 형인 피고 앞으로 같은 해 8. 25.자 매매를 원인으로 한 소유권이전등기를 경료하여 주었는데, 박동섭은 이 사건 부동산 이외에 다른 재산이 없는 사실 등을 인정한 다음, 박동섭의 이 사건 부동산의 매도행위는 채권자인 원고를 해하게 되는 것을 알면서 한 사해행위라는 원고의 주장에 대하여, **연대보증인인 박동섭이 원고의 소외 회사에 대한 실제 대출액이나 소외 회사의 자산상태 등을 알고 있어 채권의 공동담보에 부족이 생길 것을 인식하고 있었다거나 박동섭이 소외 회사에 근무하였다는 등 소외 회사의 상황에 관하여 알고 있었음을 추인할 만한 사정을 인정할 증거가 없으므로 박동섭에게 위 매도 당시 사해의 의사가 있었다고 볼 수 없다는 이유로 위 주장을 배척**하였다.

살피건대, 채권자취소권의 대상이 되는 사해행위에 있어서 사해의 의사는 채권의 공동담보에 부족이 생기는 것을 인식하는 것을 말한다고 함은 원심이 설시하는 바와 같으나, 이 사건에 있어서 원고는 연대보증인인 박동섭이 한 이 사건 부동산의 매도행위에 의하여 원심이 인정한 연대보증계약에 기하여 원고가 박동섭에 대하여 가지는 채권이 침해된다고 주장하고 있음이 기록상 명백하므로, 연대보증채무자인 박동섭에게 위 매도행위 당시 사해의 의사가 있었는지 여부는 **박동섭의**

자신의 자산상태가 원고에 대한 위 연대보증채무를 담보하는 데 부족의 생기게 되리라는 것을 인식하였는가 하는 점에 의하여 판단하여야 할 것이고, 원심이 판시한 바와 같이 박동섭이 주채무자인 소외 회사의 자산상태가 채무를 담보하는 데 부족이 생기게 되리라는 것까지 인식하였어야만 사해의 의사를 인정할 수 있는 것은 아니라고 할 것이다.

그런데 채무자가 자기의 유일한 재산인 부동산을 매각하여 소비하기 쉬운 금전으로 바꾸는 행위는 특별한 사정이 없는 한 항상 채권자에 대하여 사해행위가 된다고 볼 것이므로 채무자의 사해의 의사는 추정되는 것이고, 이를 매수한 자가 악의가 없었다는 입증책임은 수익자에게 있다고 할 것인바(당원 1966. 10. 4. 선고 66다1535 판결, 1997. 5. 23. 선고 95다51908 판결 등 참조), 이 사건에서 원심이 인정한 바와 같이 **박동섭이 그 액수의 많고 적음에 관계없이 원고에 대한 연대보증채무가 성립되어 있는 상태에서 그의 유일한 재산인 이 사건 부동산을 친형인 피고에게 매각함으로써 무자력이 되었다면 특별한 사정이 없는 한 그와 같은 매도행위는 원고에 대하여 사해행위가 되고, 이 경우 박동섭의 사해의 의사는 추정된다고 볼 것**이므로, 원심으로서는 위 매도행위가 사해행위임을 인정한 후 나아가 박동섭과 피고에게 그러한 의사가 없었다는 피고의 항변에 관하여 판단을 하였어야 할 것이다.

그럼에도 불구하고 원심이 위와 같이 박동섭이 원고의 소외 회사에 대한 실제 대출액이나 소외 회사의 자산상태 등을 알고 있어 채권의 공동담보에 부족이 생길 것을 인식하고 있었다거나 박동섭이 소외 회사에 근무하였다는 등 소외 회사의 상황에 관하여 알고 있었음을 추인할 만한 사정을 인정할 증거가 없다고만 판단하여 원고의 사해행위 주장을 배척한 것은 채증법칙을 위반하여 사실을 오인하였거나 사해행위에 있어서 사해의 의사에 관한 법리를 오해하고 심리를 다하지 아니한 위법을 저질렀다고 할 것이므로 상고이유가 지적하는 논지는 이유가 있다.

사해행위 취소 소송 기타 요건

채무자 무자력 판단의 소극재산 판단기준 시점 (대법원 2011. 1. 13. 선고 2010다68084 판결)

판례해설

사해행위 취소소송의 법률요건은 채무자가 무자력 상태에서 채권자를 해할 목적으로 법률행위를 하는 것으로서 여기서 **무자력이라고 함은 적극재산과 소극재산을 비교할 때 소극재산이 적극재산보다 많거나 동일한 수준을 의미하는 것인바** 소극재산의 판단의 기준시기에 관련된 사안이다.

법원은 <u>소극재산의 판단 기준으로 사해행위 이전에 발생하는 것임</u>을 요하지만 예외적으로 **사해행위 당시에 이미 채무 성립의 기초가 되는 법률관계가 성립되어 있고, 가까운 장래에 그 법률관계에 터잡아 채무가 성립되리라는 점에 대한 고도의 개연성이 있으며, 실제로 가까운 장래에 그 개연성이 현실화되어 채무가 성립된 경우에는 그 채무도 채무자의 소극재산에 포함시킨다**고 하여 기존 장래 채권 채무에 관한 법리를 그대로 원용하였다.

법원판단

채권자취소권 행사의 요건인 **채무자의 무자력 여부를 판단함에 있어서 그 대상이 되는** <u>소극재산은 원칙적으로 사해행위라고 볼 수 있는</u>

행위가 행하여지기 전에 발생된 것임을 요하지만, 그 사해행위 당시에 이미 채무 성립의 기초가 되는 법률관계가 성립되어 있고, 가까운 장래에 그 법률관계에 터잡아 채무가 성립되리라는 점에 대한 고도의 개연성이 있으며, 실제로 가까운 장래에 그 개연성이 현실화되어 채무가 성립된 경우에는 그 채무도 채무자의 소극재산에 포함시켜야 할 것이 다(대법원 2000. 9. 26. 선고 2000다30639 판결 참조).

원심은 이 사건 매매예약 당시 소외 1의 원고에 대한 위 구상금채무는 이미 그 성립의 기초가 되는 법률관계가 존재하고 있었고, 가까운 장래에 그 법률관계에 기하여 채무가 성립되리라는 점에 대한 고도의 개연성이 있었으며, 그 후 실제로 그 개연성이 현실화되어 위 구상금채무가 발생하였으므로 소외 1의 무자력 여부를 판단함에 있어 위 구상금채무가 소외 1의 소극재산에 포함된다고 보고, 이 사건 매매예약 당시 소외 1이 채무초과 상태에 있었다고 판단하였는바, 원심의 이러한 판단은 앞서 본 법리에 따른 것으로 정당하다.

우선변제권을 가진 근저당 채권자의 채무자에 대한 사해행위 취소 청구 요건 및 기타 법리 설시 (대법원 2002. 11. 8. 선고 2002다41589)

판례해설

사해행위와 관련된 대표적 판례이다. ① **사해행위 채권자가 이미 우**

선변제권을 가진 근저당을 가지고 있는 경우에 채무자의 사해행위 범위, ② 채무자가 사해행위를 한 경우 근저당이 설정되어 있는 채무자의 부동산 가치의 평가시기, ③ 우선변제권이 보장되어 있는 경우 채권최고액을 넘는 금액에 있어서만 사해행위가 성립된다는 법리, ④ 저당권이 설정된 부동산이 이전된 경우 사해행위 범위 ⑤ 사해행위 판단의 기준 시기 등이다.

본 쟁점 중에서 ① 과 관련하여 **사해행위를 주장하려는 채권자가 이미 채무자의 다른 재산에 관하여 이미 우선변제권이 성립되어 있는 근저당권 등이 설정되어 있는 경우 채무자의 법률행위 중 사해행위로 평가될 수 있는 금액은 <u>채권자의 전체 채권액 중 우선변제를 "받지 못하는 금액"의 한도 내에서 사해행위라고 평가</u>**되고 그 이유는 이미 채권자는 다른 재산으로부터 채권을 확보할 수 있기 때문에 굳이 채무자의 처분행위를 사해행위라고 평가할 수 없는 것이다. ② 와 관련하여 <u>**사해행위 판단의 기준시**</u>는 채무자의 무자력 상황, 이 사건과 관련하여 사해행위라고 평가되는 시기 등에 있어서 아주 중요한 요소인바, 그 기준 시기와 관련하여 법원은 다른 특별한 사정이 없는 한 등기부상의 등기 원인일자를 보고 판단할 수 밖에 없다고 판시하였다.

법원판단

[1] <u>우선변제권을 가진 채권자의 사해행위 취소청구 요건</u>

주채무자 또는 제3자 소유의 부동산에 대하여 채권자 앞으로 근저당권이 설정되어 있고, 그 부동산의 가액 및 채권최고액이 당해 채무액을 초과하여 채무 전액에 대하여 채권자에게 우선변제권이 확보되어 있다면, 그 범위 내에서는 채무자의 재산처분행위는 채권자를 해하지 아니하므로 연대보증인이 비록 유일한 재산을 처분하는 법률행위를 하더라도 채권자에 대하여 사해행위가 성립되지 않는다고 보아야 할 것이고, **당해 채무액이 그 부동산의 가액 및 채권최고액을 "초과"하는 경우에는 그 담보물로부터 우선변제 받을 액을 공제한 나머지 채권액에 대하여만 채권자취소권이 인정된다**고 할 것이며, 피보전채권의 존재와 그 범위는 채권자취소권 행사의 한 요건에 해당된다고 할 것이므로 이 경우 채권자취소권을 행사하는 채권자로서는 그 담보권의 존재에도 불구하고 자신이 주장하는 피보전채권이 그 우선변제권 범위 밖에 있다는 점을 주장·입증하여야 한다.

[2] 채무자의 무자력 판단을 위한 부동산 가액 평가 시기

채무자의 재산처분행위가 사해행위가 되는지 여부는 처분행위 당시를 기준으로 판단하여야 하므로 담보로 제공된 부동산이 사해성 여부가 문제되는 재산처분행위가 있은 후에 임의경매 등 절차에서 환가가 진행된 경우에는 그 재산처분행위의 사해성 여부를 판단하기 위한 부동산 가액의 평가는 부동산 가액의 하락이 예상되는 등 **특별한 사정이 없는 한 사후에 환가된 가액을 기준으로 할 것이 아니라 사해성 여부가 문제되는 재산처분행위 당시의 시가를 기준으로 하여야 한다.**

[3] 채권자가 청구할 수 있는 채권액의 범위 및 기준 시기

채권자의 채권원리금이 그 우선변제권에 의하여 전액 담보되지 아니하는 경우에는 변제충당의 법리를 유추적용하여 **사해행위 시점에서는 이자채권이 원금채권에 우선하여 우선변제권에 의하여 담보**되고 있다고 볼 것이므로 담보되지 아니하는 부분 가운데에는 원금에 해당하는 금원이 포함되어 남아 있게 될 것이고, 따라서 채권자가 채권자취소권을 행사할 수 있는 범위는 그 이후 담보권의 실행 등으로 소멸한 부분을 제외하고 난 다음 실제로 남은 미회수 원리금 전부가 아니라 사해행위 당시 채권최고액 및 담보부동산의 가액을 초과하는 부분에 해당하는 채무원리금 및 그 중 원금 부분에 대한 사실심 변론종결시점까지 발생한 지연이자 상당의 금원이 이에 해당한다.

[5] 근저당이 설정된 부동산이 사해행위 이전된 경우 사해행위임을 이유로 취소되는 범위

저당권이 설정되어 있는 부동산이 사해행위로 이전된 경우에 그 사해행위는 부동산의 가액에서 저당권의 피담보채권액을 공제한 잔액의 범위 내에서만 성립한다고 보아야 하므로, 사해행위 후 변제 등에 의하여 저당권설정등기가 말소된 경우 그 부동산의 가액에서 저당권의 피담보채무액을 공제한 잔액의 한도에서 사해행위를 취소하고 그 가액의 배상을 구할 수 있을 뿐이다.

[6] 사해행위 해당하는 법률행위가 언제 있었는지 여부를 판단하는 기준행위

어느 시점에서 사해행위에 해당하는 법률행위가 있었는가를 따짐에 있어서는 당사자 사이의 이해관계에 미치는 중대한 영향을 고려하여 신중하게 이를 판정하여야 할 것이고, 사해행위에 해당하는 법률행위가 언제 있었는가는 실제로 그러한 사해행위가 이루어진 날을 표준으로 판정할 것이되, 다른 특별한 사정이 없는 한 처분문서에 기초한 것으로 보이는 등기부상 등기원인일자를 중심으로 그러한 사해행위가 실제로 이루어졌는지 여부를 판정할 수밖에 없을 것이다.

[7] 저당권이 설정되어 있는 부동산이 사해행위로 이전된 이후 저당권이 말소된 경우 취소의 방법

저당권이 설정되어 있는 부동산이 사해행위로 이전된 후 그 저당권설정등기가 말소되어 그 부동산의 가액에서 저당권의 피담보채무액을 공제한 잔액의 한도에서 사해행위를 취소하고 그 가액의 배상을 구하는 경우, 그 부동산이 사해행위로 이전된 후 피담보채무 전액이 소멸된 이상 특별한 사정이 없는 한 그 피담보채무의 소멸의 원인이 무엇인지, 소멸의 원인 중에 변제도 포함되어 있는 경우라면 변제에 있어서의 실제 자금의 출연주체가 누구인지 여부는 더 나아가 따질 여지도 없다고 할 것이며, 사해행위인 계약 전부의 취소와 부동산 자체의 반환을 구하

는 청구취지 속에는 위와 같이 일부취소를 하여야 할 경우 그 **일부취소와 가액배상을 구하는 취지도 포함되어 있다고 볼 수 있으므로 청구취지의 변경이 없더라도 바로 가액반환을 명할 수 있다.**

채무자의 무자력 판단 / 담보제공 부동산 평가 방법 (대법원 2014. 9. 4. 선고 2012다63656 판결)

> 판례해설
>
> 사해행위 취소소송의 요건 중 하나가 사해행위 당시 채무자가 무자력 상태였는지 여부인바 채무자 재산의 평가 역시 사해행위 당시를 기준으로 평가하게 된다. 더 나아가 **채무자가 매도한 유일한 부동산에 담보물권이 설정되어 있어 우선변제권을 가진 채권자가 존재한다고 하더라도 부동산의 평가 가액에서 우선변제권을 제외한 나머지 금액에 한도 내에서 역시 사해행위가 성립될 수 있는 바 해당 부동산 가치 평가 역시 사해행위 당시 즉 부동산을 처분할 당시를 기준으로 판단**하게 된다.
>
> 대상판결에서 사해행위로 인하여 제공된 부동산이 토지일 경우 사해행위 당시 토지의 가치를 평가해야 하고 토지의 가치는 건물이 존재할 경우 법정지상권의 성립여부 등을 고려하여 판단하게 된다.

법원판단

가. 채무자 또는 제3자 소유의 부동산에 대하여 채권자 앞으로 근저당권이 설정되어 있는 경우, 그 부동산의 가액 및 채권최고액이 당해 채무액을 초과하여 채무 전액에 대하여 채권자에게 우선변제권이 확보되어 있다면 그 범위 내에서는 채무자의 재산처분행위는 채권자를 해하지 아니하므로 사해행위가 성립할 수 없지만, 당해 채무액이 그 부동산의 가액 및 채권최고액을 초과하는 때에는 그 담보물로부터 우선변제받을 액을 공제한 나머지 채권액에 대하여는 채권자취소권이 인정될 수 있다고 할 것이고(대법원 2002. 11. 8. 선고 2002다41589 판결 등 참조), 이때 **담보로 제공한 부동산 가액의 평가는 특별한 사정이 없는 한 사해성 여부가 문제 되는 재산처분행위 당시의 시가를 기준**으로 하되(대법원 2001. 7. 27. 선고 2000다73377 판결 등 참조), **담보로 제공된 부동산이 토지이고 그 위에 건물이 존재한다면 장차 그 토지가 경매 등에 의하여 제3자에게 매각되는 경우 법정지상권이 성립하는지 여부를 따져 그에 따라 평가한 토지의 가격을 담보물의 가액으로 보아야 하고, 법정지상권이 성립하지 않는다고 하더라도 건물의 규모, 구조와 용도 및 건물에 관련된 권리관계에 비추어 사실상 건물의 철거가 곤란하거나 철거에 상당한 시간과 비용이 소요되는 등의 경우에는 이러한 모든 사정들을 감안하여 토지의 가액을 평가하여야 한다.**

나. 원심은, 파산채무자 진흥상호저축은행 주식회사(이하 '파산채무

자'라고 한다)는 주식회사 금다우산업(이하 '소외 회사'라고 한다)에게 이 사건 대여를 할 당시 대여금 채권의 담보로 소외 회사 소유인 이 사건 토지에 관하여 채권최고액 39억 2,000만 원인 근저당권을 설정받았고, 이 사건 각 재산처분행위 당시 위 대여금 채권의 채권액은 33억 8,000만 원 및 36억 7,200만 원이므로, 그 당시 이 사건 토지의 가액이 위 대여금 채권의 채권액을 초과하는지 여부에 따라 채권자취소권 인정 여부가 가려질 것인데, 이 사건 토지 위에는 이 사건 건물이 신축되어 있고, **경매 등에 의하여 이 사건 토지가 제3자에게 매각되는 경우 이 사건 건물을 위한 법정지상권이 성립하지 않는다고 하더라도 이 사건 건물이 철거될 것이라고 단정할 수 없는 사정** 등에 비추어 보면 이 사건 토지의 가액은 이 사건 건물로 인하여 소유권이 제한된 상태로 평가함이 상당하다는 이유로, 나대지 상태의 감정가격인 47억 1,720만 원이 아닌 이 사건 건물로 인하여 소유권이 제한된 상태의 감정가격인 33억 204만 원을 이 사건 각 재산처분행위 당시 이 사건 토지의 가액으로 인정하고, 위 대여금 채권의 채권액 중 위 가액을 넘는 부분은 채권자취소권의 피보전채권이 된다고 판단하였다.

앞서 본 법리에 비추어 기록을 살펴보면 이러한 원심의 사실인정과 판단은 정당한 것으로 수긍할 수 있고, 거기에 상고이유 주장과 같이 피보전채권의 존부를 판단하기 위한 부동산 담보가치 평가에 관한 법리를 오해하거나 논리와 경험의 법칙에 위배하여 자유심증주의의 한계를 벗어나 판결 결과에 영향을 미친 위법이 없다.

사해행위 취소소송의 사실심 변론종결 시에 채무 전액에 대하여 채권자에게 우선변제권이 확보되어 있는 경우 문제 (대법원 2014. 7. 10. 선고 2013다50763 판결 [물품대금])

> 판례해설
>
> 채권자의 입장에서는 자신의 채권에 대하여 우선변제권이 확보되어 있는 경우에는 굳이 채무자의 법률행위를 취소할 실익이 없고 다만 우선변제권을 넘어서까지 채권이 있는 경우에만 비로소 사해행위 취소가 가능하다. 더 나아가 **채무자의 사해행위 당시뿐만 아니라 소송 진행 중 즉 변론 종결시까지 채권자의 채권이 우선변제권으로 확보되어 있다면 더 이상 소송의 실익은 없는 바 채권자에 대한 우선변제권 확보 여부에 대한 판단은 채무자의 법률행위시 이후 재판이 마쳐질 때까지 즉 사실심 변론 종결시까지만 확보되면 충분하다.**

법원판단

1. 주채무자 또는 제3자 소유의 부동산에 관하여 채권자 앞으로 근저당권이 설정되어 있고, 그 부동산의 가액 및 채권최고액이 당해 채무액을 초과하여 **채무 전액에 대하여 채권자에게 우선변제권이 확보되어 있다면 그 범위 내에서는 채무자의 재산처분 행위가 채권자를 해하지 아니하므로,** 채무자가 비록 유일한 재산을 처분하는 법률행위를 하더라도 채권자에 대하여 사해행위가 성립하지 않는다고 보아야 하고, 그 채무액이 부동산의 가액 및 채권최고액을 초과하는 경우에는 그 담

보물로부터 우선변제 받을 금액을 공제한 나머지 채권액에 대하여만 채권자취소권이 인정된다(대법원 2000. 12. 8. 선고 2000다21017 판결, 대법원 2002. 11. 8. 선고 2002다41589 판결 등 참조).

그리고 **사해성의 요건은 처분행위 당시는 물론 채권자가 취소권을 행사할 당시(사해행위취소소송의 사실심 변론종결 시)**에도 갖추고 있어야 하므로, 처분행위 당시에는 채권자를 해하는 것이었더라도 그 후 채무자가 자력을 회복하거나 채무가 감소하는 등의 사유로 채권자취소권 행사 시에 채권자를 해하지 않게 되었다면, 채권자취소권에 의하여 책임재산을 보전할 필요성이 없으므로 채권자취소권은 소멸한다(대법원 2009. 3. 26. 선고 2007다63102 판결 참조).

따라서 채무자가 채권자를 해하는 처분행위를 하였더라도, 그 후에 채권자가 채무자 또는 제3자 소유의 부동산을 담보로 제공받아 우선변제권을 취득하였고 사해행위취소소송의 사실심 변론종결 시에 그 부동산의 가액 및 채권최고액이 당해 채무액을 초과하여 채무 전액에 대하여 채권자에게 우선변제권이 확보됨에 따라 그 처분행위로 인하여 채권자를 해하지 않게 되었다면, 채권자취소권에 의하여 책임재산을 보전할 필요성이 없으므로 채권자취소권은 소멸하고, 그 채무액이 부동산의 가액 및 채권최고액을 초과하는 경우에는 그 담보물로부터 우선변제받을 금액을 공제한 나머지 채권액에 대하여만 채권자취소권이 인정된다.

2. 원심판결과 원심이 일부 인용한 제1심판결 이유 및 적법하게 채택된 증거들을 종합하여 보면 아래와 같은 사실들을 알 수 있다.

가. 제1심 공동피고 1, 2(이하 '제1심 공동피고 1 등'이라 한다)은 2010. 4. 15. 리더스종합건설 주식회사(이하 '리더스종합건설'이라 한다)의 원고에 대한 철근대금채무를 연대보증하고, 2010. 6. 3. 어머니인 피고와 사이에 그들의 재산이었던 원심 판시 이 사건 부동산에 관하여 증여계약을 체결하였다.

나. 리더스종합건설은 2010. 3. 4. 천안신용협동조합(이하 '소외 조합'이라 한다)에 그 소유의 보령시 (주소 생략) 지상 건물 중 17개 상가에 관하여 채권최고액 1,339,000,000원인 1순위 근저당권을 설정해주었고, 위 증여계약 후인 2010. 8. 2. 원고에게 위 17개 상가 중 6개 상가에 관하여 채권최고액 400,000,000원인 2순위 근저당권을 설정해주었다.

다. 소외 조합의 신청으로 2011. 7. 26. 위 17개 상가에 대한 부동산임의경매절차가 개시되었는데, 위 경매절차에서의 감정평가에 의하면 위 17개 상가의 가액 합계는 2,108,000,000원이고, 원고가 2순위 근저당권인 위 6개 상가의 가액 합계는 539,000,000원이다.

3. 위 사실을 앞서 본 법리에 비추어 보면, 위 증여계약이 사해행위에 해당한다고 인정되더라도, **이 사건 원심 변론종결 시에 원고가 위 6개**

상가로부터 선순위 근저당권자인 리더스종합건설에 이어 우선변제받을 금액이 위 변론종결 시의 원고의 채권액을 초과한다면 원고의 채권액 전부에 대해 우선변제권이 확보되므로 위 증여계약에 대한 원고의 채권자취소권은 소멸하고, 원고의 채권액 중 위 우선변제받을 금액을 공제한 나머지 금액이 있다면 그 금액에 대하여만 채권자취소권이 인정된다. 따라서 원심으로서는 위 변론종결 시를 기준으로 소외 조합의 위 근저당권에 관한 피담보채무액을 확인하여 리더스종합건설이 위 6개 상가로부터 원고에 앞서 우선변제받을 금액이 얼마인지를 산정한 다음, 그 금액을 <u>위 6개 상가의 가액에서 공제하여 원고가 2순위 근저당권자로서 우선변제받을 금액이 위 변론종결 시</u>의 원고의 채권액을 초과하는지 여부를 가려보았어야 한다.

그럼에도 이와 달리 원심은, 일단 사해행위가 성립한 이상 그 후 채권자가 채무자 등으로부터 근저당권을 설정받아 우선변제권이 발생하였더라도 채권자취소권에 영향이 없다고 잘못 판단하여, 위와 같은 사정들에 관하여 나아가 살피지 아니한 채 위 증여계약에 대한 채권자취소권이 인정된다고 판단하였다.

따라서 이러한 원심의 판단에는 사해행위취소소송에서의 사해성 및 그 판단 기준시기에 관한 법리를 오해하여 필요한 심리를 다하지 아니함으로써 판결에 영향을 미친 위법이 있다. 이를 지적하는 취지의 상고이유 주장은 이유 있다.

채무자 무자력 판단 / 재산적 가치 없는 것에 대한 평가 방법 (대법원 2013. 12. 12. 선고 2012다111401 판결)

판례해설

무자력 판단은 원칙적으로 사해행위 당시를 기준으로 판단하여야 하고 그 판단의 기준은 적극재산에서 소극재산을 제외하였을 경우 무자력이 되는지 여부이다.

이와 같이 판단하는 것이 원칙적이지만 **대상판결과 같이 적극재산 중 신탁재산에 대한 수익권의 가치는 장차 신탁이 종료되었을 때 예상되는 신탁재산 가액에서 소요비용과 신탁보수 등을 공제하고 거기에서 다시 우선수익자들에 대한 채무를 공제한 후 남은 금액을 사해행위 당시의 현가로 할인하는 방식으로 평가**하여야 하고, 단순히 사해행위 당시의 신탁재산의 시가를 기초로 그 가치를 평가해서는 아니 된다.

이와 같은 법리는 자칫 무자력 여부를 사해행위 당시를 기준으로 판단하여야 한다는 법리에 모순될 수도 있고 실제 원심판단은 사해행위 당시를 기준으로 수익권의 가치를 판단하였는바, 대법원에서 언급한 바와 같이 사해행위에서 적극재산의 판단은 사해행위를 기준으로 판단하되 적극재산인 신탁재산에 대한 수익권의 가치는 신탁이 종료되었을 경우를 기준으로 판단하여야 하고 만약 종료된 경우 수익권의 가치가 충분히 존재하고 결국 이는 사해행위 당시 적극재산이 충분한 것으로 판단되어 사해행위가 되지 않는다고 판단한 것이다

즉 대상판결은 적극재산의 가치 여부는 사해해위 당시를 기준으로 판

> 단하지만 그 가치에 대한 평가는 신탁재산의 수익권일 경우 수익권이 평가되는 시점에서 판단하여야 한다고 판시하였다.

법원판단

1. 사해행위 취소소송에서 채무자의 무자력 여부를 판단하기 위하여 적극재산을 산정함에 있어서는 실질적으로 재산적 가치가 없어 채권의 공동담보로서의 역할을 할 수 없는 재산은 특별한 사정이 없는 한 이를 제외하여야 하고, **그 재산이 채권인 경우에는 그것이 용이하게 변제받을 수 있는 확실성이 있다는 것이 합리적으로 긍정되는 경우에 한하여 적극재산에 포함**시켜야 한다. 그리고 이는 그 재산이 신탁재산에 대한 수익권인 경우에도 마찬가지이다(대법원 2005. 1. 28. 선고 2004다58963 판결 등 참조).

한편 신탁재산에 대한 수익권의 가치는 **장차 신탁이 종료되었을 때** 예상되는 신탁재산 가액에서 소요비용과 신탁보수 등을 공제하고 거기에서 다시 우선수익자들에 대한 채무를 공제한 후 남은 금액을 사해행위 당시의 현가로 할인하는 방식으로 평가하여야 하고, 단순히 사해행위 당시의 신탁재산의 시가를 기초로 그 가치를 평가해서는 아니 된다(대법원 2013. 10. 31. 선고 2012다14449 판결 참조).

2. 원심판결 이유와 원심에 이르기까지 채택된 증거에 의하면 다음 사실을 알 수 있다.

가. 원고는 2009. 3. 17.부터 인터종합건설 주식회사(이하 '인터종합건설'이라 한다)에 레미콘 등을 공급하기 시작하였는데, 인터종합건설은 2009. 9. 25. 부산 연제구 (주소 1 생략) 대 602.1㎡(이하 '이 사건 토지'라 한다)를 매수하고 같은 날 소유권이전등기를 마쳤다.

나. 인터종합건설은 피고 케이비부동산신탁 주식회사(이하 'KB부동산신탁'이라 한다) 앞으로 신탁을 원인으로 하여, 구미시 (주소 2 생략) 대 400㎡(이하 '구미 토지'라 한다)에 관하여는 2009. 12. 24.에, 이 사건 토지에 관하여는 2010. 3. 30.에 각 소유권이전등기를 마쳤다.

다. 원고가 부산지방법원에 인터종합건설을 상대로 레미콘 대금 등의 지급을 구하는 지급명령을 신청하여(2011차2303호), 2011. 2. 11. 인터종합건설은 원고에게 91,903,540원을 지급하라는 지급명령이 확정되었다.

라. 인터종합건설은 이 사건 토지에 관한 신탁계약상의 수탁자인 피고 KB부동산신탁과 우선수익자들 및 피고 1과 사이에 사업시행자를 피고 1로 변경하기로 하는 합의를 하고, 그에 따라 2011. 5. 27. 이 사건 토지에 관하여 피고 KB부동산신탁으로부터 인터종합건설 앞으로 신탁재산의 귀속을 원인으로 한 소유권이전등기를 하여 소유권을 환원시킨 다음 다시 같은 날 이 사건 매매계약을 원인으로 피고 1에게 소유권이전등기를 하고 이어서 피고 1을 신탁자로 하여 피고 KB부동산신탁 앞으로 신탁을 원인으로 한 소유권이전등기를 마쳤다.

3. 원심은, 인터종합건설은 이 사건 매매계약 당시 이 사건 토지 외에는 다른 재산이 없었던 반면 원고에 대한 물품대금채무가 존재하는 등

채무초과 상태에 있었다고 인정한 다음 그 판시와 같은 이유로 채무초과 상태에 있던 인터종합건설이 유일한 재산인 이 사건 토지를 이 사건 매매계약에 의하여 매도한 것은 원고를 비롯한 일반채권자들의 공동담보를 감소시키게 하는 사해행위에 해당하고, 수익자인 피고 1과 전득자인 피고 KB부동산신탁의 악의가 추정된다고 판단하여, 인터종합건설로부터 피고 1 앞으로 된 소유권이전등기와 피고 1로부터 피고 KB부동산신탁 앞으로 된 신탁을 원인으로 한 소유권이전등기의 각 말소를 구하는 원고의 이 사건 청구를 모두 인용하였다.

4. 그러나 위와 같은 원심의 판단은 수긍할 수 없다.

위 사실관계를 앞서 본 법리에 비추어 보면, **인터종합건설이 이 사건 토지와 구미 토지를 피고 KB부동산신탁에 신탁해 둔 상태에서의 적극재산은 그 두 토지에 대한 신탁계약상의 수익권이라 할 것이므로, 채무초과 상태에 있었는지 여부도 그 수익권에 대한 평가액을 기준으로 판단**하여야 할 것이다. 따라서 원심으로서는 우선 이 사건 토지에 대한 수익권을 감정 평가하여 적극재산으로서의 가치가 있는지 여부를 확정하였어야 할 것이고(만일 위 수익권이 적극재산으로서의 가치가 없다면 인터종합건설이 신탁계약을 종료하고 이 사건 토지를 환수하여 매각하더라도 이는 적극재산의 감소가 없어 사해행위로 되지 아니한다고 보아야 할 것이다), 나아가 **위 수익권이 적극재산으로서의 가치가 있는 경우라면, 구미 토지에 대한 수익권을 평가하여 그 두 토지에 대**

한 수익권 등 적극재산의 가액이 모든 채권자에 대한 채무를 합친 소극재산을 능가하는지 여부를 확인한 다음 나아가 이 사건 토지에 대한 수익권의 처분으로 인하여 인터종합건설이 채무초과 상태에 빠지게 되었거나 채무초과 상태가 심화되었는지 여부 등에 관하여 심리하여 이 사건 매매계약이 사해행위에 해당하는지 여부를 판단하였어야 할 것이다.

그럼에도 불구하고 <u>원심은 신탁되어 있던 이 사건 토지를 일시적으로 환수하여 아무런 부담이 없는 상태에서의 이 사건 토지가 그대로 인터종합건설의 유일한 적극재산이라고 보고 또한 구미 토지에 대한 수익권은 고려하지도 아니한 채 이 사건 매매계약이 사해행위라고 판단</u>하였으니, 거기에는 사해행위취소소송에서 사해행위 여부 판단 및 재산의 평가방법에 관한 법리를 오해한 나머지 필요한 심리를 다하지 아니함으로써 판결에 영향을 미친 잘못이 있다. 이러한 점을 지적하는 취지의 상고이유의 주장은 이유 있다.

아울러 원심으로서는 위와 같은 경우 **사해행위취소에 따른 원상회복의 방법으로 원고가 청구하는 바와 같이 피고 1 앞으로 마쳐진 소유권이전등기와 피고 KB부동산신탁 앞으로 마쳐진 신탁을 원인으로 한 소유권이전등기를 각 말소하게 되면, 원고 등 인터종합건설에 대한 채권자는 사해행위 이전에 인터종합건설이 가지고 있던 신탁계약상 수익권 이상으로 책임재산을 확보하는 결과가 되는 것은 아닌지, 만약 그런 결과가 될 수 있다면 원물반환이 불가능하여 가액배상의 방법으로 원상회복을 명하여야 하는 것은 아닌지에 대해서도 심리할 필요가 있다는 점을 지적하여 둔다.

부동산 평가시기/ 우선변제권이 설정되어 있는 부동산의 양도행위가 사해행위로 인정되기 위한 부동산의 평가시기 (대법원 2014. 9. 4. 선고 2013다60661 판결 [사해행위취소등])

판례해설

채무자 또는 제3자 소유의 부동산에 대하여 채권자 앞으로 근저당권이 설정되어 있고, 그 부동산의 가액 및 채권최고액이 당해 채무액을 초과하여 채무 전액에 대하여 **채권자에게 우선변제권이 확보**되어 있다면, 그 범위 내에서는 채무자의 재산처분행위는 채권자를 해하지 아니하므로 채무자가 비록 유일한 재산을 처분하는 법률행위를 하더라도 채권자에 대하여 사해행위가 성립되지 않는다.

결국 이와 같은 사정에 관한 주장 및 입증 책임과 더불어 부동산의 가치 평가의 기준을 언제로 할 것인지 여부가 문제되는 바 우선변제권이 확보되지 않았다는 점에 관하여 취소를 구하는 채권자가 주장 입증하여야 하고 더 나아가 그에 대한 부동산의 가치평가는 처분행위 당시를 기준으로 판단해야 한다고 판시하고 있다.

법원판단

1. 채무자 또는 제3자 소유의 부동산에 대하여 채권자 앞으로 근저당권이 설정되어 있고, 그 부동산의 가액 및 채권최고액이 당해 채무액을 초과하여 채무 전액에 대하여 채권자에게 우선변제권이 확보되어 있다면, 그 범위 내에서는 채무자의 재산처분행위는 채권자를 해하지 아니하므로 채무자가 비록 유일한 재산을 처분하는 법률행위를 하더라도 채권자에 대하여 사해행위가 성립되지 않는다고 보아야 하고, **당해 채무액이 그 부동산의 가액 및 채권최고액을 초과하는 경우에는 그 담보물로부터 우선 변제받을 금액을 공제한 나머지 채권액에 대하여만 채권자취소권이 인정되며, 피보전채권의 존재와 그 범위는 채권자취소권 행사의 한 요건에 해당하므로 이 경우 채권자취소권을 행사하는 채권자로서는 그 담보권의 존재에도 불구하고 자신이 주장하는 피보전채권이 그 우선변제권 범위 밖에 있다는 점을 주장·증명**하여야 한다(대법원 2002. 11. 8. 선고 2002다41589 판결 참조). 그리고 이때 **우선 변제받을 금액은 처분행위 당시의 담보목적물의 시가를 기준으로 산정함이 옳다**(대법원 2001. 7. 27. 선고 2001다31011 판결 참조). 위와 같은 법리는 '자동차 등 특정동산 저당법'에 따라 자동차에 대하여 채권자 앞으로 근저당권이 설정되어 있는 경우에도 마찬가지로 적용된다. 따라서 자동차에 대하여 채권자 앞으로 근저당권이 설정되어 있는 경우 <u>근저당권에 의하여 우선 변제받을 금액과 이를 공제한 피보전채권액의 산정은 특별한 사정이 없는 한 처분행위 당시의 자동차 시가</u>를

기준으로 하여야 한다.

2. 원심은 그 판시와 같은 이유로, 이 사건 증여일 당시 이 사건 자동차의 시가를 기준으로 이 사건 자동차에 설정된 원고 명의의 근저당권에 의하여 우선변제받을 금액과 이를 공제한 피보전채권액을 산정하고, 이에 따라 이 사건 증여의 사해성과 가액배상의 범위를 판단하였다.

앞서 본 법리에 따라 기록을 살펴보면, 원심의 위와 같은 판단은 정당하고, 거기에 채권자취소권의 성립과 우선변제권 판단 시기, 가액배상의 범위, 증명책임 등에 관한 법리를 오해한 위법이 없다. 상고이유의 주장은, 자동차의 특성상 처분행위 후 자동차의 소재불명 등으로 근저당권의 실행이 사실상 불가능하게 되거나 처분행위 후 시간의 경과에 따라 감가상각 등으로 자동차의 시가가 하락하게 되는 사정을 자동차 근저당권에 의하여 우선 변제받을 금액 및 이를 공제한 피보전채권액의 산정에 고려하여야 한다는 것이나, 앞서 본 법리에 비추어 받아들일 수 없다.

수익자 · 전득자의 기타의 항변

수익자의 상계 항변 가능성 1 (대법원 2001. 6. 1. 선고 99다63183 판결)

> 판례해설
>
> 채무자가 특정 채권자에게 이익을 줄 목적으로 사해행위를 이유로 근저당권을 설정한 경우 **근저당권 설정행위가 사해행위임을 이유로 취소되고 원상복귀 즉 가액반환이 되는 경우 수익자 스스로가 자신 역시 채무자의 채권자라는 이유로 반환채무에 대하여 상계를 주장할 수 있을까.**
>
> 법원은 이에 대하여 채권자취소권이라는 제도 자체가 **채권의 공동담보인 채무자의 책임재산을 보전하기 위하여 채무자와 수익자 사이의 사해행위를 취소하고 채무자의 일반재산으로부터 일탈된 재산을 모든 채권자를 위하여 수익자 또는 전득자로부터 환원시키는 제도에 해당하여 수익자로 하여금 자기의 채무자에 대한 반대채권으로써 상계를 허용하는 것은 사해행위에 의하여 이익을 받은 수익자를 보호하고 다른 채권자의 이익을 무시하는 결과가 되어 위 제도의 취지에 반한다는 이유로 <u>수익자의 가액배상에 대하여 상계를 인정하지 않고 있다.</u>**

법원판단

원심은 이 사건에서와 같이 수익자가 사해행위인 매매계약을 통하여 취득한 부동산에 추가로 근저당권을 설정한 경우에 그 원상회복은 가액배상의 방법에 의할 것이라고 하여, 이 사건 사해행위 취소에 따른 원상회복은 원고가 구하는 바에 따라 사실심 변론종결시를 기준으로 한 부동산의 가액에서 매매계약 이전에 설정된 근저당권의 피담보채권액을 공제하여 산정한 가액인 금 61,000,000원을 피고가 배상하는 방법으로 행하여져야 한다고 판단한 다음, 피고가 이원희에 대한 당좌수표와 약속어음 할인금 합계 금 56,600,000원 상당의 채권으로써 이원희가 피고에 대하여 가지는 가액배상 채권과 대등액에서 상계한다는 취지의 주장에 대하여 사해행위의 취소에 따른 원상회복으로서 채무자에게 회복되는 재산은 취소채권자 및 다른 채권자에 대한 관계에서 채무자의 책임재산으로 취급될 뿐, 채무자가 직접 그 재산에 대하여 어떤 권리를 취득하는 것은 아니라고 할 것이며, 취소채권자의 원상회복청구에 대하여 수익자가 자신의 채권으로 상계하는 것은 실질적으로 수익자가 우선변제를 받게 되는 부당한 결과가 되므로, 수익자가 원상회복청구와의 상계를 주장하여 그 지급을 거절하는 것은 허용될 수 없다고 하여 피고의 상계 주장을 배척하였다.

<u>채권자취소권은 채권의 공동담보인 채무자의 책임재산을 보전하기 위하여 채무자와 수익자 사이의 사해행위를 취소하고 채무자의 일반</u>

재산으로부터 일탈된 재산을 모든 채권자를 위하여 수익자 또는 전득자로부터 환원시키는 제도로서, 수익자로 하여금 자기의 채무자에 대한 반대채권으로써 상계를 허용하는 것은 사해행위에 의하여 이익을 받은 수익자를 보호하고 다른 채권자의 이익을 무시하는 결과가 되어 위 제도의 취지에 반하므로, 수익자가 채권자취소에 따른 원상회복으로서 가액배상을 할 때에 채무자에 대한 채권자라는 이유로 채무자에 대하여 가지는 자기의 채권과의 상계를 주장할 수는 없다고 할 것이다(수익자의 안분액 분배청구 등에 관한 대법원 2001. 2. 27. 선고 2000다44348 판결 참조). 원심의 판단은 이러한 법리에 따른 것으로 정당하고, 거기에 상고이유에서 주장하는 바와 같은 상계에 관한 법리오해의 위법이 있다고 할 수 없다.

그리고 원심은, 이 사건 매매계약 후 피고가 근저당권을 설정한 것은 이원희가 국민은행으로부터 금 30,000,000원을 대출받음에 있어 물상담보로 제공한 것에 불과하므로 그 피담보채권액 금 30,000,000원을 피고가 배상하여야 할 가액에서 공제되어야 한다는 피고의 주장에 대하여 사해행위의 취소에 따른 원상회복으로서의 가액배상은 원물반환에 갈음하는 것일 뿐만 아니라 수익자에게 그 이익이 잔존하는지의 여부도 불문하는 것이므로, 위 근저당권의 피담보채권액은 그 설정 경위에도 불구하고 이 사건 부동산의 가액배상에서 공제될 수 없다고 하여 피고의 위 주장을 배척하였음이 분명하고, 또 원심의 위 판단은 정당하므로, 가액배상금에서 위 근저당권의 피담보채무액을 공제하여야 한다는 피고의 주장에 대한 판단을 유탈하였다는 등의 상고이유의 주장도 이유 없다.

수익자의 상계 항변 가능성 2 (대법원 2003. 11. 28. 선고 2003다50061 판결)

판례해설

사해행위 취소는 **모든 채권자의 이익을 위하여** 그 효력이 있다. 따라서 수익자 역시 채무자의 채권자인 경우에 수익자가 자신의 채권을 주장하며 안분액의 분배를 요구할 수 있는지 문제된다.

수익자가 채무자의 채권자인 경우 수익자가 가액배상을 할 때에 수익자 자신도 사해행위취소의 효력을 받는 **채권자 중의 1인이라는** 이유로 취소채권자에 대하여 총채권액 중 자기의 채권에 대한 안분액의 분배를 청구하거나, 수익자가 취소채권자의 원상회복에 대하여 총채권액 중 자기의 채권에 해당하는 안분액의 배당요구권으로써 원상회복청구와의 상계를 주장하여 그 안분액의 지급을 거절할 수는 없다.

법원판단

채권자취소권은 채권의 공동담보인 채무자의 책임재산을 보전하기 위하여 채무자와 수익자 사이의 사해행위를 취소하고 채무자의 일반재산으로부터 일탈된 재산을 모든 채권자를 위하여 수익자 또는 전득자로부터 환원시키는 제도이므로, 수익자인 채권자로 하여금 안분액의 반환을 거절하도록 하는 것은 자신의 채권에 대하여 변제를 받은 수익자를 보호하고 다른 채권자의 이익을 무시하는 결과가 되어 제도의 취지에 반하게 되므로, <u>수익자가 채무자의 채권자인 경우 수익자가 가액배상을 할 때에 수익자 자신도 사해행위취소의 효력을 받는 채권자 중의 1인이라는 이유로 취소채권자에 대하여 총채권액 중 자기의 채권에 대한 안분액의 분배를 청구하거나, 수익자가 취소채권자의 원상회복에 대하여 총채권액 중 자기의 채권에 해당하는 안분액의 배당요구권으로써 원상회복청구와의 상계를 주장하여 그 안분액의 지급을 거절할 수는 없다</u> 할 것이고(대법원 2001. 2. 27. 선고 2000다44348 판결 참조), 채권자의 사해행위취소 및 원상회복청구가 인정되면, 수익자는 원상회복으로서 사해행위의 목적물을 채무자에게 반환할 의무를 지게 되고, 만일 원물반환이 불가능하거나 현저히 곤란한 경우에는 원상회복의무의 이행으로서 사해행위 목적물의 가액 상당을 배상하여야 하는바, 여기에서 원물반환이 불가능하거나 현저히 곤란한 경우라 함은 원물반환이 단순히 절대적, 물리적으로 불능인 경우가 아니라 사회생활상의 경험법칙 또는 거래상의 관념에 비추어 그 이행의 실현을 기대할 수 없는 경우를 말하는 것이므로(대법원 1998. 5. 15. 선고 97다58316 판결 참조), 사해행위에 해당하는 채권양도가 채권자에 의하여 취소되기 전에 이미 채권양수인인 수익자 등이 제3채무자로부터 그 채권을 변제받는 등으로 양도채권이 소멸된 경우에는, 채권자는 원상회복의 방법으로 수익자 등을 상대로 그 채권양도의 취소와 함께 변제로 수령한 금전의 지급을 가액배상의 방법으로 청구할 수 있으며(대법원 2002. 10. 25. 선고 2002다42711 판결 참조), 또한, **취소채권자로서는 수익자나 전득자에 대하여 직접 자신에게 금전이나 동산을 지급할 것을 청구**할 수 있다 할 것이다(대법원 1999. 8. 24. 선고 99다23468, 23475 판결 등 참조).

수익자의 취소채권자의 채권에 대한 압류 및 전부명령 가능성 (대법원 2017. 8. 21.자 2017마499 결정)

판례해설

앞에서 언급한 판례에서와 같이 수익자는 자신이 채무자의 채권자라는 이유로 가액배상의 경우 상계를 주장할 수 없다. 다만 **수익자 자신이 반환을 요구하는 채권자의 채권자라는 이유로 가액배상 채권에 대한 압류·전부명령을 신청하는 경우 이는 전혀 다른 채권관계에 기인한 것으로 수익자의 가액배상에 대한 상계 금지의 법리**(대법원 1998. 5. 15. 선고 97다58316 판결)가 적용되지 않는다고 할 것이다.

법원판단

사해행위취소의 소에서 수익자가 원상회복으로서 채권자취소권을 행사하는 채권자에게 가액배상을 할 경우, <u>**수익자 자신의 사해행위취**</u>

소소송의 채무자에 대한 채권자라는 이유로 채무자에 대하여 가지는 자기의 채권과 상계하거나 채무자에게 가액배상금 명목의 돈을 지급하였다는 점을 들어 채권자취소권을 행사하는 채권자에 대해 이를 가액배상에서 공제할 것을 주장할 수 없다(대법원 2001. 6. 1. 선고 99다63183 판결 참조). 그러나 수익자가 채권자취소권을 행사하는 채권자에 대해 가지는 별개의 다른 채권을 집행하기 위하여 그에 대한 집행권원을 가지고 위 채권자의 수익자에 대한 가액배상채권을 압류하고 전부명령을 받는 것은 허용된다. 이는 수익자의 채무자에 대한 채권을 기초로 한 상계나 임의적인 공제와는 그 내용과 성질이 다르다. 또한 채권자가 채무자의 제3채무자에 대한 채권을 압류하는 경우 제3채무자가 채권자 자신인 경우에도 이를 압류하는 것이 금지되지 않으므로 단지 채권자와 제3채무자가 같다고 하여 채권압류 및 전부명령이 위법하다고 볼 수 없다.

나아가 상계가 금지되는 채권이라고 하더라도 압류금지채권에 해당하지 않는 한 강제집행에 의한 전부명령의 대상이 될 수 있다(대법원 1994. 3. 16.자 93마1822, 1823 결정 참조).

원심결정의 이유를 위 법리에 비추어 살펴보면, 원심의 판단은 정당하다. 원심의 판단에 채권압류와 전부명령의 요건에 관한 법리를 오해하고 신의칙에 반하여 재판에 영향을 미친 잘못이 없다.

채무자와 수익자 법률행위가 재판상 확정력 발생시 사해행위 취소 가능성 (대법원 2017. 4. 7. 선고 2016다204783 판결 [구상금및사해행위취소])

> **판례해설**
>
> 대상판결 사안에서 **채무자와 수익자는 화해권고 결정의 확정력을 이용**하기 위하여 채무자는 자신의 책임재산을 수익자에게 이전시키고 수익자는 이에 대하여 소송을 제기한 후 곧바로 화해권고 결정을 통하여 민사소송법상 확정력을 발생시켰다. 즉 **민사소송법적으로 확정된 법률관계**에 대해서는 더 이상 소송으로 다툴 수 없다는 점을 악용하여 이와 같은 법률관계를 만들었던 것이다.
>
> 그러나 이에 대하여 **대법원은 사해행위취소의 효력은 취소판결을 받은 수익자 또는 전득자와 채권자와의 관계에서 원상회복의 문제만 발생할 뿐이므로 그 외 채무자와 수익자의 법률관계가 새로이 형성되는 것은 아니라고 판시하여 피고의 주장을 배척하였다.

법원판단

1. 무자력상태의 **채무자가 소송절차를 통해 수익자에게 자신의 책임재산을 이전하기로 하여, 수익자가 제기한 소송에서 자백하는 등의 방법으로 패소판결 또는 그와 같은 취지의 화해권고결정 등을 받아 확정**시키고, 이에 따라 수익자 앞으로 그 책임재산에 대한 소유권이전등기 등이 마쳐졌다면, 이러한 일련의 행위의 실질적인 원인이 되는

채무자와 수익자 사이의 이전합의는 다른 일반채권자의 이익을 해하는 사해행위가 될 수 있다.

한편 **채권자가 사해행위의 취소와 함께 수익자 또는 전득자로부터 책임재산의 회복을 명하는 사해행위취소의 판결을 받은 경우 수익자 또는 전득자가 채권자에 대하여 사해행위의 취소로 인한 원상회복 의무를 부담하게 될 뿐, 채권자와 채무자 사이에서 그 취소로 인한 법률관계가 형성되는 것은 아니다.** 따라서 위와 같이 채무자와 수익자 사이의 소송절차에서 확정판결 등을 통해 마쳐진 소유권이전등기가 사해행위취소로 인한 원상회복으로써 말소된다고 하더라도, 그것이 확정판결 등의 효력에 반하거나 모순되는 것이라고는 할 수 없다.

2. 원심판결 이유에 의하면, 원심은 우선 그 판시와 같은 사정을 종합하여, 피고의 아버지가 이 사건 각 부동산을 매수하였다거나 소유의 의사로 점유하여 왔다고 볼 수 없으므로, 피고의 이 사건 각 부동산에 관한 '2012. 3. 31.자 점유취득시효 완성' 사실은 인정되지 않는다고 판단하였다. 나아가 원심은, 피고가 채무초과상태인 소외인을 상대로 이 사건 각 부동산에 관하여 '2012. 3. 31.자 점유취득시효 완성'을 원인으로 한 소유권이전등기절차의 이행을 구하는 소를 제기하였고, 소외인은 피고의 주장을 모두 인정하는 취지의 답변서를 제출하여 2014. 2. 7. 피고에게 위 답변서 부본이 송달되었으며, **피고와 소외인이 위 청구 내용과 같은 취지의 화해권고결정을 받아 이를 확정시키고 이에 따라 피고 앞**

으로 이 사건 소유권이전등기가 마쳐졌다면, 위와 같은 답변서 부본이 피고에게 송달된 2014. 2. 7. 소외인과 피고 사이에 이 사건 각 부동산을 양도·양수하기로 하는 합의가 있었다고 추인할 수 있고, 이러한 합의는 소외인의 채권자인 원고에 대한 사해행위에 해당한다고 판단하였다.

수익자와 전득자 사이의 법률관계가 재판상 확정력이 발생했을 경우 사해행위 취소 소송의 가능성 (대법원 2004. 8. 30. 선고 2004다21923 판결)

판례해설

대상판결은 **사해행위로 인하여 취소되어야 하는 법률행위가 무엇인지 여부가 쟁점**이 되었다. 왜냐하면 채무자로부터 수익자로 명의가 변경된 이후 수익자로부터 전득자 즉 피고로 이전된 법률행위는 재판상 화해로 인한 것으로서 재판상 화해와 관련하여 일단 확정된다면 민사소송법상의 재심 사유가 존재하지 않은 이상 취소될 수 없기 때문이다.

그러나 대법원은 취소의 대상이 되는 법률행위는 <u>단지 채무자와 수익자 간의 법률행위일 뿐 수익자와 전득자 사이의 법률행위는 그 대상이 되지 않기 때문에 수익자와 전득자 간에 성립된 재판상 화해의 효력과는 전혀 상관없이 채무자와 수익자 간의 법률행위만 취소된다면 그 이후 법률행위는 무효</u>로 되기 때문에 재판상 화해와 상관없이 원상회복되어야 한다고 판시하였다(물론 이전 판결에서 보는 바와 같이 채무자 및 수익자의 법률행위에 관하여 재판상 확정력이 발생했다고 하더라도 사해행위 취소가 가능하다는 점은 이미 보았다).

법원판단

1. 채권자가 채권자취소권을 행사하려면 사해행위로 인하여 이익을 받은 자나 전득한 자를 상대로 그 법률행위의 취소를 청구하는 소송을 제기하여야 되는 것으로서 채무자를 상대로 그 소송을 제기할 수는 없고(대법원 1991. 8. 13. 선고 91다13717 판결 등 참조), **채권자가 전득자를 상대로 하여 사해행위의 취소와 함께 책임재산의 회복을 구하는 사해행위취소의 소를 제기한 경우에 그 취소의 효과는 채권자와 전득자 사이의 상대적인 관계에서만 생기는 것이고 채무자 또는 채무자와 수익자 사이의 법률관계에는 미치지 않는 것이므로**(대법원 1988. 2. 23. 선고 87다카1989 판결, 2002. 5. 10. 자 2002마1156 결정 등 참조), 이 경우 취소의 대상이 되는 사해행위는 채무자와 수익자 사이에서 행하여진 법률행위에 국한되고, 수익자와 전득자 사이의 법률행위는 취소의 대상이 되지 않는다고 할 것이다.

따라서 채권자인 원고가 전득자인 피고를 상대로 제기한 이 사건 사해행위취소소송에서 **원심이 채무자와 수익자 사이의 법률행위의 취소를 선언함과 아울러 전득자인 피고로 하여금 채무자인 삼화그린텍 주식회사(이하 '삼화그린텍'이라 줄인다)에게 명의회복을 하도록 명한 것**은 위 법리에 따른 것으로서 정당하고, 거기에 상고이유 제1점의 주장과 같은 사해행위취소소송에서 취소의 대상이 되는 법률행위 내지 사해행위취소소송에서의 피고적격에 관한 법리를 오해한 위법이 없다.

2. 원심은, 피고의 재판상 화해의 기판력에 저촉된다는 주장, 즉 삼화그린텍이 2000. 12. 20. 피고에게 채무변제에 갈음하여 이 사건 폐기물처리업 등을 양도하기로 재판상 화해를 하고 이에 따라 피고가 경인지방환경관리청장으로부터 위 폐기물처리업에 관한 명의변경 허가를 받은 이상 이 사건 폐기물처리업에 관한 등록명의를 삼화그린텍으로 다시 변경하기 위해서는 준재심의 절차를 통해 재판상 화해가 취소되어야 하고 준재심의 절차가 아닌 채권자취소소송의 방법으로 재판상 화해의 취소를 구하는 것은 법률상 허용되지 아니한다는 주장에 대하여, **원고가 사해행위라고 주장하면서 그 취소를 구하는 법률행위는 피고와 삼화그린텍 사이의 재판상 화해가 아니라 채무자인 삼화그린텍과 수익자인 삼화고분자공업 주식회사 사이의 2000. 8. 31.자 대물변제 약정이므로, 위 약정이 원고를 해하는 사해행위에 해당함을 이유로 이를 취소하고 그 원상회복으로써 전득자인 피고로 하여금 채무자인 삼화그린텍에게 이 사건 폐기물처리업에 관하여 진정한 등록명의 회복을 원인으로 한 명의변경절차의 이행을 명하더라도 피고와 삼화그린텍 사이의 재판상 화해에 직접 저촉된다고 할 수 없다**는 등의 이유로 피고의 위 주장을 배척하였는바, 기록에 의하여 살펴보면, 원심의 위와 같은 판단은 정당하여 수긍이 되고, 거기에 상고이유 제2점의 주장과 같은 재판상 화해의 효력에 관한 법리를 오해한 위법이 없다.

원상회복 방법 및 범위
(사해행위 취소의 효과)

원상회복 방법 / 가액 반환의 경우 1 (대법원 2002. 4. 12. 선고 2000다63912 판결 [대여금등])

판례해설

저당권이 설정되어 있는 부동산이 사해행위로 이전된 경우 사해행위 당시 책임재산은 우선변제권이 이미 존재한 저당권을 제외한 나머지에 불과한바 취소되는 범위는 그 나머지에 해당하는 부분이고 이와 같은 이유로 취소 범위는 부동산 전체가 아니라 나머지 부분에 한정되어 가액반환 청구가 되어야 하고 그 반환 범위는 취소 채권자의 채권 범위 내이며 다만 채권자의 채권액에 변론종결시까지의 이자까지 포함될 수 있다.

법원판단

가. 채권자가 채권자취소권을 행사할 때에는 **원칙적으로 자신의 채권액을 초과하여 취소권을 행사할 수 없고, 이 때 채권자의 채권액에는 사해행위 이후 사실심 변론종결시까지 발생한 이자나 지연손해금**이 포함된다(대법원 2001. 9. 4. 선고 2000다66416 판결, 2001. 12. 11. 선고 2001다64547 판결 참조).

원심이 원고의 피보전채권액을 산정함에 있어 지연손해금을 합산한 조치는 위와 같은 법리에 따른 것으로서 옳고, 거기에 상고이유로 주장하고 있는 바와 같은 사해행위 취소의 범위에 관한 법리를 오해한 위법이 없다.

나. 저당권이 설정되어 있는 부동산이 사해행위로 이전된 경우에 그 사해행위는 부동산의 가액에서 저당권의 피담보채권액을 공제한 잔액의 범위 내에서만 성립한다고 보아야 하므로, <u>사해행위 후 변제 등에 의하여 저당권설정등기가 말소된 경우 그 부동산의 가액에서 저당권의 피담보채무액을 공제한 잔액의 한도에서 사해행위를 취소하고 그 가액의 배상을 구할 수 있을 뿐</u>이고(대법원 1999. 9. 7. 선고 98다41490 판결, 2001. 6. 12. 선고 99다20612 판결 등 참조), 이러한 법리는 그 부동산이 양도담보의 목적으로 이전된 경우에도 마찬가지라고 보아야 할 것이다.

따라서 원심이 양도담보로 부동산을 이전받은 피고 염문규에 대하여 염규홍의 소유 지분 가액에서 저당권의 피담보채무액을 공제한 잔액의 가액배상을 명한 조치는 정당하고, 거기에 상고이유에서 주장하는 바와 같은 가액배상에 관한 법리를 오해한 위법이 없다.

원상회복 방법/ 가액 반환의 경우 2 (대법원 2009. 5. 14. 선고 2009다4947 판결 [구상금등])

판례해설

채무자가 근저당권이 설정된 부동산을 채권자를 해할 의도로 매도한 이후 매수인이 해당 근저당권을 말소한 경우 채권자의 사해행위 취소의 범위와 관련된 사례이다.

채무자가 부동산을 매도한 법률행위가 사해행위라고 하더라도 해당 부동산에 이미 근저당권이 설정되어 있다면 다른 채권자의 입장에서는 해당 근저당권을 제외한 나머지 부분만이 책임재산이기 때문에 매도된 이후 근저당권이 소멸되었다고 하더라도 사해행위 당시 채권자의 책임재산이 아닌 부분까지 회복되는 것은 인정될 수 없다.

다만 대상판결에서는 원심에서 가액배상을 해야 함에도 원물반환을 명하였고 채권자는 원물반환이 부적법하다고 주장하였으나 가액배상보다 원물반환 자체가 채권자 즉 원고에게 이익이기 때문에 상고 이익이 없어 기각된 것으로 보인다.

법원판단

상고는 자기에게 불이익한 재판에 대하여 자기에게 유리하도록 그 취소·변경을 구하는 것이므로 원심판결에서 당사자가 청구하지 아니한 부분에 대하여 그 지급을 명하였다 하더라도 이익이 되는 당사자로서는 그 변경을 구할 수 없고, 전부 승소한 원심판결에 대한 상고는 상고를 제기할 이익이 없어 허용될 수 없다(대법원 1987. 5. 12. 선고 86다카1340 판결, 대법원 2003. 7. 22. 선고 2001다76298 판결 등 참조).

기록에 의하면, 원고는 근저당권이 설정되어 있는 이 사건 부동산에 관하여 사해행위 후 변제에 의하여 근저당권설정등기가 말소되었음을 이유로 사해행위의 일부 취소 및 가액반환을 청구하였고, 원심은 원고가 구한 대로 사해행위의 취소 청구를 받아들이면서 그 원상회복으로 가액반환이 아니라 부동산 자체의 반환을 명하였으며, 이에 대하여 원고가 부동산 자체의 반환을 명한 것은 부당하다고 주장하면서 상고를 제기하였음을 알 수 있다.

사해행위 후 기존의 근저당권이 변제에 의하여 말소된 이 사건에서 채권자의 사해행위의 취소 및 원상회복으로서의 가액배상청구가 정당한 이상, 특별한 사정이 없는 한 채권자가 구하는 가액배상의 범위를 넘어 원물반환을 명하는 것은 허용될 수 없다. 그러나 결국 이러한 원심의 재판이 자신에게 이익이 되는 원고로서는 앞서 본 법리에 비추어 그 변경을 구할 수 없다 할 것이므로 원고의 상고는 상고의 이익이 없는 것으로서 부적법하다.

원상회복 범위 / 채무자가 목적물 양도하기에 목적물에 담보되어 있는 일부 채무를 변제한 경우 쟁점 (대법원 2017. 1. 12. 선고 2016다208792 판결 [사해행위취소])

> 판례해설
>
> 채무자가 수익자에게 양도한 목적물에 저당권이 설정되어 있는 경우에 그 목적물 중에서 일반채권자들의 공동담보에 제공되는 책임재산은 피담보채권액을 공제한 나머지 부분만이므로, 그 피담보채권액이 목적물의 가액을 초과할 때의 목적물 양도는 사해행위에 해당하지 않는다. 그러나 채무자가 담보물권이 설정된 부동산에 대하여 부동산을 양도하기 전에 이미 해당 피담보채권 중 일부를 변제하였는 바 일부 변제된 부분이 사해행위로 인정받지 않을 수 있는지 문제가 되었다.
>
> 법원은 이에 대하여 채무자가 이미 변제하였다면 더 이상 우선변제권이 성립된 부분이라고 보기 어렵고 결국 변제된 부분에 금액만큼도 역시 사해행위에 해당한다고 판단한 것이다.

법원판단

가. 사해행위취소의 소에서 채무자가 수익자에게 양도한 목적물에 저당권이 설정되어 있는 경우에 그 목적물 중에서 일반채권자들의 공동담보에 제공되는 책임재산은 피담보채권액을 공제한 나머지 부분만이므로, 그 피담보채권액이 목적물의 가액을 초과할 때의 목적물

양도는 사해행위에 해당하지 않는다(대법원 2013. 7. 18. 선고 2012다5643 전원합의체 판결 등 참조). 그러나 **저당권의 피담보채권액이 목적물의 가액을 초과하였더라도 채무자가 목적물을 양도하기에 앞서 자신의 출재로 피담보채무의 일부를 변제하여 잔존 피담보채권액이 목적물의 가액을 초과하지 않게 되었다면 이러한 목적물의 양도로 그 목적물의 가액에서 잔존 피담보채권액을 공제한 잔액의 범위 내에서 사해행위가 성립하는 것**이고, 이는 채무자의 출재에 의한 피담보채무의 일부 변제가 양도계약 체결 후 이에 따른 소유권이전등기 등이 마쳐지는 과정에서 이루어진 경우에도 마찬가지로 보아야 한다.

나. 원심판결 이유와 원심이 적법하게 채택한 증거들에 의하면 아래와 같은 사실을 알 수 있다.

(1) 소외 1 소유의 원심 판시 별지 목록 기재 각 부동산(이하 '이 사건 각 부동산'이라고 한다)과 소외 1의 형인 소외 2 소유의 포항시 북구 (주소 생략) 임야 62,773㎡에 소외 1의 농업협동조합중앙회(은행사업부문이 분할되어 신설된 농협은행 주식회사가 그 권리·의무를 포괄적으로 승계하였다. 이하 '농협은행'이라고 한다)에 대한 500,000,000원의 대출금채무를 담보하기 위하여 채권최고액 650,000,000원, 채무자 소외 1, 근저당권자 농협은행으로 된 공동근저당권(이하 '이 사건 공동근저당권'이라고 한다)이 설정되어 있었다.

(2) 소외 1은 채무초과인 상태에서 2013. 9. 17. 피고와 사이에 시가 441,438,200원 정도인 이 사건 각 부동산을 330,000,000원에 매도하는 매매계약(이하 '이 사건 매매계약'이라고 한다)을 체결하면서, 위 매매대금 중 300,000,000원의 지급은 피고가 이 사건 공동근저당권의 피담보채무를 인수하는 것으로 갈음하기로 약정하였다.

(3) 이 사건 매매계약 체결일인 2013. 9. 17.에, 소외 1이 자신 명의의 농협은행 계좌에서 돈을 인출하여 이 사건 공동근저당권의 피담보채무 중 원금 200,000,000원과 이자 1,242,588원을 변제하자, 피고는 소외 1에게 30,000,000원을 지급하는 한편 이 사건 공동근저당권의 나머지 피담보채무 300,000,000원을 인수하였고, 이 사건 각 부동산에 관하여 피고 명의의 소유권이전등기도 마쳐졌다.

다. 위와 같은 사실관계를 앞서 본 법리에 비추어 살펴보면, 이 사건 매매계약이 체결되기 전에 이 사건 공동근저당권의 피담보채권액이 이 사건 각 부동산의 가액을 초과하였더라도[소외 1이 이 사건 공동근저당권의 채무자이므로, **채무자 소유의 이 사건 각 부동산이 부담하는 피담보채권액은 이 사건 공동근저당권의 피담보채권액 전액**이다(위 대법원 2012다5643 전원합의체 판결 참조)], **소외 1이 이 사건 각 부동산을 양도하는 과정에서 자신의 출재로 그 피담보채무 중 일부를 변제하여 이 사건 공동근저당권의 잔존 피담보채권액이 이 사건 각 부동산의 가액을 초과하지 않게 되었으므로,** 이 사건 각 부동산의 시가 441,438,200원에서 이 사건 공동근저당권의 잔존 피담보채권 300,000,000원을 공제한 범위 내에서 사해행위가 성립한다고 할 것이고, 이는 설령 소외 1의 위와 같은 변제가 이 사건 매매계약 체결 후에 이루어졌다고 하여도 마찬가지로 보아야 한다.

같은 취지의 원심판단은 정당하고, 거기에 사해행위 성립에 관한 법리 오해, 심리미진 등의 잘못이 없다.

사해행위 취소의 범위 / 다른 채권자가 배당요구를 할 것이 명백하거나 목적물이 불가분인 경우 (대법원 1997. 9. 9. 선고 97다10864 판결)

판례해설

사해행위 취소를 구하는 채권자의 채권액이 원상회복의 목적물보다 적을 경우의 문제이다. 즉 채권자는 채무자의 사해행위로 인하여 자신의 채권의 집행이 불가능하다고 주장하는 바, 원상회복으로 그 이상을 청구할 수 있는지가 문제되었으나 사해행위 취소는 처분권 주의의 예외로서 특별한 경우 자신의 채권액을 넘어서까지 청구도 가능한바 이는 채권자 취소권이라는 제도가 **특정의 채권자를 위한 제도가 아니라 전체 채권자를 위한 제도이고 더욱이 법률행위 취소로 인하여 원상회복 당하는 경우에는 사해행위 취소 채권자만이 아닌 모든 채권자가 집행을 할 수** 있으므로 이에 해당하는 경우에는 채권자의 채권액이 아닌 전체 채권자를 위하여 부동산 전체가 원상회복되는 것이다.

법원판단

원심판결에 의하면, 원심은 위 소외인이 소외 충남유지공업 주식회사(이하 소외 회사라 한다)를 운영하면서 원고들을 비롯한 40여 명의 개인들로부터 회사운용자금 및 금융기관대출금, 사채이자 등의 지급에 사용하겠다는 명목으로 무담보로 차용한 돈이 합계 금 4,300,000,000원에 달하였는데도 부도일로부터 5일 뒤인 1990. 8. 8. 피고 1과 사이에 위 소외인이 부도 당시까지 위 피고에게 부담하고 있던 채무 금 450,000,000원 상당과 위 피고가 앞으로 위 소외인 대신 변제하게 될 소외 회사의 외상대금 채무 금 200,000,000원 상당 등에 대한 담보조로 위 소외인 소유의 판시 제1, 2목록 기재 부동산에 각 판시와 같은 근저당설정등기를 마친 사실을 인정한 다음 **채무자의 재산이 채무의 전부를 변제하기에 부족한 경우 채무자가 자신의 재산의 일부인 부동산을 어느 특정 채권자에게 채무담보로 제공한 행위는 다른 채권자들에 대한 관계에서 그들의 공동담보를 감소시키거나 또는 이에 준하는 행위로서 채권자들이 종전보다 더 불리한 지위에 놓이게 되므로 특별한 사정이 없는 한 이는 곧 다른 채권자들의 이익을 해하는 것이 되어 사해행위가 된다고** 할 것이므로 위 소외인의 위 근저당설정행위는 원고들을 해함을 알고 한 사해행위에 해당한다고 판단하고 있다.

기록에 의하여 살펴보면 원심의 사실인정은 정당하고 거기에 소론 주장과 같은 채증법칙 위배, 심리미진 등의 위법이 있다고 할 수 없고,

채무초과 상태에 있는 채무자가 그 소유의 부동산을 채권자 중의 어느 한 사람에게 채권담보로 제공하는 행위는 특별한 사정이 없는 한 다른 채권자들에 대한 관계에서 사해행위에 해당한다고 할 것이므로(대법원 1989. 9. 12. 선고 88다카23186 판결 참조) 이러한 취지의 원심판단도 정당하고 거기에 소론 주장과 같은 사해행위·의사에 관한 법리오해의 위법 등이 있다고 할 수 없다.

그리고 <u>**사해행위 취소의 범위는 다른 채권자가 배당요구를 할 것이 명백하거나 목적물이 불가분인 경우와 같이 특별한 사정이 있는 경우에는 취소채권자의 채권액을 넘어서까지도 취소를 구할 수 있다**</u>고 할 것이다. 기록과 원심이 확정한 사실관계에 의하면, 다른 채권자들이 채권자단을 구성하고 있는 점에서 배당요구를 할 것이 명백하다고 보여지므로 원고들의 채권액을 초과하여서까지 그 취소를 명한 원심은 정당하고 원심판결에 소론과 같은 사해행위 취소의 범위에 관한 법리오해, 심리미진 등의 위법도 없다. 상고이유에서 들고 있는 판례는 사안을 달리하여 이 사건에서 적절한 선례가 되지 못한다. 논지는 모두 이유 없다.

사해행위 취소의 범위 / 특정 채권자가 제기한 배당이의 소송에서도 동일한 법리가 적용되는지 여부 (대법원 2013.2.15. 선고 2012다34238 판결)

판례해설

앞의 판례에서 사해행위 취소소송 제기시 특별한 사정이 없는 한 목적물이 불가분이거나 다른 채권자들의 배당요구할 것이 명백하다면 해당 법률행위 전체에 대하여 취소를 하여야 한다고 판시하였다.

대상판결에서 원심은 취소 채권자의 배당금액만큼만 취소되어 배당금지급채권의 양도가 이루어진다고 판시하였는 바 이는 배당이의의 특수성을 고려한 판결로 보인다. 즉 배당이의소송에서는 배당이의 채권자들 각자가 자신의 채권을 보전받기 위하여 배당이의소송을 제기하게 되는 바 **결국 채권자의 사해행위취소가 형식이 배당이의소송이라고 한다면 자신의 채권 보전을 위하여 자신의 채권액에 한하여 취소된다고** 판단하였다.

그러나 그러나 대법원은 이에 대하여 다른 채권자도 존재하고 거기에 더하여 당연히 배당요구할 것이 명백하다고 한다면 다른 채권자의 채권액 역시 고려하여 취소범위를 결정하여야 한다고 판단하였다.

법원판단

1. 원심판결 이유에 의하면, 원심은 그 판시와 같은 이유로 피고와 소외인 사이에 체결된 이 사건 근저당권설정계약은 사해행위로서 취소되어야 하고 그 원상회복은 피고가 이 사건 부동산에 관한 경매절차에서 취득한 배당금지급채권을 소외인에게 양도하고 그 채무자에게 채권양도의 통지를 하는 방법으로 이루어져야 한다고 판단한 다음, **사해행위**

의 취소 및 원상회복의 범위는 원칙적으로 채권자취소권을 행사하는 채권자의 채권액을 초과할 수 없다는 전제에서, 피보전채권인 원고의 소외인에 대한 구상금채권 및 이에 대한 원심 변론종결일까지의 이자 또는 지연손해금 채권의 합계액인 36,238,746원의 한도 내에서 이 사건 근저당권설정계약을 취소하고, 피고가 취득한 배당금지급채권도 그 한도 내에서 소외인에게 양도하고 그 채권양도의 통지를 할 의무가 있다고 보아 원고의 청구를 그 범위 내에서만 받아들였다.

2. 그러나 원심의 위와 같은 조치는 다음과 같은 이유로 수긍할 수 없다.

사해행위 취소의 범위는 다른 채권자가 배당요구를 할 것이 명백하거나 목적물이 불가분인 경우와 같이 특별한 사정이 있는 경우에는 취소채권자의 채권액을 넘어서까지도 취소를 구할 수 있다(대법원 1997. 9. 9. 선고 97다10864 판결, 대법원 2009. 1. 15. 선고 2007다61618 판결 등 참조).

그런데 기록과 원심이 확정한 사실관계에 의하면, 소외인에 대하여는 원고 외에도 경북신용보증재단이 15,000,000원, 신한카드 주식회사가 5,615,602원의 채권을 가지고 이 사건 부동산 일부에 관한 가압류결정을 받아 그 가압류등기가 경료되었고 그 밖에 다른 채권자들도 채권을 주장한 사실을 알 수 있으며, 특별한 사정이 없는 이상 이러한 채권자들이 이 사건 경매절차에서 배당요구를 할 것이 명백하거나 실

제로 배당요구를 한 것으로 보이므로, 원고로서는 자신의 채권액을 넘어서까지도 사해행위인 이 사건 근저당권설정계약의 취소를 구할 수 있다고 할 것이다.

그럼에도 원심은 이와 같은 사정을 제대로 심리하지 아니한 채 사해행위의 취소 및 원상회복의 범위가 채권자취소권을 행사하는 채권자의 채권액을 초과할 수 없다는 법리에만 기초하여 원고가 소외인에 대하여 가지는 채권의 한도 내에서만 이 사건 근저당권설정계약을 취소하고 그 원상회복을 명하였으므로, 거기에는 사해행위 취소의 범위에 관한 법리를 오해하여 심리를 다하지 아니함으로써 판결 결과에 영향을 미친 위법이 있다. 이를 지적하는 상고이유의 주장은 이유 있다.

가압류된 부동산이 사해행위로 이전된 경우 (대법원 2003. 2. 11. 선고 2002다37474 판결)

판례해설

채무자의 법률행위의 대상이 되는 부동산에 근저당권이 설정되어 있고 채무자가 이를 처분하였을 경우 채무자의 사해행위 범위는 부동산에서 근저당권의 범위를 제외한 부분이다.

대상판결은 근저당권이 아닌 가압류만이 존재하였을 경우 해당 부동산에 대한 사해행위 판단에 근저당권이 존재하는 것과 같이 가압류 등기된 금액을 제외한 나머지 금액에 한해서 사해행위가 성립되는지가 문제되었던 사안이다.

앞에서 언급한 바와 같이 가압류 등기가 설정된 경우가 근저당이 설정된 경우가 근본적으로 다른 이유는 **근저당권은 우선변제권이 존재하기 때문에 어차피 다른 채권자들은 배당을 받을 수 없어 궁극적으로 해한다고 볼 수 없지만 가압류권은 우선변제권이 아니라 평등배당일 뿐이고 결국 배당절차에서 채권자들 전부 평등하게 배당받을 수 있으므로** 가압류 등기가 존재한 부동산을 이전하였다고 하더라도 근저당권과 같은 법리가 적용되지 않는다.

법원판단

<u>사해행위 당시 어느 부동산이 가압류되어 있다는 사정은 채권자 평등의 원칙상 채권자의 공동담보로서 그 부동산의 가치에 아무런 영향을 미치지 아니하므로, 가압류가 된 여부나 그 청구채권액의 다과에 관계없이 그 부동산 전부에 대하여 사해행위가 성립</u>한다. 따라서 사해행위 후 수익자 또는 전득자가 그 가압류 청구채권을 변제하거나 채권액 상당을 해방공탁하여 가압류를 해제시키거나 또는 그 집행을 취소시켰다 하더라도, 법원이 사해행위를 취소하면서 원상회복으로 원물반환 대신 가액배상을 명하여야 하거나, 다른 사정으로 가액배상을 명하는 경우에도 그 변제액을 공제할 것은 아니다(대법원 2002. 6. 25. 선고

2002다12642 판결 참조).

같은 취지에서 원심이 이 사건 공장에 관한 주식회사 금진과 피고 사이의 2000. 5. 2.자 매매계약이 사해행위에 해당함을 이유로 이를 취소하면서 그 원상회복으로서 피고 앞으로 경료된 소유권이전등기의 말소를 명한 것은 정당하고, 거기에 채권자취소권의 행사에 따른 원상회복의 방법이나 범위에 관한 법리를 오해한 위법이 있다고 할 수 없다.

이 점을 다투는 상고이유 역시 받아들이지 아니한다.

원상회복 방법 / 사해행위 부동산이 경매절차 진행되어 매각대금까지 완납된 경우(대법원 2001. 2. 27. 선고 2000다44348 판결 [사해행위취소등])

판례해설

채무자의 사해행위로 인하여 근저당이 설정되었고 그 이후 근저당이 경매절차로 들어간 이후 특정인이 낙찰받아 대금을 완납한 경우 더 이상 사해행위 취소를 원인으로 낙찰자에 대한 소유권반환을 청구할 수 없다. 즉 채무자의 법률행위가 사해행위라고 하더라도 취소되기 전까지는 적법 유효하고 그와 같은 적법유효한 근저당권에 기한 경매절차이기 때문에 취소소송이 종료되어 확정되기 전에 이미 대금을 완납하여 경매절차가 종료된 경우에는 더 이상 소유권 취득 여부에 대하여 전득자라는 개념으로 다툴 수 없게 된다.

결국 이 경우에는 대상판결에서 보는 바와 같이 배당금에 대하여 가액반환청구를 하여야 하는 바 **취소되는 범위는 채무자의 전체 채권액을 기준으로 하여야 하고** 다만 **실제 반환되는 금액은 취소 채권자의 금액으로 한정**되는 것이다.

법원판단

1. 상고이유 제2점에 대하여

채무자와 수익자 사이의 저당권설정행위가 사해행위로 인정되어 저당권설정계약이 취소되는 경우에도 당해 부동산이 이미 입찰절차에 의하여 낙찰되어 대금이 완납되었을 때에는 낙찰인의 소유권취득에는 영향을 미칠 수 없으므로(민사소송법 제727조, 제728조, 제663조 참조), **채권자취소권의 행사에 따르는 원상회복의 방법으로 입찰인의 소유권이전등기를 말소할 수는 없고, 수익자가 받은 배당금을 반환**하여야 한다.

기록에 의하면, 이 사건 부동산의 낙찰인 지양순은 피고의 채권을 양도받은 후 1998. 7. 21. 낙찰대금과 상계하는 방식으로 낙찰대금을 완납하여 소유권을 취득한 사실이 인정되므로, **이 사건 근저당권설정계약이 사해행위로 취소된다고 하더라도 지양순의 소유권 취득에는 아무런 영향이 없는 것이고, 그 원상회복의 방법으로 지양순의 소유권이전**

등기를 말소하여야 하는 것은 아니다.

따라서 이 사건 채권자취소권에 따른 원상회복의 방법으로 피고가 이 사건 근저당권에 터잡아 배당받은 금원 중 노희숙의 지분에 상당한 금액의 범위 내에서 원고가 구하는 바에 따라 반환을 명한 원심의 조치는 정당하고, 거기에 상고이유로 주장하고 있는 바와 같은 법리오해, 이유모순, 이유불비 등의 위법이 있다고 할 수 없다.

2. 상고이유 제3점에 대하여

채권자취소권은 채권의 공동담보인 채무자의 책임재산을 보전하기 위하여 채무자와 수익자 사이의 사해행위를 취소하고 채무자의 일반재산으로부터 일탈된 재산을 모든 채권자를 위하여 수익자 또는 전득자로부터 환원시키는 제도로서, <u>수익자인 채권자로 하여금 안분액의 반환을 거절하도록 하는 것은 자신의 채권에 대하여 변제를 받은 수익자를 보호하고 다른 채권자의 이익을 무시하는 결과가 되어 위 제도의 취지에 반</u>하게 되므로, 수익자가 채무자의 채권자인 경우 수익자가 가액배상을 할 때에 수익자 자신도 사해행위취소의 효력을 받는 채권자 중의 1인이라는 이유로 취소채권자에 대하여 총채권액 중 자기의 채권에 대한 안분액의 분배를 청구하거나, 수익자가 취소채권자의 원상회복에 대하여 총채권액 중 자기의 채권에 해당하는 안분액의 배당요구권으로써 원상회복청구와의 상계를 주장하여 그 안분액의 지급을 거절할 수는 없다.

따라서 원심이 피고에게 이 사건 부동산의 노희숙 지분에 관한 근저당권에 터잡아 배당받은 금원의 범위 내에서 원고의 피보전채권액 전부에 상당한 금원을 반환하도록 한 조치는 위와 같은 법리에 따른 것으로서 옳고, 거기에 상고이유로 주장하고 있는 바와 같은 법리오해의 위법이 없다.

배당금 청구권을 가진 수익자에 대한 원상회복 방법 (대법원 2013. 9. 13. 선고 2013다34945 판결 [사해행위취소등])

> 판례해설
>
> 채무자의 사해행위로 인하여 근저당권을 이전받은 수익자의 지위에서 해당 부동산이 경매절차가 진행되었고 다만 수익자의 근저당권에 대한 배당금에 배당금지급금지가처분이 되어 아직까지 배당을 받지 못하고 배당금청구권만을 가진 수익자에 대한 원상회복의 범위 및 방법에 관하여 설시한 판례이다.
>
> 대상판결의 원심은 다른 채권자가 존재하지 않는 등의 사유로 **사해행위취소 채권자의 채권액 범위만큼만 원상회복이 된다고 판단하여 채권 중 일부만 채권양도가 되고 양도통지의 의사표시만**하면 충분하다고 판시하였다.

그러나 대상판결에서는 이와 같은 경우 <u>사해행위인 저당권 취득의 원인행위를 취소한 후 수익자가 취득한 배당금청구권을 채무자에게 양도하는 방법으로 원상회복이 이루어져야 하고, 이는 결국 배당금 채권의 양도와 그 채권양도의 통지를 배당금채권의 채무자에게 할 것을 명하는 형태</u>가 된다고 판시하였는 바 대법원은 기본적으로 수익자가 취득한 배당금 청구권 자체가 원물반환으로서 불가능하지 않기 때문에 원상회복의 원칙적인 모습으로 수익자가 취득한 반환채권 자체를 양도하여야 한다고 판단한 것으로 보인다.

법원판단

1. 상고이유 1점에 관하여

원심판결 이유에 의하면, 원심은 피고의 이 사건 근저당권 설정 당시 선순위 근저당권의 실제 피담보채권액이 1,088,246,854원으로서 이 사건 부동산의 시가 상당액인 1,242,606,270원을 초과하지 않으므로, 채무초과 상태인 소외인이 이 사건 부동산에 관하여 피고와 사이에 체결한 이 사건 근저당권설정계약은 사해행위에 해당한다고 판단하면서, 이와 달리 <u>선순위 근저당권의 피담보채권액을 실제 채권금액이 아니라 채권최고액을 기준으로 사해행위 성립 여부를 가려야 한다는 피고의 주장을 배척</u>하였다.

관련 법리와 기록에 비추어 살펴보면 원심의 위와 같은 사실인정과 판단은 정당하고, 거기에 상고이유에서 주장하는 바와 같은 변론주의 위반 등의 위법이 없다.

2. 원고의 상고이유에 대하여

가. 원심판결 이유에 의하면, 원심은 저당권이 설정되어 있는 부동산이 사해행위로 양도된 경우에 그 사해행위는 부동산의 시가에서 저당권의 피담보채권액으로서 실제로 이미 발생하여 있는 채권금액을 공제한 잔액의 범위 내에서 성립하는 것이므로, 이 사건 근저당권설정계약의 경우에도 그 계약체결 당시 이 사건 부동산의 시가 1,242,606,270원에서 선순위 근저당권의 피담보채권액인 1,088,246,854원을 공제한 154,359,416원 범위 내에서만 사해행위가 성립하고, 따라서 **이 사건 근저당권설정계약 중 154,359,416원 부분에 한하여 이를 취소하며, 수익자인 피고는 제3채무자인 대한민국에 대하여 가지는 411,600,986원의 배당금지급청구채권 중 154,359,416원 부분에 관하여만 채무자인 소외인에게 채권양도의 의사표시를 하고, 대한민국에 채권양도 통지를 할 의무가 있다고** 판단하였다.

나. 그러나 원심의 위와 같은 판단은 다음과 같은 이유로 이를 수긍할 수 없다.

(1) 어느 부동산에 관한 법률행위가 사해행위에 해당하는 경우에는 원

칙적으로 그 사해행위를 취소하고 그 사해행위에 의하여 이루어진 등기의 말소 등으로 부동산 자체의 회복을 명하여야 하며, **부동산 자체의 회복 즉 원물반환이 불가능하거나 현저히 곤란한 경우에 한하여 예외적으로 원상회복의무의 이행으로서 사해행위 목적물의 가액 상당의 배상**을 명할 수 있다(대법원 2009. 6. 11. 선고 2007다4004 판결 등 참조).

그리고 저당권이 설정되어 있는 부동산에 관하여 채무자의 사해의사로 양도 등 행위가 이루어진 경우에는 그 부동산의 가액에서 저당권의 피담보채권액을 공제한 잔액의 범위 내에서만 사해행위가 성립하는 것이어서, 사해행위 후 변제 등에 의하여 저당권설정등기가 말소된 경우 양도 등 행위 전체를 취소하여 그 부동산 자체의 회복을 명하는 것은 당초 일반 채권자들의 공동담보로 되어 있지 아니하던 부분까지 회복하게 하는 것이 되어 공평에 반하는 결과가 되므로, 그 부동산의 가액에서 저당권의 피담보채무액을 공제한 잔액의 한도에서 양도 등 행위를 취소하고 그 가액의 배상을 구할 수 있을 뿐이다(대법원 2001. 12. 27. 선고 2001다33734 판결 등 참조).

다만 저당권이 설정되어 있는 부동산에 관하여 사해행위에 의하여 수익자가 새로 저당권을 취득하였는데 선행 저당권의 실행으로 사해의 저당권이 말소되고 수익자에게 돌아갈 배당금이 배당금지급금지가처분 등으로 인하여 지급되지 못한 경우에는, **사해행위인 저당권 취득의 원인행위를 취소한 후 수익자가 취득한 배당금청구권을 채무자에게**

양도하는 방법으로 원상회복이 이루어져야 하고, 이는 결국 배당금채권의 양도와 그 채권양도의 통지를 배당금채권의 채무자에게 할 것을 명하는 형태가 될 것이다(대법원 2005. 5. 27. 선고 2004다67806 판결, 대법원 2011. 9. 8. 선고 2010다97525 판결 등 참조).

(2) 위 법리 및 기록에 비추어 살펴보면, 이 사건의 경우 선행 근저당권이 설정되어 있는 부동산에 관하여 수익자인 피고가 사해행위에 의하여 이 사건 근저당권을 취득하였는데 선행 근저당권의 실행으로 사해의 근저당권과 선행 근저당권이 모두 말소되었으므로, **사해행위인 이 사건 근저당권설정계약을 취소하고 수익자가 취득한 배당금채권 전체에 관하여 채무자에게 채권양도의 의사표시를 하고, 제3채무자에게 채권양도의 통지를 할 의무가 있다**고 보아야 할 것이다.

그럼에도 원심은 위와 달리 이 사건 근저당권설정계약 중 154,359,416원 부분에 한해서만 사해행위가 성립한다고 보아 이 부분만을 취소하는 한편, 피고가 취득한 411,600,986원의 배당금지급청구채권 중 154,359,416원 부분에 관하여만 채권양도의 의사표시를 하고 대한민국에 채권양도 통지를 할 의무가 있다고 판단하였으므로, 이러한 원심판결에는 사해행위 취소로 인한 원상회복의 방법 및 그 범위에 관한 법리를 오해하여 판결 결과에 영향을 미친 위법이 있다. 이 점을 지적하는 상고이유 주장에는 정당한 이유가 있다.

배당절차 종료 / 원상회복 방법(대법원 2014. 12. 11. 선고 2011다49783 판결)

> **판례해설**
>
> 사해행위 취소소송 진행 도중 해당 목적물에 경매 절차가 진행되고 실제 수익자 및 전득자에 대한 배당까지 완료되었다고 한다면 취소 채권자는 수익자 또는 전득자를 상대로 배당으로 수령한 금전의 지급을 가액배상 방법으로 청구할 수 있다.
>
> 채권자가 같은 배당 채권자라고 한다면 수익자 전득자에 대한 배당에 관하여 배당이의 소송을 제기하여야 하고 더 나아가 만약 채권자가 배당요구 채권자였으나 배당요구를 하지 않았다면 배당이의소송 자체는 불가능하겠지만 이에 이르지 않고 실제 취소소송 진행 중이었다고 한다면 수익자 전득자에 대한 배당금에 대하여 가액 배상 청구를 하게 되는 것이다.
>
> 집행절차와 혼동으로 자칫 청구를 할 수 없다고 판단될 수 있으므로 충분히 주의를 요한다.

법원판단

1. 피고들의 상고이유에 대한 판단

어느 특정 채권자에 대한 담보제공행위가 사해행위가 되기 위하여는 채무자가 이미 채무초과 상태에 있을 것과 그 채권자에게만 다른 채권자에 비하여 우선변제를 받을 수 있도록 하여 다른 일반 채권자의 공동담보를 감소시키는 결과를 초래할 것을 그 요건으로 하며, **특정 채권자에게 부동산을 담보로 제공한 경우 그 담보물이 채무자 소유의 유일한 부동산인 경우에 한하여만 사해행위가 성립한다고 볼 수는 없다** (대법원 2008. 2. 14. 선고 2005다47106, 47113, 47120 판결 참조).

채권자의 사해행위취소 및 원상회복청구가 인정되면 수익자 또는 전득자는 원상회복으로서 사해행위의 목적물을 채무자에게 반환할 의무를 지게 되고 원물반환이 불가능하거나 현저히 곤란한 경우에는 원상회복의무의 이행으로서 사해행위 목적물의 가액 상당을 배상하여야 한다(대법원 1998. 5. 15. 선고 97다58316 판결 등 참조). 그리고 **사해행위가 채권자에 의하여 취소되기 전에 이미 수익자 또는 전득자가 배당금을 지급받은 경우에는, 채권자는 원상회복방법으로 수익자 또는 전득자를 상대로 배당으로 수령한 금전의 지급을 가액배상의 방법으로 청구**할 수 있다(대법원 2002. 10. 25. 선고 2002다42711 판결 참조). 한편 사해행위취소의 소는 수익자나 전득자 중 일부만을 상대로 하거나 수익자와 전득자를 공동피고로 하여 제기할 수 있고, 사해행위취소소송에 있어서 수익자 또는 전득자가 악의라는 점에 관하여는 채권자에게 입증책임이 있는 것이 아니라 수익자 또는 전득자 자신에게 선의라는 사실을 입증할 책임이 있다(대법원 2011. 9. 29. 선고 2009다81920 판결 등 참조).

원심은 그 판시와 같은 사실을 인정한 다음, 채무자 소외인이 이 사건 부동산에 관하여 2008. 9. 4. 피고 1과 이 사건 근저당권설정계약을 체결할 당시 이미 채무초과 상태에 있었으므로 이는 사해행위에 해당하고, 그로 인한 수익자인 피고 1과 전득자인 피고 신용보증기금의 악의는 추정되며, 한편 피고 1은 이 사건 근저당권을 피고 신용보증기금에 양도함으로써, 피고 신용보증기금은 이 사건 부동산에 대한 임의경매절차에서 이 사건 근저당권이 소멸됨으로써 각 원물반환이 불가능하게 되었으므로 채권자인 원고에 대하여 가액배상을 하여야 할 것인데, **그 가액배상액은 피고 신용보증기금이 이 사건 근저당권에 기하여 배당받은 98,787,360원이라고 판단하여, 소외인과 피고 1 사이의 이 사건 근저당권설정계약을 취소하고 피고들에 대하여 각자 원고에게 위 98,787,360원 및 이에 대한 지연손해금의 지급을 명하는 한편, 자신들이 선의의 수익자 또는 전득자라는 피고들의 주장을 배척하였다.**

앞서 본 법리에 비추어 기록을 살펴보면, 원심의 이러한 조치는 정당하고, 거기에 상고이유의 주장과 같이 필요한 심리를 다하지 아니하고 채증법칙을 위반하거나 사해행위취소소송에 있어서 가액배상에 관한 법리를 오해하는 등의 잘못이 없다.

2. 원고승계참가인의 참가신청에 대한 판단

기록에 의하면, 원고승계참가인은 원고로부터 이 사건과 관련된 채권 일체를 양수한 권리승계인이라고 하면서 당심에 이르러 승계참가신청을 하고 있으나, 이러한 참가신청은 법률심인 상고심에서는 허용되지 아니하므로(대법원 2001. 3. 9. 선고 98다51169 판결, 대법원 2002. 12. 10. 선고 2002다48399 판결 등 참조), 원고승계참가인의 참가신청은 부적법하다

건축주 명의 변경 방식의 사해행위 / 원상회복 방법 (대법원 2017. 4. 27. 선고 2016다279206 판결 [사해행위취소])

판례해설

채무자가 사해행위의 일환으로 자신이 건축 중인 건축물의 건축주 명의를 수익자에게 이전할 경우 원상회복이 가능한지 여부 그리고 가능하다면 어떠한 방법이 있는지가 쟁점이 된 사안이다.

건축 중인 건물은 등기가 없고 다만 법리상 건축주가 민법 제187조에 의하여 원시취득을 할 수 있기 때문에 채무자는 이와 같은 방법으로 수익자에게 자신의 재산을 처분하였는바 이미 건축이 완료되어 등기까지 된 마당에는 더 이상 건축명의의 반환은 무의미하기 때문에 원상회복 방법으로 원물반환은 불가능하고 결국 가액배상으로 가야 할 것이다.

대상판결은 이와 같은 관점에서 가액배상을 인정한 것이다.

법원판단

1. 상고이유 제1, 2, 3점에 관하여

건축 중인 건물 외에 별다른 재산이 없는 채무자가 수익자에게 책임재산인 위 건물을 양도하기 위해 수익자 앞으로 건축주명의를 변경해주기로 약정하였다면 위 양도 약정이 포함되어 있다고 볼 수 있는 건축주명의변경 약정은 채무자의 재산감소 효과를 가져오는 행위로서 다른 일반채권자의 이익을 해하는 사해행위가 될 수 있다.

원심은 그 판시와 같은 사정을 종합하여, 미완성 상태의 이 사건 건물 외에 별다른 재산이 없던 소외인이 피고와 사이에 체결한 이 사건 건축주명의변경 약정은 채권자인 원고를 해하는 사해행위가 되고, 수익자인 피고의 위 사해행위에 대한 악의의 추정은 이를 번복할 증거가 없다고 판단하였다.

앞서 본 법리와 기록에 비추어 살펴보면, 원심의 위와 같은 판단은 정당한 것으로 수긍할 수 있고, 거기에 사해행위, 수익자의 악의 추정 및 건물 소유권 귀속에 관한 법리 오해의 위법이 없다.

2. 상고이유 제4점에 관하여

채권자의 사해행위취소 및 원상회복청구가 인정되면, 수익자 또는 전득자는 원상회복으로서 사해행위의 목적물을 채무자에게 반환할 의무를 진다. 만일 원물반환이 불가능하거나 현저히 곤란한 경우에는 원상회복의무의 이행으로서 사해행위 목적물의 가액 상당을 배상하여야 하는데, 여기서 원물반환이 불가능하거나 현저히 곤란한 경우는 원물반환이 단순히 절대적, 물리적으로 불가능한 경우가 아니라 사회생활상의 경험법칙 또는 거래상의 관념에 비추어 채권자가 수익자나 전득자로부터 이행의 실현을 기대할 수 없는 경우를 말한다(대법원 1998. 5. 15. 선고 97다58316 판결 등 참조).

원심은 그 판시와 같은 이유를 들어, **이 사건 건물에 관한 건축주명의가 피고 앞으로 변경된 후 피고가 이 사건 건물을 완공하여 사용승인을 받고 소유권보존등기까지 마쳤으므로, 더 이상 사해행위에 따른 원상회복으로서 건축주명의변경절차를 이행할 수 없게 되었다고 보아 가액배상의 방법으로 원상회복의무를 이행하여야 한다**고 판단하였다.

원심판결 이유를 앞서 본 법리에 비추어 살펴보면, 위와 같은 원심의 판단은 정당한 것으로 수긍할 수 있고, 거기에 원상회복의무에 관한 법리 오해의 위법이 없다.

예금주 명의신탁계약이 사해행위에 해당하여 취소될 경우 원상회복 방법 (대법원 2015. 7. 23. 선고 2014다212438 판결)

> **판례해설**
>
> 수익자가 자신의 명의만을 채무자에게 빌려준 이후 채무자가 수익자의 통장에 금원을 예금한 이후 곧바로 사용하였다면 그 이후 사해행위 취소를 원인으로 반환청구의 방법은 어떤 것일까.
>
> 대상판결에서 수익자는 명의수탁자로서 명의신탁자에 해당하는 채무자가 수익자의 이름으로 금원을 예금한 뒤 채무자가 임의로 사용하였을 경우 원물반환의 방법에 관한 판결이다. 대상판결에서 원심은 명의수탁자에 불과한 수익자에 대하여 채무자가 사용한 전액을 반환하라고 판시하였으나 대법원에서는 <u>수익자에 대한 명의신탁이 사해행위에 해당하여 취소될 경우 그 취소에 따른 원상회복은 명의인이 예금계좌에서 예금을 인출하여 사용하였거나 그 예금계좌를 해지하였다는 등의 특별한 사정이 없는 한 명의인에 대하여 금융기관에 대한 예금채권을 출연자에게 양도하고 아울러 금융기관에 대하여 양도통지를 할 것을 명하는 방법으로 원물반환이 이루어져야 한다고 판시</u>한 것이다.

법원판단

가. 사해행위의 취소에 따른 원상회복은 원칙적으로 그 목적물 자체의 반환에 의하여야 하고, 그것이 불가능하거나 현저히 곤란한 경우에 한하여 예외적으로 가액반환에 의하여야 한다. **원물반환이 불가능하**

거나 현저히 곤란한 경우란 원물반환이 단순히 절대적·물리적으로 불능인 경우만을 의미하는 것이 아니라 사회생활상의 경험법칙 또는 거래상의 관념에 비추어 채권자가 수익자나 전득자로부터 이행의 실현을 기대할 수 없는 경우도 포함하는 것이다(대법원 1998. 5. 15. 선고 97다58316 판결, 대법원 2009. 3. 26. 선고 2007다63102 판결 참조).

명의수탁자는 명의신탁자와의 관계에서 상대방과의 계약에 의하여 취득한 권리를 명의신탁자에게 이전하여 줄 의무를 지는 것이고, 출연자와 예금주인 명의인 사이에 예금주 명의신탁계약이 체결된 경우 그 명의인은 출연자의 요구가 있을 때에는 금융기관에 대한 예금반환채권을 출연자에게 양도할 의무가 있다고 보아야 할 것이므로, **예금주 명의신탁계약이 사해행위에 해당하여 취소될 경우 그 취소에 따른 원상회복은 명의인이 예금계좌에서 예금을 인출하여 사용하였거나 그 예금계좌를 해지하였다는 등의 특별한 사정이 없는 한 명의인에 대하여 금융기관에 대한 예금채권을 출연자에게 양도하고 아울러 금융기관에 대하여 양도통지를 할 것을 명하는 방법**으로 이루어져야 할 것이다.

나. 원심판결 이유와 기록에 의하면, 피고는 2007. 10. 16.경 소외 1에게 이 사건 계좌의 통장과 거래인장을 교부하였고, 소외 1이 채무초과 상태에서 소외 2로부터 받은 액면 10억 3,000만 원의 자기앞수표(이하 '이 사건 수표'라 한다)를 이 사건 계좌에 입금한 뒤 피고가 아닌 소외 1이나 그 대리인이 그 돈을 출금하여 소외 1의 개인적인 용도로 사

용하였으며, 그 결과 2012. 1. 29.경 이 사건 계좌의 잔액은 57,103원에 불과하였음을 알 수 있다.

이러한 사실관계를 앞서 본 법리에 비추어 살펴보면, 피고가 소외 1의 부탁을 받고 이 사건 계좌의 통장과 거래인장을 소외 1에게 교부하였으므로 피고와 소외 1 사이에는 이 사건 계좌에 관한 예금주 명의신탁계약(이하 '이 사건 예금주 명의신탁계약'이라 한다)이 체결되었다고 할 것이고, 이 사건 계좌가 잔액이 남아 있는 상태로 해지되지 아니한 채 존재하고 있다면 이 사건 예금주 명의신탁계약의 취소로 인한 원상회복은 특별한 사정이 없는 한 피고에 대하여 이 사건 계좌에 관한 예금반환채권을 원고에게 양도하고 금융기관에 대하여 그 양도의 통지를 할 것을 명하는 방법으로 이루어져야 할 것이다.

사정이 이러하다면 원심으로서는 원심 변론종결 당시 이 사건 계좌가 해지되지 아니한 채 남아 있었는지, 그 잔액은 얼마인지, 이 사건 계좌가 해지되었다면 이 사건 계좌의 돈을 누가 어떤 용도로 사용하였는지 등을 심리한 다음, 원상회복의 방법과 범위에 관하여 판단하였어야 한다.

그럼에도 원심은 이 사건 예금주 명의신탁계약의 취소로 인한 원상회복으로서 피고에 대하여 채권자인 원고에게 이 사건 수표의 액면금 10억 3,000만 원 및 그에 대한 지연손해금을 지급할 것을 명하였으니,

원심판결에는 예금주 명의신탁계약이 사해행위로 취소되는 경우 그 원상회복의 방법에 관한 법리를 오해하여 필요한 심리를 다하지 아니함으로써 판결 결과에 영향을 미친 위법이 있다. 이 점을 지적하는 상고이유의 주장은 이유 있다.

사해행위 이전 우선변제효력이 있는 임차보증금 반환 채권이 존재한 경우 원상회복방법 (대법원 2018. 9. 13. 선고 2018다215756 판결 [사해행위취소])

판례해설

사해행위로 이전된 부동산에 **임대차가 설정되어 있는 경우에도 사해행위 당시 근저당이 설정되어 있는 경우와 동일한 법리**가 적용된다. 즉 임대차 역시 대항력과 확정일자를 갖추고 있다면 제3자에 대하여 우선변제적 효력을 주장할 수 있기 때문에 **임대차 대항력의 발생 시기가 사해행위 전후인지 여부에 따라 수익자 또는 전득자의 반환 범위**가 달라질 수 있다.

법원판단

가. 부동산에 관한 법률행위가 사해행위에 해당하는 경우에는 채무자의 책임재산을 보전하기 위하여 사해행위를 취소하고 원상회복을 명

하여야 한다. 수익자는 채무자로부터 받은 재산을 반환하는 것이 원칙이지만, 그 반환이 불가능하거나 곤란한 사정이 있는 때에는 그 가액을 반환하여야 한다. 사해행위를 취소하여 부동산 자체의 회복을 명하게 되면 당초 일반 채권자들의 공동담보로 되어 있지 않던 부분까지 회복을 명하는 것이 되어 공평에 반하는 결과가 되는 경우에는 그 부동산의 가액에서 공동담보로 되어 있지 않던 부분의 가액을 뺀 나머지 금액 한도에서 가액반환을 명할 수 있다(대법원 1998. 2. 13. 선고 97다6711 판결, 대법원 2010. 2. 25. 선고 2007다28819, 28826 판결 등 참조).

저당권이 설정되어 있는 부동산에 관하여 사해행위 후 변제 등으로 저당권설정등기가 말소되어 사해행위 취소와 함께 가액반환을 명하는 경우, 부동산 가액에서 저당권의 피담보채권액을 공제한 한도에서 가액반환을 하여야 한다. 그런데 그 부동산에 위와 같은 <u>저당권 이외에 우선변제권 있는 임차인이 있는 경우에는 임대차계약의 체결시기 등에 따라 임차보증금 공제 여부가 달라질 수 있다</u>. 가령 <u>사해행위 이전에 임대차계약이 체결되었고 임차인에게 임차보증금에 대해 우선변제권이 있다면, 부동산 가액 중 임차보증금에 해당하는 부분이 일반 채권자의 공동담보에 제공되었다고 볼 수 없으므로 수익자가 반환할 부동산 가액에서 우선변제권 있는 임차보증금 반환채권액을 공제</u>하여야 한다. 그러나 부동산에 관한 사해행위 이후에 비로소 채무자가 부동산을 임대한 경우에는 그 임차보증금을 가액반환의 범위에서 공제할 이유가 없다. 이러한 경우에는 부동산 가액 중 임차보증금에 해당하는 부분도 일반 채권자의 공동담보에 제공되어 있음이 분명하기 때문이다.

나. 원심은 다음과 같은 이유로 사해행위인 이 사건 매매계약이 9,200만 원의 한도에서 취소되어야 하고, 그에 따른 원상회복으로 피고는 원고에게 9,200만 원과 이에 대한 판결확정 다음날부터 지연손해금을 지급할 의무가 있다고 판단하였다.

(1) 이 사건 부동산에 관하여 2013. 2. 7. 광명동부새마을금고 앞으로 채권최고액 1억 5,990만 원의 근저당권이 설정되어 있었는데, 소외 1이 이 사건 매매계약 이후인 2013. 4. 30. 위 근저당권의 피담보채무액 1억 2,300만 원을 변제하고 근저당권설정등기를 말소하였다. 가액배상의 한도액으로서 공동담보 가액은 이 사건 부동산 시가 2억 1,500만 원에서 피담보채무액 1억 2,300만 원을 뺀 나머지 9,200만 원이다.

(2) 소외 1이 2013. 3. 9. 소외 2에게 이 사건 부동산에 관하여 임대기간을 2년, 임차보증금 1억 6,000만 원으로 정해서 임대하였지만 위 임대차계약은 사해행위에 해당하는 이 사건 매매계약 다음날 체결되었으므로, 위 임차보증금채무 1억 6,000만 원은 공동담보의 가액에서 공제될 수 없다.

다. 원심판결 이유를 기록에 비추어 살펴보면, 원심의 판단에 상고이유 주장과 같이 사해행위취소에 따른 원상회복의 방법, 가액반환의 범위 등에 관한 법리를 오해한 잘 못이 없다.

사해행위 당시 저당권이 존재하였으나 그 이후 변제된 경우 수익자의 원상회복 범위 (대법원 2018. 6. 28. 선고 2018다214319 판결)

판례해설

대상판결 사안은 사해행위로 이전된 부동산에 설정된 근저당권 역시 사해행위임을 이유로 취소되었을 경우 부동산을 이전받은 수익자의 반환범위는 어떻게 될 것인지 문제이다.

원칙적으로 채무자의 사해행위로 이전된 부동산에 이미 근저당권이 설정되어 있고 사해행위 이후 수익자 또는 전득자에 의하여 변제되어 근저당이 말소된 경우에는 해당 근저당권을 공제한 나머지에 대해서만 가액반환이 이루어진다. 더 나아가 사해행위 취소의 효과는 채권자의 집행을 위해서 채무자에게 복귀되는 효력이 발생할 뿐 채무자와 수익자 사이의 법률관계에는 전혀 영향을 미치지 않는다.

이와 같은 이유로 해당 부동산에 설정된 근저당권이 사해행위임을 이유로 취소되었다고 하더라도 제3자의 관계에서는 적법유효함으로 이를 공제한 나머지 금액에 대해서만 가액반환이 이루어져야 한다고 판시한 것이다.

> 만약 해당 근저당권이 사해행위임을 이유로 한 취소가 아니라 일반적인 취소의 법률행위라고 한다면 결과는 원심과 동일한 판시일 것이다.

법원판단

가. 저당권이 설정되어 있는 부동산이 사해행위로 양도된 경우에 사해행위는 부동산의 가액에서 저당권의 피담보채무액을 공제한 잔액의 범위 내에서만 성립한다고 보아야 하므로, 사해행위 후 변제 등에 의하여 저당권설정등기가 말소되었다면 부동산의 가액에서 저당권의 피담보채무액을 공제한 잔액의 한도에서 사해행위를 취소하고 그 가액의 배상을 구할 수 있을 뿐이다(대법원 1998. 2. 13. 선고 97다6711 판결, 대법원 2016. 1. 14. 선고 2015다235353 판결 등 참조). 한편 **사해행위의 취소는 취소소송의 당사자 사이에서 상대적으로 취소의 효력이 있는 것으로 당사자 이외의 제3자는 다른 특별한 사정이 없는 이상 취소로 인하여 그 법률관계에 영향을 받지 아니한다**(대법원 2009. 6. 11. 선고 2008다7109 판결 등 참조). 저당권설정행위 등이 사해행위에 해당하여 채권자가 저당권설정자를 상대로 제기한 사해행위 취소소송에서 채권자의 청구를 인용하는 판결이 선고되었다고 하더라도 이러한 사해행위 취소판결의 효력은 해당 부동산의 소유권을 이전받은 자에게 미치지 아니하므로, 저당권이 설정되어 있는 부동산이 사해행위로 양도된 경우 부동산의 가액에서 저당권의 피담보채무액을 공제한 잔액의 한도에서 그 양도행위를 사해행위로 취소하고 가액의 배상을 구할 수 있

다는 앞서 본 법리는 저당권설정행위 등이 사해행위로 인정되어 취소된 때에도 마찬가지로 적용된다고 할 것이다.

나. 원심판결 이유에 의하면 다음과 같은 사실을 알 수 있다.

(1) 이 사건 부동산에 관하여 2013. 4. 29. 참가인 앞으로 신탁재산의 귀속을 원인으로 한 소유권이전등기가 마쳐졌다. 그리고 같은 날 참가인의 한화손해보험에 대한 2,800,000,000원의 대출금 채무를 담보하기 위하여 한화손해보험 명의의 근저당권설정 등기가 마쳐지는 한편, 참가인의 인성저축은행에 대한 800,000,000원의 대출금 채무를 담보하기 위하여 인성저축은행 명의의 근저당권설정등기가 마쳐졌다.

(2) 참가인은 2013. 4. 10. 소외 3으로부터 400,000,000원을, 2013. 5. 7. 소외 4, 소외 5, 소외 6으로부터 각 100,000,000원을 차용한 다음, 위 각 차용금 채무를 담보하기 위하여 이 사건 부동산에 관하여 2013. 5. 7. 소외 3 앞으로, 2013. 5. 14. 소외 4, 소외 5, 소외 6 앞으로 각 근저당권설정등기를 마쳤다.

(3) 참가인은 2013. 12. 6. 피고에게 이 사건 부동산에 관하여 재산분할을 원인으로 한 소유권이전등기절차를 이행한다는 내용의 재산분할협의를 하고, 2014. 2. 5. 위 재산분할협의를 원인으로 피고 앞으로 소유권이전등기를 마쳤다.

(4) 이후 피고는 2014. 3. 24. 소외 7과 이 사건 부동산을 매매대금 5,700,000,000원에 매도하는 이 사건 매매계약을 체결하고, 2014. 4. 21. 소외 7 앞으로 소유권이전등기를 마쳤다.

(5) 그런데 이 사건 매매계약이 이행되는 과정에서 소외 4, 소외 5, 소외 6 명의의 근저당권설정등기들이 2014. 4. 14. 모두 말소되었고, 소외 3 명의의 근저당권설정등기가 2014. 4. 22. 말소되었다.

(6) 한편 원고는 이 사건 소로 소외 3, 소외 4, 소외 5, 소외 6을 상대로, 소외 3과 참가인 간에 2013. 4. 10. 이 사건 부동산에 관하여 체결된 근저당권설정계약과 소외 4, 소외 5, 소외 6과 참가인 간에 2013. 5. 7. 위 부동산에 관하여 체결된 근저당권설정계약의 취소를 구하는 사해행위 취소소송을 제기하였고, 2016. 3. 22. 원고의 청구를 인용하는 제1심 판결이 선고되어 그대로 확정되었다.

다. 이러한 사실관계를 앞서 본 법리에 비추어 살펴보면, 비록 원고가 소외 3, 소외 4, 소외 5, 소외 6을 상대로 제기한 사해행위 취소소송에서 그 청구가 인용되는 판결이 선고되었다고 하더라도, 그 **근저당권설정등기들이 마쳐진 이후 피고가 위 재산분할 협약을 원인으로 이 사건 부동산의 소유권을 이전받은 이상 이 사건 부동산의 가액에서 소외 3, 소외 4, 소외 5, 소외 6 명의로 된 근저당권의 피담보채무액을 공제한 잔액의 범위 내에서만 위 재산분할협약을 취소하고 그 가액의 배상을**

구할 수 있을 뿐이다.

그럼에도 원심은 이와 달리 그 판시와 같은 이유만으로 이 **사건 부동산의 가액 5,700,000,000원**에서 사해행위로 취소된 근저당권의 피담보채무액을 공제하지 아니한 채 한화손해보험과 인성저축은행 명의로 된 근저당권의 피담보채무액 합계 3,600,000,000원만을 공제한 후 피고는 원고에게 가액반환으로 2,100,000,000원을 지급할 의무가 있다고 판단하였다. 이러한 원심의 판단에는 채권자취소소송에서의 사해행위의 성립범위나 가액반환의 범위에 관한 법리 등을 오해하여 판결에 영향을 미친 잘못이 있다. 이 점을 지적하는 상고이유 주장은 이유 있다.

사해행위 유형 등(인정, 부정)

채무본지에 따른 변제행위(부정) (대법원 2001. 4. 10. 선고 2000다 66034 판결 [사해행위취소])

> **판례해설**
>
> 채무 내용에 따른 변제가 과연 사해행위가 될 수 있을까.
>
> 사해행위와 관련된 법리에서는 특이하게도 현금 변제를 하는 경우와 부동산 등으로 대물변제를 하는 경우를 달리 보고 있고 현금변제는 가능하지만 대물변제는 사해행위로 평가되고 있다.
>
> 대상판결은 <u>현금변제와 관련된 사례로서 채무자가 자신의 다른 채권자를 해하는 행위를 하는 것이 아니라 적극적으로 채무를 변제</u>하는 것이고 이는 어떠한 채권자를 해하는 것이 아닌 채무자가 자신의 의무를 이행하는 것에 해당하며 채권자 역시 그와 같은 변제를 거부할 하등의 이유도 없기 때문에 사해행위로 평가될 수 없다고 판단하였다.

법원판단

1. 사실오인의 점

관련 증거를 기록에 비추어 살펴보면, 피고가 1995. 11. 30.부터 1996. 8. 31.까지 15회에 걸쳐 합계 금 441,510,000원을 소외 주식회사 아이에스어패럴(이하 '소외 회사'라 한다)에게 대여하였다가 그 중 일부 금원을 변제받았다는 원심의 사실인정은 이를 수긍할 수 있고, 거기에 상고이유에서 주장하는 바와 같은 사실오인의 위법이 있다 할 수 없다.

또한 기록에 의하면, 원심이 변제사실을 인정할 증거가 없다 하여 배척한 금액 중 **피고가 1996. 7. 5. 1,800만 원을 변제받은 사실은 이를 인정할 수 있으나**(원고가 주장하는 나머지 변제사실은 인정되지 아니한다), 그렇다고 하여 소외 **회사로부터 피고에 대한 금원지급의 성질이 증여가 될 수 없기**는 마찬가지라 할 것이다. 따라서 이 점에 관한 원심의 사실오인은 판결 결과에 아무런 영향이 없다고 할 것이다. 이 점에 관한 상고이유는 모두 받아들일 수 없다.

2. 법리오해의 점

채권자가 채무의 변제를 구하는 것은 그의 당연한 권리행사로서 다른 채권자가 존재한다는 이유로 이것이 방해받아서는 아니되고 채무자도 채무의 본지에 따라 채무를 이행할 의무를 부담하고 있어 다른 채권자가 있는 경우라도 그 채무이행을 거절하지는 못하므로, **채무자가 채무초과의 상태에서 특정채권자에게 채무의 본지에 따른 변제를 함으로써 다른 채권자의 공동담보가 감소하는 결과가 되는 경우에도 이 같은 변제는 채무자가 특히 일부의 채권자와 통모하여 다른 채권자를 해할 의사를 가지고 변제를 한 경우를 제외하고는 원칙적으로 사해행위가 되는 것은 아니라고 할 것**이다(대법원 1967. 4. 25. 선고 67다75 판결, 1967. 7. 11. 선고 67다847 판결 등 참조).

기록에 의하면, 피고의 소외 회사에 대한 대여금은 원래 변제기의 정함이 없던 것이므로 피고가 그 변제를 요구함으로써 변제기가 도래하였다고 보여지고, 변제받은 금액이 대여금액의 40% 정도이며, 변제를 받는 기간 중에도 일부 금원을 추가로 대여한 점 등의 사정을 감안해 보면, 비록 **피고가 변제를 받아간 시점이 소외 회사의 자금 사정이 악화된 1996년 7월 이후이고 피고와 채무자인 소외 회사의 대표이사인 조인순이 사실상 부부라고 할지라도 소외 회사의 대표이사인 조인순의 채무 본지에 따른 변제행위를 채권자인 피고와 통모하여 다른 채권자를 해할 의사를 가지고 한 사해행위라고 단정할 수는 없다**고 할 것이다.

원심의 설시가 다소 미흡하기는 하지만, 사해행위가 되지 아니한다고 한 결론에 있어서는 정당하므로 원심판결에 상고이유로 주장하는 바와 같은 법리오해의 위법이 있다고 볼 수 없다.

무자력 상태의 채무자가 그의 유일한 재산인 부동산을 특정 채권자에게 담보로 제공한 경우(인정) (대법원 2002. 4. 12. 선고 2000다43352 판결)

> **판례해설**
>
> 채권자 취소권의 기본 취지 중 하나는 채권자 평등의 원칙으로서 **채권자라고 하여도 그 채권자만을 우선하여 대물변제를 하거나 물적 담보를 설정하여 주는 경우는 사해행위**라고 평가하고 있다.
>
> 대상판결의 사안에서는 같은 채권자임에도 불구하고 특정 채권자에게 가등기 담보권을 설정하여 준 행위는 다른 채권자를 해하는 행위로서 사해행위에 해당한다고 판단한 것이다.

법원판단

채권자취소권에 의하여 보호될 수 있는 채권은 원칙적으로 사해행위라고 볼 수 있는 행위가 행하여지기 전에 발생된 것임을 요하지만, 그 사해행위 당시에 이미 채권 성립의 기초가 되는 법률관계가 발생되어 있고, 가까운 장래에 그 법률관계에 기하여 채권이 성립되리라는 점에 대한 고도의 개연성이 있으며, 실제로 가까운 장래에 그 개연성이 현실화되어 채권이 성립된 경우에는 그 채권도 채권자취소권의 피보전채권이 될 수 있다 할 것이고(대법원 1995. 11. 28. 선고 95다27905 판결, 1997. 10. 28. 선고 97다34334 판결, 2001. 3. 23. 선고 2000다37821 판결 등 참조), 위 각 대법원판결들이 채권자 평등의 원칙을 침해하거나, 채권자 과잉보호의 바람직하지 못한 사례를 조장한다고는 볼 수 없으므로, 이를 변경할 필요성이 있다고 보이지도 않는다 할 것이며, **이미 채무초과의 상태에 빠져 있는 채무자가 그의 유일한 재산인 부동산을 채권자 중의 어느 한 사람에게 채권담보로 제공하는 행위는 다른 특별한 사정이 없는 한 다른 채권자들에 대한 관계에서 채권자취소권의 대상이 되는 사해행위가 된다고 봄이 상당**하다(대법원 1986. 9. 23. 선고 86다카83 판결, 1989. 9. 12. 선고 88다카23186 판결, 1997. 9. 9. 선고 97다10864 판결 등 참조).

원심은, 위에서 인정한 기초사실에 의하면 피고 성선녀가 피고 김재순과 위 매매예약을 체결할 당시 원고의 피고 성선녀에 대한 구상금 채권이 현실적으로 발생하지 아니하였다 할지라도 이미 구상금 채권의 기초가 되는 법률관계가 발생되어 있었고, 가까운 장래에 그 법률관계에 기하여 원고의 구상금 채권이 성립되리라는 점에 대한 고도의 개연성이 있었으며, 실제로 매매예약 체결 이후 채 4개월도 되지 못한 시점부터 이자의 지급을 연체하다가 부도를 내어 원고가 보증책임을 이행함으로써 위 개연성이 현실화되어 원고의 구상금 채권이 성립하였으므로 원고의 위 구상금 채권도 피보전채권이 될 수 있고, 그와 같은 사정하에서 눌산건설의 대표이사의 처로서 눌산건설의 경영 악화 상황을 잘 알고 있는 피고 성선녀가 자신의 유일한 재산에 특정 채권자를 위하여 가등기를 설정하는 행위는 특별한 사정이 없는 한 채권자인 원고를 해하는 사해행위에 해당하고, 피고 성선녀는 사해의사를 가지고 있었다고 보아야 할 것이므로, 위 매매예약은 사해행위로서 취소를 면할 수 없고, 따라서 피고 김재순은 그 원상회복으로 원고에게 위 가등기의 말소등기절차를 이행할 의무가 있다고 판단한 후, 자신에게는 사해의사가 없었다는 피고 김재순의 항변에 대하여는, 같은 피고가 제출한 증거들은 믿을 수 없고 달리 이를 인정할 증거가 없다는 이유로, 이를 배척하였다.

다. 앞서 본 법리와 기록에 비추어 보면, 원심의 위 사실인정 및 각 판단은 정당하고, 거기에 상고이유에서 주장하는 바와 같은 사해행위 및 채권자취소권의 법리나 입증책임의 소재를 오해하였거나, 채증법칙을 위배하여 증거 없이 사실을 인정한 잘못 등이 있다고 볼 수 없다.

특정 채권자에 대한 담보제공이 사해행위가 되기 위한 요건 (대법원 2014. 12. 11. 선고 2011다49783 판결)

판례해설

법원은 채무자가 무자력 상태에서 특정 채권자에 대하여 담보를 설정한 경우라면 담보 설정된 부동산이 채무자의 유일한 부동산이 아니라고 하더라도 채무자의 담보 설정행위는 사행행위가 될 수 있다고 판단하였다.

법원판단

어느 특정 채권자에 대한 담보제공행위가 사해행위가 되기 위하여는 채무자가 이미 채무초과 상태에 있을 것과 그 채권자에게만 다른 채권자에 비하여 우선변제를 받을 수 있도록 하여 다른 일반 채권자의 공동담보를 감소시키는 결과를 초래할 것을 그 요건으로 하며, 특정 채권자에게 부동산을 담보로 제공한 경우 그 담보물이 채무자 소유의 유일한 부동산인 경우에 한하여만 사해행위가 성립한다고 볼 수는 없다(대법원 2008. 2. 14. 선고 2005다47106, 47113, 47120 판결 참조).

원심판결 이유를 기록에 비추어 살펴보면, 원심이 피고 2가 채무초과 상태에서 그 소유의 부동산 중 이미 근저당권이 설정되어 실질적인 재산가치를 인정하기 어려운 부동산을 제외한 소유 부동산인 이 사건 각 부동산에 관하여, 피고 4에 대한 채권담보의 목적으로 피고 4와 사이에 매매예약을 체결하고 소유권이전등기청구권가등기를 마쳐준 행위는 사해행위에 해당한다고 판단한 것은 정당한 것으로 수긍할 수 있고, 거기에 상고이유에서 주장하는 바와 같은 사해행위 성립에 관한 법리오해 또는 채증법칙 위반으로 인한 사실오인의 위법이 있다고 할 수 없다.

특정채권자에 대한 대물변제가 사해행위로 인정되지 않은 사례 (대법원 2012. 9. 13. 선고 2012다43546 판결)

> **판례해설**
>
> 채무자의 특정채권자에 대한 대물변제는 원칙적으로 사해행위에 해당하지만 이와 같은 대물변제가 다른 채권자들을 크게 해하지 않고 오히려 채무자의 자력에 도움을 주는 것이라고 한다면 사해행위가 성립되지 않는다고 판단한 사례이다.
>
> 대상판결에서 채무자는 채무변제 목적으로 자신이 가지고 있는 채권을 특정 채권자에 대하여 대물변제하였는바 해당 채권 자체가 실질적으로 특정 채권자에 대하여 귀속하더라도 크게 불합리하지 않고 오히려 이와 같이 변제함으로서 고율의 이자 부담을 덜게 되었다면 이는 모든 채권자에게 이익이 되는 것이라고 하여 사해행위성을 부정한 사안이다.

법원판단

채무자가 책임재산을 감소시키는 행위를 함으로써 일반채권자를 위한 공동담보의 부족상태를 유발 또는 심화시킨 경우에 그 행위가 채권자취소의 대상인 사해행위에 해당하는지 여부는, 행위목적물이 채무자의 전체 책임재산 가운데에서 차지하는 비중, 무자력의 정도, 법률행위의 경제적 목적이 갖는 정당성 및 그 실현수단인 당해 행위의 상당성, 행위의 의무성 또는 상황의 불가피성, 채무자와 수익자 간 통모의 유무와 같은 공동담보의 부족 위험에 대한 당사자의 인식의 정도 등 그 행위에 나타난 여러 사정을 종합적으로 고려하여, 그 행위를 궁극적으로 일반채권자를 해하는 행위로 볼 수 있는지 여부에 따라 최종 판단하여야 할 것인바, <u>채무초과의 상태에 있는 채무자가 적극재산을 채권자 중 일부에게 대물변제 조로 양도하는 행위는 채무자가 특정 채권자에게 채무 본지에 따른 변제를 하는 경우와는 달리 원칙적으로 다른 채권자들에 대한 관계에서 사해행위가 될 수 있으나, 이러한 경우에도 위에서 본 바와 같은 사해성의 일반적인 판단 기준에 비추어 그 행위가 궁극적으로 일반채권자를 해하는 행위로 볼 수 없는 경우에는 사해행위의 성립이 부정될</u> 수 있다(대법원 2010. 9. 30. 선고 2007다2718 판결 등 참조).

원심은 그 채택 증거를 종합하여 그 판시와 같은 사실을 인정한 다음, 주식회사 골드스페이스(이하 '골드스페이스'라 한다)의 주식회사 뉴젠아이씨티(이하 '뉴젠아이씨티'라 한다)에 대한 이 사건 채권은 원래 우림네트웍스 주식회사(이하 '우림네트웍스'라 한다)와 소외 2의 자금 등에 의해 발생한 것으로서 우림네트웍스와 소외 2 측에 귀속되는 것이 실질적으로 부당하지 아니하므로, 이 사건 채권양도는 경제적 목적이 갖는 정당성 및 실현수단의 상당성이 인정되는 점, 뉴젠아이씨티의 자금 사정 악화로 이 사건 채권의 실질적인 회수 가능성은 크지 않았던 반면, **골드스페이스로서는 이 사건 채권의 양도로 인하여 월 3%의 이자 부담이 있는 우림네트웍스와 소외 2에 대한 채무를 모두 면하게 된 점,**

이 사건 채권양도는 주식회사 퍼스트코프를 비롯한 골드스페이스의 모든 채권자들의 동의에 의해 이루어진 것으로 볼 수 있는 점 등의 사정을 들며 이 사건 채권양도는 골드스페이스의 일반채권자에 대한 사해행위에 해당하지 않는다고 판단하였다.

앞에서 본 법리에 비추어 볼 때 원심의 이러한 판단은 정당한 것으로 수긍이 가고 거기에 상고이유 주장과 같이 사해행위에 관한 법리를 오해하는 등 판결에 영향을 미친 위법이 없다.

채무초과상태 / 우선변제권이 있는 채권자에 대한 대물변제 (대법원 2008. 2. 14. 선고 2006다33357 판결)

판례해설

대상판결에서의 사안은 담보권이 설정된 부동산에 대하여 대물변제하였을 경우 사해행위가 될 수 있는지 더 나아가 부동산에 담보가 설정되었다고 하더라도 해당 담보의 가치가 부동산 가치보다 적었을 때 남은 부분에 관하여 우선변제권이 존재하는 채권자에게 해당 부동산을 대물변제하였을 경우 사해행위가 성립될 수 있는지 문제였다.

먼저 <u>대법원은 일관되게 대물변제한 부동산에 이미 담보물권이 설정되어 있다면 경매절차에서 일반채권자보다 담보물권자가 우선변제를 받기 때문에 부동산 중 담보권의 한도 내에서는 사해행위가 성립되</u>

<u>지 않는다고 판시</u>하면서 결국 담보권을 초과하는 금액만큼 사해행위가 성립될 수 있고 더 나아가 담보권을 초과하는 금액만큼 사해행위가 성립된다고 하더라도 <u>초과된 액수에 관하여 우선변제권을 가진 채권자에게 대물변제를 하였다면 이는 다른 일반 채권자를 해하는 것은 아니기 때문에 우선변제권자에게 변제한 행위 역시 사해행위가 인정되지 않는다</u>고 하여 사해행위 기본 취지대로 판단하였다.

법원판단

채무자의 재산이 채무의 전부를 변제하기에 부족한 경우에 채무자가 그의 유일한 재산을 어느 특정 채권자에게 대물변제로 제공하여 양도하였다면 그 채권자는 다른 채권자에 우선하여 채권의 만족을 얻는 반면 그 범위 내에서 공동담보가 감소됨에 따라 다른 채권자는 종전보다 더 불리한 지위에 놓이게 되므로 이는 곧 다른 채권자의 이익을 해하는 것이라고 보아야 하고, 따라서 **채무자가 그의 유일한 재산을 채권자들 가운데 어느 한 사람에게 대물변제로 제공하는 행위는 다른 특별한 사정이 없는 한 다른 채권자들에 대한 관계에서 사해행위가 된다**고 할 것이나(대법원 2005. 11. 10. 선고 2004다7873 판결 등 참조), 채권자들의 공동담보가 되는 채무자의 총재산에 대하여 다른 채권자에 우선하여 변제를 받을 수 있는 권리를 가지는 채권자는 처음부터 채무자의 재산에 대한 환가절차에서 다른 채권자에 우선하여 배당을 받을 수 있는 지위에 있으므로 그와 같은 우선변제권 있는 채권자에 대한 대물변제의 제공행위는 특별한 사정이 없는 한 다른 채권자들의 이익을 해한다고 볼 수 없어 사해행위가 되지 않는다고 할 것이다.

또한, 저당권이 설정되어 있는 재산이 사해행위로 양도된 경우에 그 사해행위는 그 재산의 가액, 즉 시가에서 저당권의 피담보채권액을 공제한 잔액의 범위 내에서 성립하고, 피담보채권액이 그 재산의 가액을 초과하는 때에는 당해 재산의 양도는 사해행위에 해당한다고 할 수 없다고 할 것인바(대법원 2001. 10. 9. 선고 2000다42618 판결 등 참조), 이와 같은 법리는 **채권자들 중에 그 채무자에 대하여 경매 등의 환가절차에서 저당권에 의하여 담보되는 채권보다 우선하여 배당을 받을 수 있는 채권자가 있는 경우에도 마찬가지라고 할 것**이므로 피담보채권액이 그 재산의 가액을 초과하는 재산의 양도행위가 저당권의 피담보채권보다 우선하여 배당받을 수 있는 채권자에 대한 관계에 있어서만 사해행위가 된다고 할 수도 없다(대법원 2006. 4. 13. 선고 2005다70090 판결 참조).

같은 취지에서 원심이, 동남교통이 채무초과의 상태에서 그의 유일한 재산인 이 사건 승합자동차를 동남교통 근로자들에게 대물변제로 제공하였다고 하더라도 우선변제권 있는 임금 등 채권자인 위 근로자들에 대한 대물변제의 제공행위가 사해행위에 해당하지 않는다고 판단한 것은 정당하고, 거기에 상고이유로 주장하는 바와 같은 채증법칙 위반이나 사해행위에 관한 법리오해 등의 위법이 없다.

무자력 상태에서 사업유지를 위한 담보설정 행위(부정) (대법원 2012. 12. 26. 선고 2011다60421 판결 [사해행위취소등])

> **판례해설**
>
> 채무초과 상태에 있는 채무자가 그 소유의 부동산을 채권자 중의 어느 한 사람에게 채권담보로 제공하는 행위는 특별한 사정이 없는 한 다른 채권자들에 대한 관계에서 사해행위에 해당한다.
>
> 다만 대상판결에서 계속적인 거래관계에 있는 구입처로부터 외상매입대금채무에 대한 담보를 제공하지 않으면 사업에 필요한 물품의 공급을 중단하겠다는 통보를 받고 물품을 공급받아 사업을 계속 추진하는 것이 채무 변제력을 갖게 되는 최선의 방법이라고 생각하고 물품을 공급받기 위하여 부득이 부동산을 특정 채권자에게 담보로 제공하고 그로부터 물품을 공급받았다면 이 경우에도 특별한 사정이 없는 한 채무자의 담보권설정행위는 사해행위에 해당하지 않는다고 보고 있다.
>
> 나아가 대법원은 사업의 계속 추진과는 아무런 관계가 없는 기존 채무를 피담보채무 범위에 포함시켰다면 그 부분에 관하여는 사해행위에 해당함에 대해서도 판단하고 있다.

법원판단

채무초과 상태에 있는 채무자가 그 소유의 부동산을 채권자 중의 어느 한 사람에게 채권담보로 제공하는 행위는 특별한 사정이 없는 한 다른 채권자들에 대한 관계에서 사해행위에 해당한다. 다만 **계속적인 거**

래관계에 있는 구입처로부터 외상매입대금채무에 대한 담보를 제공하지 않으면 사업에 필요한 물품의 공급을 중단하겠다는 통보를 받고 물품을 공급받아 사업을 계속 추진하는 것이 채무 변제력을 갖게 되는 최선의 방법이라고 생각하고 물품을 공급받기 위하여 부득이 부동산을 특정 채권자에게 담보로 제공하고 그로부터 물품을 공급받았다면 이 경우에도 특별한 사정이 없는 한 채무자의 담보권설정행위는 사해행위에 해당하지 않지만, <u>사업의 계속 추진과는 아무런 관계가 없는 기존 채무를 피담보채무 범위에 포함시켰다면 그 부분에 관하여는 사해행위에 해당한다</u>(대법원 2002. 3. 29. 선고 2000다25842 판결, 대법원 2009. 5. 14. 선고 2008다70701 판결 등 참조). 한편 사해행위취소소송에서 수익자가 사해행위임을 몰랐다는 사실은 그 수익자 자신에게 증명책임이 있으며, 이때 그 사해행위 당시 수익자가 선의였음을 인정할 때에는 객관적이고도 납득할 만한 증거자료 등이 뒷받침되어야 할 것이고, 채무자의 일방적인 진술이나 제3자의 추측에 불과한 진술 등에만 터 잡아 그 사해행위 당시 수익자가 선의였다고 선뜻 단정하여서는 아니 된다(대법원 2006. 4. 14. 선고 2006다5710 판결, 대법원 2010. 7. 22. 선고 2009다60466 판결 등 참조).

원심은 그 판시와 같은 이유를 들어 (1) 소외 1이 채무초과 상태에서 이 사건 근저당권설정계약을 체결하고 이 사건 주택을 피고에게 담보로 제공한 행위는 특별한 사정이 없는 한 원고를 비롯한 다른 일반채권자들에 대한 관계에서 사해행위가 되고, 이 사건 근저당권설정계약 체결 당시 소외 1의 재산상태 등에 비추어 볼 때, 소외 1은 이로 인해 채권의 공동담보에 부족이 생기는 것을 인식하고 있었다고 봄이 상당하므로 사해의사 역시 인정된다고 판단한 다음, (2) 소외 1이 피고와의 거래를 계속 유지하는 것이 채무 변제력을 갖게 되는 최선의 방법이라고 생각하고 부득이하게 이 사건 근저당권설정계약을 체결하였으므로 이는 사행행위에 해당하지 않고 소외 1의 사해의사가 없다고 보아야 한다거나, 피고가 이 사건 근저당권설정계약 체결 당시 소외 1의 채무초과상태나 사해행위에 해당함을 알지 못하여 선의였다는 피고의 주장을 받아들이지 아니하였다.

적법하게 채택된 증거들에 의하면, **피고와 소외 1이 이 사건 근저당권설정계약의 체결 전에 성립한 기존의 물품대금채무도 이 사건 근저당권의 피담보채무에 포함시킨 사실**을 알 수 있다. 이러한 사정과 아울러 위 증거들에 비추어 원심판결 이유를 살펴보면, 위와 같은 원심의 판단은 앞에서 본 법리에 따른 것으로서, 거기에 상고이유에서 주장하는 바와 같이 사해행위의 성립, 사해의사 및 수익자의 선의에 관한 법리를 오해하거나, 논리와 경험의 법칙을 위반하고 자유심증주의의 한계를 벗어나 증거의 취사선택 및 증거가치에 관한 판단을 그르친 위법이 없다.

특정 채권자에 대하여 담보를 설정행위가 사해행위가 되지 않은 경우
(대법원 2001. 5. 8. 선고 2000다66089 판결)

판례해설

　채권자 취소권은 채무자의 법률행위가 자신의 자력을 감소시킴으로서 결국에는 채권자를 해할 수 있다고 평가될 경우 이를 사해행위라고 판단하여 취소시키는 것이다. 즉 채권자 취소권의 기본 취지는 채무자의 채권자들을 보호하기 위하여 채무자의 자력을 유지시키는 것이다.

　대상판결은 **채무자가 특정 채권자를 위하여 담보를 설정하였지만 그와 같은 담보설정행위는 현재의 어려운 상황을 타개하기 위한 것으로서 추후 자력을 확보함으로서 전체 채권자에 대하여 이익이 되게 하는 것이므로 이러한 경우에는 채권자 취소권에서 의미하는 사해행위가 아니라고** 판단하였다.

　결국 대상판결은 채권자 취소권 제도의 예외에 해당하는 판례가 아니라 오히려 그 취지에 철저히 부합하는 판례인 셈이다.

법원판단

　채무초과 상태에 있는 채무자가 그 소유의 부동산을 채권자 중의 어느 한 사람에게 채권담보로 제공하는 행위는 특별한 사정이 없는 한 다른 채권자들에 대한 관계에서 사해행위에 해당한다(대법원 1986. 9. 23. 선고 86다카83 판결, 1989. 9. 12. 선고 88다카23186 판결, 1997. 9. 9. 선고 97다10864 판결 등 참조) 고 할 것이나, **이 사건과 같이 자금난으로 사업을 계속 추진하기 어려운 상황에 처한 채무자가 자금을 융통**

하여 사업을 계속 추진하는 것이 채무 변제력을 갖게 되는 최선의 방법이라고 생각하고 자금을 융통하거나 사업을 계속하기 위하여 부득이 부동산을 특정 채권자에게 담보로 제공하였다면 달리 특별한 사정이 없는 한 채무자의 담보권 설정행위는 사해행위에 해당하지 않는다고 할 것이다.

그런데 이 사건에서 원심이 인정한 사실에 의하면, 장안공업은 피고와 공사도급계약을 체결하고 공장을 신축하던 중 공정율 60-70% 정도 진행된 상태에서 자금난으로 공사를 중단하고 자력으로는 공사를 계속할 수 없게 되어 장안공업의 위임을 받은 채권자단(기록에 의하면 채권자단은 원고를 제외한 모든 채권자들로 구성된 것으로 보이고, 원고는 채권자단에 가입할 기회가 있었으나 추가대출 등 위험을 인수하지 않기 위하여 채권자단에 가입하지 않은 것으로 보인다.)은 피고로 하여금 공장 건물을 완공하도록 하여 공장을 가동하는 것이 장안공업의 변제능력을 확보하는 최선의 방법이라고 판단하고 피고로 하여금 공사대금 확보에 관한 위험을 안고 공장건물을 완공하게 하기 위하여 채권자단이 공사대금 지급채무를 인수하는 한편 공사대금 지급담보를 위하여 위 신축 공장의 건축주 명의를 피고로 변경하여 주기로 하고, 장안공업이 채권자단의 안을 받아들여 그 건축주 명의를 피고로 변경하여 주었는바, 이러한 사정에 비추어 보면 **당시 채무자인 장안공업으로서는 위 공장 신축공사를 완공하여 공장을 가동하는 것이 채권자들에 대한 최대한의 변제력을 확보하는 최선의 방법이었고, 공사대금 지급**

을 담보하기 위하여 피고에게 그 신축 공장의 건축주 명의를 변경하여 준 것은 공장을 완공하기 위한 부득이한 조치였다고 할 것이므로 이는 사해행위가 되지 않는다고 할 것이다.

따라서 이와 같은 취지에서 한 원심의 판단은 정당하고 이에 상고이유에서 주장하는 바와 같은 사해행위에 관한 법리를 오해한 위법이 있다고 할 수 없다.

채무자가 채무초과 상태에서 자신의 재산을 타인에게 증여한 행위(인정) (대법원 2014. 10. 27. 선고 2014다41575 판결 [부당이득금반환])

> **판례해설**
>
> 채무자가 채무초과 상태에서 자신의 재산을 타인에게 증여하였다면 특별한 사정이 없는 한 이러한 행위는 사해행위가 된다고 할 수 있다.
> 그러나 채무자가 채무초과의 상태에서 특정 채권자에게 채무의 본지에 따른 변제를 함으로써 다른 채권자의 공동담보가 감소하는 결과가 되는 경우, 그 변제는 채무자가 일부의 채권자와 통모하여 다른 채권자를 해할 의사를 가지고 변제를 한 경우가 아닌 한 원칙적으로 사해행위가 되는 것이 아니라고 우리 대법원은 판단하고 있다.

법원판단

　채무자의 법률행위 등이 사해행위임을 주장하고 그 취소를 구하는 채권자는 그 피보전채권과 채무자의 법률행위 등의 존재사실은 물론, 채무자가 법률행위 등으로 인하여 무자력이 초래되었다는 사실, 채무자의 사해의 의사 등 사해행위 성립의 요건사실을 구체적으로 주장·증명하여야 하는 것이고, 한편 **채무자가 채무초과 상태에서 자신의 재산을 타인에게 증여하였다면 특별한 사정이 없는 한 이러한 행위는 사해행위가 된다고 할 것이나, 채무자가 채무초과의 상태에서 특정 채권자에게 채무의 본지에 따른 변제를 함으로써 다른 채권자의 공동담보가 감소하는 결과가 되는 경우, 그 변제는 채무자가 특히 일부의 채권자와 통모하여 다른 채권자를 해할 의사를 가지고 변제를 한 경우가 아닌 한 원칙적으로 사해행위가 되는 것이 아니다.** 그런데 사해행위의 취소를 구하는 채권자가 채무자의 수익자에 대한 금원 지급행위를 증여라고 주장함에 대하여, 수익자는 이를 기존 채무에 대한 변제로서 받은 것이라고 다투고 있는 경우, 이는 채권자의 주장사실에 대한 부인에 해당할 뿐 아니라, 위 법리에서 보는 바와 같이 채무자의 금원 지급행위가 증여인지, 변제인지에 따라 채권자가 주장·증명하여야 할 내용이 크게 달라지므로, 결국 위 금원 지급행위가 사해행위로 인정되기 위하여는 그 금전 지급행위가 증여에 해당한다는 사실이 증명되거나 변제에 해당하지만 채권자를 해할 의사 등 앞서 본 특별한 사정이 있음이 증명되어야 할 것이고, 그에 대한 증명책임은 사해행위를 주장하는 측에 있다고 할 것이다(대법원 2007. 5. 31. 선고 2005다28686 판결 등 참조).

원심은 그 채택 증거에 의하여 판시와 같은 사실과 사정을 인정한 다음, 채무초과 상태에 있던 성욱전기가 피고들에게 이 사건 각 돈을 증여한 것은 특별한 사정이 없는 한 사해행위에 해당하고, 성욱전기 대표이사인 소외 1은 이로 인하여 일반채권자들을 해할 것임을 알고 있었다 할 것이며, 나아가 수익자인 피고들의 사해의사는 추정되고, 가사 성욱전기가 피고들에게 이 사건 각 돈을 송금한 것이 피고들에 대한 기존의 차용금 채무를 변제한 것이라고 하더라도, 판시와 같은 사정에 비추어 보면 **피고들과 성욱전기의 대표이사 소외 1이 통모하여 원고들을 비롯한 다른 채권자들을 해할 의사로 피고들의 채무를 우선적으로 변제하기 위하여 이 사건 각 돈을 송금한 것으로 봄이 타당하므로, 이 사건 각 돈의 송금행위는 어느 모로 보나 채권자인 원고를 해하는 사해행위로 보아야 한다**고 판단하였다.

원심판결 이유를 앞서 본 법리와 기록에 비추어 살펴보면 원심의 이와 같은 판단은 정당한 것으로 수긍이 가고, 거기에 상고이유의 주장과 같은 채권자취소권의 증명책임에 관한 법리오해, 채증법칙 위반, 심리미진 등의 위법이 없다.

특정 채권자에 대한 부동산 매도 (대법원 1995. 6. 30. 선고 94다14582 판결)

> **판례해설**
>
> 사해행위에서 가장 많이 일어나는 부동산 매매행위로서 대상 판결 사안은 이보다 더하여 매매대금을 거의 받지 않고 부동산을 매매한 것이다.
>
> 이에 관하여 민법 제108조 통모에 의한 무효를 주장할 수 있겠지만 통모에 의한 무효라고 함은 말 그대로 영(0) 이어야 하기 때문에 이는 증명하는 것이 지극히 힘들고 대신 대상 판결과 같은 민법 제406조에 의한 사해행위로 인한 취소를 청구하면 훨씬 소송은 수월하다.
>
> 즉 부동산 매매에 있어서 채무자가 무자력 상태라고 한다면 정당한 가격을 받았다고 하더라도 사해행위가 추정되고 수익자가 자신이 선의임을 증명하지 못하는 이상 사해행위로 평가받는 데, 하물며 매매대금조차 받지 않거나 극히 적은 금액을 받았다면 **수익자의 사해행위 악의 추정은 더욱 용이하고 그만큼 수익자의 선의 입증은 불가능**하게 되는 것이다.
>
> 여하튼 부동산 매매에 있어서 사해행위를 주장할 당시 매매가격이 시가와 어느 정도 불일치 하느냐에 따라 수익자의 선·악의 증명 정도가 달라질 수 있다.

법원판단

그리고 사실관계가 원심이 확정한 바와 같다면, **채무자인 소외 경규승은 이미 채무초과에 빠져 있는 상태에서 채권자 중 한 사람인 피고와 통모하여 피고만 우선적으로 채권의 만족을 얻도록 할 의도로** 자기 소유의 중요한 재산인 이 사건 섬유공장 건물 및 그 대지를 피고에게 매각하되, 피고는 그 매수대금을 한푼도 현실로 지급함이 없이 그 대금의 일부는 피고의 경규승에 대한 기존의 채권과 대등액에서 **상계하고**, 경규승이 위 대지를 담보로 은행으로부터 대출 받은 융자금의 반환채무를 피고가 **인수**하며, 그 나머지 금원은 위 공장 건물을 위 경규승이 다시 임차하여 계속 사용함에 있어서 그 임차보증금으로 대체하기로 약정한 것으로서 비록 소론과 같이 경규승이 피고로부터 공장 건물을 임차하여 원사를 전량 공급받고 운영자금을 지원 받아 현상태대로 영업을 계속함으로써 경제적 갱생을 도모할 의도였다거나, 그 매매가격이 시가에 상당한 가격이라고 할지라도 경규승의 위 매각행위는 원고 등 다른 채권자를 해할 의사로 한 법률행위에 해당하고 피고에게도 악의가 있었다고 보아야 할 것이므로, 같은 취지의 원심판단은 옳고 원심판결에 소론과 같은 채권자취소권에 관한 법리오해의 위법 등이 있다고 할 수 없다.

소론과 같이 **경규승이 위 매매계약 당시 아파트 1채를 소유하고 있었고 공장 기계설비 등 중요 동산과 신용·기술 등 무형자산을 보유하고**

있었다고 하더라도 그것이 원심 인정의 경규승의 채무액을 변제하고 남을 정도가 된다는 증명이 없는 이 사건에 있어서 이는 원심인정의 사해행위 성립에 영향을 줄 수는 없다 할 것이다. 논지는 모두 이유가 없다.

소비하기 쉬운 금전으로 변환 (대법원 2001. 4. 24. 선고 2000다41875 판결)

판례해설

채무자로서는 자신의 채무를 변제하기 위하여 부동산을 매도할 수도 있다. 그런데 문제는 이를 제대로 증명하지 못한다면 사해행위로 평가되어 상대방은 취소를 당하고 소유권을 빼앗길 수도 있다는 것이다.

이 사건에서 **채무자는 자신의 유일한 재산인 부동산을 매도하여 소비하기 쉬운 금전으로 바꾸었는바 판례는 이를 사해행위라고 평가하고 대신 상대방 즉 수익자가 사해행위에 관하여 선의일 경우 매매행위는 유효하다**는 것이다.

문제는 채무자의 사해행위가 인정되면 수익자의 의사는 악의로 추정되고 결국 수익자 자신이 선의임을 증명하는 증명책임을 부담하는 바, 모든 소송에서 증명책임을 누가 부담하느냐에 따라 소송에서의 승패에 큰 영향을 미치는 점을 고려한다면 아무것도 모르고 부동산을 구입한 수익자의 입장에서는 당혹스러운 노릇이다.

> 대상판결은 수익자가 채무자와 친척관계일 경우, 지나치게 저렴하게 매입하는 경우 등에서는 쉽게 악의를 추정하고 그 추정을 번복하지 않은 바 대상판결 역시 자신의 자녀들에게 부동산을 매도하거나 증여하였고 이에 법원은 수익자를 악의라고 평가하였던 것이다.

법원판단

채무자가 자기의 유일한 재산인 부동산을 매각하여 소비하기 쉬운 금전으로 바꾸거나 타인에게 무상으로 이전하여 주는 행위는 특별한 사정이 없는 한 채권자에 대하여 사해행위가 된다고 볼 것이므로 채무자의 사해의 의사는 추정되는 것이고, 이를 매수하거나 이전 받은 자가 악의가 없었다는 입증책임은 수익자에게 있다고 할 것인바(대법원 1966. 10. 4. 선고 66다1535 판결, 1997. 5. 23. 선고 95다51908 판결, 1998. 4. 14. 선고 97다54420 판결 등 참조), 이 사건에서 원심이 인정한 바와 같이 소외 2가 그 액수가 확정된 여부에 관계없이 원고에 대한 신원보증책임이 있는 상태에서 그의 유일한 재산인 원심 판시 부동산들을 처 또는 아들인 피고들에게 증여함으로써 무자력이 되었다면 특별한 사정이 없는 한 그와 같은 증여행위는 원고에 대하여 사해행위가 되고, 이 경우 소외 2의 사해의 의사는 추정된다고 볼 것이므로, 원심으로서는 이 사건 증여계약이 사해행위임을 인정한 후 나아가 소외 2와 피고들에게 그러한 의사가 없었다는 피고들의 항변에 관하여 판단을 하였어야 할 것이다.

그럼에도 불구하고 원심이 위와 같이 소외 2가 이 사건 증여계약을 체결할 무렵 자신이 원고에 대하여 신원보증책임이 있음을 알았다고 볼 증거가 없다고 판단하여 원고의 사해행위 주장을 배척한 것은 채증법칙을 위반하여 사실을 오인하였거나 사해의 의사의 추정에 관한 법리를 오해하고 심리를 다하지 아니한 위법을 저질렀다고 할 것이므로 상고이유의 주장은 이유가 있다.

무자력 상태에서 부동산 무상 양도 / 일부 채권자에 대한 대물변제 (대법원 1999. 11. 12. 선고 99다29916 판결)

판례해설

대법원은 기본적으로 대물변제로 인한 변제에 관하여 정당한 가격으로 평가되어 변제되었는지 여부에 상관없이 원칙적으로 **사해행위로 판단**하고 있다. 이렇게 판단한 이유에 관하여 판례는 "전체 채권자 중 특정채권자에 한하여 우선권을 주기 때문"이라고 판시하고 있다.

그러나 **문제는 채권 소멸 원인 중의 하나인 변제의 경우에는 사해행위라고 평가하지 않고 유독 대물변제와 관련하여서만 사해행위라고 평가하는 것은 의문**이라고 하겠다. 즉 대물변제가 사해행위라고 평가되는 이유는 특정 채권자에 대해서는 변제를 하는 것은 채권자 평등의 원칙에 반하기 때문이라고 하나, 부동산으로 변제할 때는 사해행위가 되고 금전으로 변제할 때는 사해행위가 안된다고 하는 점은 의문이 아닐 수 없다.

> 다만 대상판결은 불과 400만원에 불과한 체납금액과 더불어 해당 부동산 이전시 아직까지도 세금이 발생하지 않았음을 이유로 사해행위를 인정한 원심 판결을 파기하였다.

법원판단

채권자취소권의 주관적 요건인 채무자가 채권자를 해함을 안다는 이른바 채무자의 악의, 즉 사해의사는 채무자의 재산처분 행위에 의하여 그 재산이 감소되어 채권의 공동담보에 부족이 생기거나 이미 부족 상태에 있는 공동담보가 한층 더 부족하게 됨으로써 채권자의 채권을 완전하게 만족시킬 수 없게 된다는 사실을 인식하는 것을 의미하고, **채무자의 재산이 채무의 전부를 변제하기에 부족한 경우에 채무자가 그의 유일한 재산인 부동산을 무상 양도하거나 일부 채권자에게 대물변제로 제공하였다면 특별한 사정이 없는 한 이러한 행위는 사해행위**가 되며(대법원 1998. 5. 12. 선고 97다57320 판결 참조), 한편 채권자취소권에 의하여 보호될 수 있는 채권은 원칙적으로 사해행위라고 볼 수 있는 행위가 행하여지기 전에 발생한 것임을 요하나, 그 사행행위 당시에 이미 채권 성립에 기초가 되는 법률관계가 발생되어 있고, 가까운 장래에 그 법률관계에 기하여 채권이 성립되리라는 점에 대한 고도의 개연성이 있으며, 실제로 가까운 장래에 그 개연성이 현실화되어 채권이 성립된 경우에는 그 채권도 채권자취소권의 피보전채권이 될 수 있다(대법원 1999. 4. 27. 선고 98다56690 판결 참조).

그런데 위 인정 사실과 이 사건 기록에 의하면, 위 아파트에 관하여 피고 강무연 앞으로 소유권이전등기가 경료된 1996. 9. 5.경 피고 김병달이 이 사건 주식매매계약에 기하여 부담할 개연성이 높았던 채무액은 아무리 많아도 당시 원고가 파주시로부터 과세예고받은 지방세액인 금 4,468,030원(그 후 실제 과세된 지방세액은 금 2,524,030원임)을 초과하지는 않아 보이고, 파주세무서가 같은 해 11. 13.부터 실시한 법인세 탈루 여부를 밝히기 위한 세무조사를 통하여 드러난 법인세 추징세액 금 50,049,970원에 대하여는 위 이전등기 당시 피고 김병달은 물론 원고조차도 그 추징사실을 예견하거나 예견할 수 있었던 것으로 볼만한 자료가 없는 반면, 위 아파트는 1995.경 신축된 일산신도시에 위치한 약 40평형 아파트로서 거기에는 아무런 담보권 등 제한물권이 설정되어 있지 않아 그 시가가 위 과세예고된 지방세액의 수십 배에 달할 것으로 추측이 되고, 비록 피고 김병달이 당시 고령으로 스스로 내세우는 직업이 없기는 하나 원심이 인정한 대로 불과 2년 전에 주식회사를 경영하다가 이를 금 342,000,000원(위 피고 지분은 59%)에 매도한 사실이 있고, 위 아파트를 소유하면서 거기에서 그 처와 함께 거주, 생활하는 데 드는 생계비 등을 고려하여 볼 때 피고 김병달에게는 당시 위 과세예고된 지방세액 정도의 금원은 어렵지 않게 마련할 수 있었을 것으로 보이며, 위 아파트의 이전등기로 인하여 납부하여야 할 취득세 등 제세금 및 절차비용도 상당할 것으로 추측이 되고, 그렇다고 피고 김병달에게 당시 원고에 대한 채무 외에 다른 채무가 존재하였음을 인정할 만한 자료 또한 기록상 찾아 볼 수 없으며, 위 아파트

를 타인 명의로 이전한다고 하여 피고 김병달 자신의 채무가 소멸되는 것도 아니라는 점 등에 비추어 볼 때, 피고 김병달이 단지 장차 원고에게 이 사건 주식매매계약에 따라 446만 원 정도의 지방세액 상당의 채무를 부담할 것을 우려한 나머지 원고를 해할 의사로서 위 아파트를 그 처인 피고 강무연에게 증여한 것이거나 위 아파트가 피고 김병달의 유일한 재산으로 위 아파트의 처분으로 인하여 그에게 채무초과의 상태가 초래되었다고 단정하기는 어렵다고 할 것이다.

따라서 원심으로서는 위 아파트의 증여행위 당시 피고 김병달에게 위 아파트 외에는 위 지방세액에 상당하는 채무조차도 담보할 만한 예금이나 동산 등 다른 재산이 없었는지, 당시 피고 김병달이 위 법인세가 가까운 시일 내에 부과될 개연성이 높다는 점에 대하여 인식할 수 있었는지, 당시 피고 김병달이 원고 이외에 다른 채권자에 대한 채무도 부담하고 있었는지 등에 대하여 좀더 면밀히 살핀 다음에 위 증여행위가 사해행위에 해당하는지의 여부를 판단하였어야 함에도 이에 이르지 아니하고 <u>위 아파트가 피고 김병달의 유일한 재산으로서 당시 그가 원고에게 위 지방세에 대하여 과세예고된 사실을 알고 있었다고 하여 위 아파트의 증여행위가 사해행위에 해당한다고 판단</u>한 것은, 심리를 다하지 아니하고 채증법칙을 위반하여 사실을 오인하였거나, 채권자취소권에 있어서 사해행위의 성립에 관한 법리를 오해한 나머지 판결에 영향을 미친 위법을 저지른 것이라 아니할 수 없고, 이 점을 지적하는 상고이유의 주장은 이유 있다.

특정 채권자에게 대물변제 (대법원 2010. 9. 30. 선고 2007다2718 판결)

판례해설

대상판결은 현금변제와 다르게 대물변제는 원칙적으로 사해행위로서 취소의 대상이라고 판단하고 있다.

그럼에도 불구하고 <u>대물변제 역시 채권의 소멸사유로서 "변제"에 해당</u>하기 때문에 채무자의 일반적인 사해행위와는 요건상 또는 판단의 강도에서 약간의 차이를 두고 있다. 즉 <u>채무자의 같은 부동산 이전행위라고 하더라도 그 행위가 단순 매도인지 아니면 대물변제인지 여부에 따라 단순 매도일 경우에는 채무자가 해당 매도행위로 인하여 무자력 상태가 되는 경우 사해행위로 인정되지만 대물변제의 경우에는 대물변제 당시 이미 무자력 상태를 요구하고 있는 바 이와 같은 다소의 차이를 인정하고 있다</u>.

그 외에도 대상판결의 경우 해당 변제행위가 채무자 회사를 유지하기 위한 부득이한 조치일 경우에는 오히려 사해행위조차 되지 않는다고 판단하고 있는 바 채무자 변제를 위한 대물변제일 경우 다른 대물변제와 다르게 사해행위로 인정하지 않고 있다.

법원판단

채무자가 책임재산을 감소시키는 행위를 함으로써 일반채권자들을 위한 공동담보의 부족상태를 유발 또는 심화시킨 경우에 그 행위가 채권자취소의 대상인 사해행위에 해당하는지 여부는, 행위목적물이 채무자의 전체 책임재산 가운데에서 차지하는 비중, 무자력의 정도, 법률행위의 경제적 목적이 갖는 정당성 및 그 실현수단인 당해 행위의 상당성, 행위의 의무성 또는 상황의 불가피성, 채무자와 수익자 간 통모의 유무와 같은 공동담보의 부족 위험에 대한 당사자의 인식의 정도 등 그 행위에 나타난 여러 사정을 종합적으로 고려하여, **그 행위를 궁극적으로 일반채권자를 해하는 행위로 볼 수 있는지 여부에 따라 최종 판단**하여야 할 것이다.

다만, 채무초과의 상태에 있는 채무자가 적극재산을 채권자 중 일부에게 대물변제조로 양도하는 행위는 채무자가 특정 채권자에게 채무 본지에 따른 변제를 하는 경우와는 달리 원칙적으로 다른 채권자들에 대한 관계에서 사해행위가 될 수 있으나(대법원 1989. 9. 12. 선고 88다카23186 판결, 대법원 1990. 11. 23. 선고 90다카27198 판결, 대법원 1996. 10. 29. 선고 96다23207 판결, 대법원 1997. 6. 27. 선고 96다36647 판결, 대법원 1998. 5. 12. 선고 97다57320 판결, 대법원 1999. 11. 12. 선고 99다29916 판결, 대법원 2000. 9. 29. 선고 2000다3262 판결, 대법원 2005. 11. 10. 선고 2004다7873 판결, 대법원 2006. 6. 15. 선고 2006다12046 판결, 대법원 2007. 7. 12. 선고 2007다18218 판결, 대법원 2009. 9. 10. 선고 2008다85161 판결 등 참조), 이러한 경우에도 위에서 본 바와 같은 사해성의 일반적인 판단기준에 비추어 그 행위가 궁극적으로 일반채권자를 해하는 행위로 볼 수 없는 경우에는 사해행위의 성립이 부정될 수 있다.

원심판결 이유에 의하면, 원심은, 그 판시와 같은 피고와 비에치솔루션 사이의 디브이디 플레이어 등 공급계약 체결과 그 이행 경위 및 규모, 이 사건 양도계약 체결 경위 등에 나타난 다음과 같은 사정, 즉 피고가 비에치솔루션에 대하여 미지급 대금의 변제를 강하게 독촉함에 따라 피고와의 거래를 계속하고자 하였던 비에치솔루션이 이 사건 양도계약을 체결하게 되었고, 한편 비에치솔루션은 차량용 디브이디 플레이어 판매가 활성화되면 피고에 대한 물품대금을 변제할 수 있다고 피고를 설득하였으며, 이에 피고도 비에치솔루션과의 거래가 중단될 경우 사업에 상당한 손실을 입게 될 가능성이 있어 비에치솔루션과의 거래를 지속할 예정으로 소외인에 대한 비에치솔루션의 채무를 대신 변제하여 주는 조건으로 전세권부 전세금반환채권을 양수한 후 비에치솔루션에 대한 채권회수절차의 착수를 유예하였던 점 등에 비추어, **비록 피고가 대물변제로 전세권과 전세금반환채권을 양수한 시점이 비에치솔루션의 자금사정이 상당히 악화되었던 시점이라 하더라도, 그러한 사정만으로는 비에치솔루션이 피고에 대한 채무의 변제에 갈음하여 전세권과 전세금반환채권을 양도하는 내용의 이 사건 양도계약을 체결한 행위가 다른 채권자를 해하는 사해행위라고 단정하기는 어렵고, 달리 이에 관한 증명이 없다고 판단**하여 이 사건 양도계약의 체결이 사해행위에 해당한다는 원고의 주장을 배척하였다.

원심이 적절히 적시한 위와 같은 사정과 더불어 기록에 나타난 다음과 같은 사정, 즉 이 사건 양도계약 당시 피고가 비에치솔루션의 최대 물품공급처이자 최고액 채권자였던 것으로 보이는 점, 비에치솔루션으로서는 이러한 피고와의 거래관계를 유지하면서 새로이 판로를 개척하는 길만이 채무초과 상태에 있던 회사의 경제적 갱생을 도모하기 위한 유일한 방안이었던 것으로 보이는 점, 그리하여 이 사건 양도계약을 체결하면서도 비에치솔루션은 피고와의 합의하에 계속해서 전세권의 목적물인 이 사건 건물을 사용할 수 있도록 대책을 마련하는 동시에 전세권근저당권에 의하여 담보되던 소외인에 대한 차용금 채무를 피고가 대신 변제하도록 조치한 점, 이 사건 양도계약 무렵 피고는 비에치솔루션에 대하여 최소한 10억 원 이상의 채권을 가지고 있었는데, 이 사건 양도계약 과정에서 비에치솔루션의 소외인에 대한 채무를 대신 갚아 준 것을 감안하면 이 사건 양도계약을 통하여 피고가 양수한 전세금반환채권의 액수는 실질적으로 1억 원 상당인 점 등을 종합하면, 비록 이 사건 양도계약 당시 비에치솔루션의 자금사정이 매우 악화된 상황이었고, 그 계약의 목적물인 전세권과 전세금반환채권이 비에치솔루션의 유일한 재산이었으며, 이 사건 양도계약 직후에 이 사건 보증사고가 발생하였다고 하더라도, 그러한 사정만으로 이 사건 양도계약을 원고 등 다른 채권자를 해하는 사해행위라고 단정하기는 어렵다.

같은 취지에서 이 사건 양도계약이 사해행위에 해당한다는 원고의 주장을 배척한 원심의 판단은 정당한 것으로 수긍할 수 있다.

대물변제나 담보조로 제공된 재산이 채무자의 유일한 재산이 아니거나 그 가치가 채권액에 미달하는 경우 (대법원 2009. 9. 10. 선고 2008다85161 판결)

> **판례해설**
>
> 우리 대법원은 채무자의 재산이 채무의 전부를 변제하기에 부족한 경우에 채무자가 그의 재산을 어느 특정 채권자에게 대물변제나 담보조로 제공하였다면 특별한 사정이 없는 한 이는 곧 다른 채권자를 해하는 것으로서 다른 채권자들에 대한 관계에서 사해행위가 되는 것으로 판단하고 있다. 이에 더하여 <u>위와 같이 대물변제나 담보조로 제공된 재산이 채무자의 유일한 재산이 아니라거나 그 가치가 채권액에 미달한다고 하여도 여전히 사해행위는 성립한다</u>고 판단한다.

법원판단

채무자의 재산이 채무의 전부를 변제하기에 부족한 경우에 채무자가 그의 재산을 어느 특정 채권자에게 대물변제나 담보조로 제공하였다면 특별한 사정이 없는 한 이는 곧 다른 채권자의 이익을 해하는 것으로서 다른 채권자들에 대한 관계에서 사해행위가 되는 것이고, 위와 같이 <u>대물변제나 담보조로 제공된 재산이 채무자의 유일한 재산이 아니라거나 그 가치가 채권액에 미달한다고 하여도 마찬가지</u>라고 할 것이다(대법원 2007. 7. 12. 선고 2007다18218 판결).

원심판결 이유에 의하면, 원심은 채무초과의 상태에 있던 소외인이 친동생인 피고에게 원심 별지 목록 1, 2 기재 부동산에 관하여 대물변제조로 매매예약을 원인으로 소유권이전등기청구권가등기를 경료하고 이어서 원심 별지 목록 기재 2 기재 부동산에 관하여 매매를 원인으로 소유권이전등기를 경료하여 준 것은 <u>원심 별지 목록 1, 2 기재 부동산의 가격 합계가 58,245,900원임에 비해 위 매매예약으로 소멸하는 피고에 대한 채무가 80,000,000원이라고 하더라도 다른 채권자들에 대한 관계에서 사해행위라고 판단</u>하였는바, 앞서 본 법리 및 기록에 비추어 보면, 원심의 위 인정 및 판단은 정당한 것으로 수긍이 가고, 거기에 상고이유로 주장하는 바와 같은 사해행위에 관한 판례위반이 없으며, 이와 관련하여 피고가 상고이유에서 들고 있는 대법원판결은 이 사건과는 사안을 달리하여 이 사건에 그대로 적용할 수 없는 것이다.

가압류 설정된 부동산에 특정 채권자를 위한 담보설정행위 (대법원 2010. 6. 24. 선고 2010다20617, 20624 판결)

판례해설

일견 판결요지만 본다면 당연히 물상 보증행위는 사해행위로 보이는데 왜 원심판결이 파기되었는지 고민될 수 있는 판례이다. 즉 **채무자의 입장에서 무자력 상태에서 자신의 재산에 관하여 물상보증하는 행위는 그만큼 자력을 감소시키는 것이기 때문에 당연히 사해행위에 해당한**

다고 판단될 수 있다.

이 사건 원심에서 사해행위가 아니라고 판단한 이유는 이 사건 청구를 한 원고는 이미 가압류권자이고 피고는 그 이후 발생한 근저당권자인 바 배당의 순위에서 어차피 피고는 원고보다 선순위자로서 피고와 평등배당을 받기 때문에 원고를 해한 것은 아니라고 판단한 것이다(즉 원심은 근저당권자라고 우선변제를 받는다면 특정채권자 만을 위하는 것으로 사해행위가 되지만 후순위 근저당권자의 지위라고 한다면 우선변제를 받지 않기 때문에 그와 같이 해석한 것으로 보인다).

그러나 대법원은 원칙론적 입장에서 채무자가 무자력 상태에서 물상 보증하는 행위, 즉 근저당권을 설정하는 행위는 채무자의 그만큼의 자력이 저하되는 것이고 그 결과 다른 채권자는 그만큼의 배당을 받지 못하게 되기 때문에 사해행위로 인정하는 판단을 하였다.

법원판단

원심은 판시 채택 증거를 종합하여, 원고는 소외 1과 소외 2, 3 등에게 판시 구상금 채권이 있고, 그 보전을 위하여 2006. 7. 27. 소외 1 소유의 이 사건 부동산에 가압류결정을 받아 기입등기가 마쳐졌는데, 소외 1이 2006. 8. 1. 피고와 사이에 이 사건 부동산에 관하여 이 사건 근저당권 설정계약을 체결하고, 피고에게 채무자 소외 2, 3, 채권최고액 10억 4,000만 원의 근저당권설정등기를 마쳐준 사실, 이 사건 부동산에 대한 강제경매절차가 진행되어 2008. 2. 22. 실제 배당할 금액 중 판시와 같이 신청채권자인 원고와 근저당권자인 피고에게 채권액에 따라 안분하여 배당하는 내용으로 배당표가 작성된 사실을 인정한 후, 이 사건 근저당권은 사해행위이므로 이를 취소하고 원상회복으로 배당표상 피고에게 배당된 금액을 원고에게 모두 배당하는 것으로 배당표 경정을 구하는 원고의 이 사건 청구에 대하여, 피고는 이 사건 부동산에 관한 근저당권자라 하더라도 원고의 가압류보다 후순위인 이상 원고와의 관계에서는 일반채권자의 지위에서 원고와 동순위로 배당을 받을 수밖에 없으므로, 소외 1이 물상보증인으로서 피고에게 가압류와 동일한 효력 밖에 없는 이 사건 근저당권을 설정하여 주는 것이 원고를 해하는 행위라고는 볼 수 없다고 판단하고 원고의 청구를 배척하였다.

그러나 <u>채권자취소권의 대상이 되는 채권자를 해하는 행위라 함은 적극재산을 감소하거나 소극재산을 증가시킴으로써 채무자를 채무초과 상태에 빠지게 하거나 채무초과상태가 더 나빠지게 하는 행위를 의미</u>하는데, 채무자가 아무 채무도 없이 다른 사람을 위해 자신의 부동산에 관하여 근저당권을 설정함으로써 물상보증인이 되는 행위는 그 부동산의 담보가치만큼 채무자의 총재산에 감소를 가져오는 것이므로, 그 근저당권이 채권자의 가압류와 동순위의 효력밖에 없다 하여도, 그 자체로 다른 채권자를 해하는 행위가 된다고 볼 것이다.

그렇다면 이 사건 근저당권 설정이 원고를 해한다고 볼 수 없다고 한 원심의 판단에는 사해행위에 있어서 행위의 사해성에 관한 법리를 오해함으로써 판결 결과에 영향을 미친 위법이 있다고 할 것이고, 이를 지적하는 상고이유 주장은 이유 있다.

그러므로 원심판결을 파기하고, 사건을 다시 심리·판단하게 하기 위하여 원심법원으로 환송하기로 하여 관여 대법관의 일치된 의견으로 주문과 같이 판결한다.

채무자가 신규자금의 융통 없이 단지 기존채무의 이행을 "유예"받기 위하여 채권자 1인에게 담보를 제공한 경우 (대법원 2009. 3. 12. 선고 2008다29215 판결 [사해행위취소등])

> 판례해설
>
> 사해행위의 기본적인 법리 중 하나가 **채무자의 담보설정행위가 지속적인 자금난으로 사업을 계속 추진하기 어려운 상황에 처한 소외 1 주식회사로 하여금 자금을 융통하여 사업을 계속 추진하게 하는 것이 채무 변제력을 가지게 되는 최선의 방법이라고 판단되어 부득이하게 이루어진 경우에는 사해행위가 될 수 없다**는 것이고 원심 역시 이와 동일한 이유로 사해행위가 아니라고 판단하였다.
>
> 그러나 대상판결에서는 특정채권자에 대한 담보 설정 행위가 단지 변제를 유예받기 위한 것에 불과하고 신규 자금 융통이 전혀 없는 경우

> 라고 한다면 이와 같은 행위는 다른 채권자들보다 우선권을 준 것에 불과하기 때문에 이 또한 사해행위가 될 수 있다고 판단한 것이다.

법원판단

1. 원심판결 이유에 의하면, 원심은 그 판시와 같이 원고의 소외 1 주식회사에 대한 신용보증 제공과 그 구상채무에 관한 소외 2(제1심에서 공동피고이었다)의 연대보증 경위와 내용, 소외 1 주식회사의 보증사고 발생으로 인한 원고의 대위변제와 이로 인하여 소외 1 주식회사와 소외 2가 부담하게 된 구상채무의 범위, 소외 2가 이 사건 임야에 관하여 피고와 체결한 근저당권설정계약의 내용과 이에 따른 등기의 경위 등을 인정한 후, 원고의 주장, 즉 소외 2가 채무초과상태에서 사실상 유일하게 적극재산으로서의 가치가 있는 이 사건 임야에 관하여 2006. 7. 5. 피고와 사이에 이 사건 근저당권설정계약을 체결하고 그 등기를 마쳐준 행위가 사해행위에 해당한다는 주장에 대하여, 소외 2의 자력에 관하여는 이 사건 근저당권 설정 무렵에 소외 2가 채무 초과의 상태에 있었다고 인정하면서, 사해행위의 성립 여부에 관하여는 다음과 같은 이유로 이를 부정하였다. 소외 2는 원고에 대한 구상금 연대보증채무 등 자신의 채무 대부분이 소외 1 주식회사의 금융기관에 대한 채무의 보증채무인 관계로 소외 1 주식회사의 갱생 없이는 정상적인 변제가 어려운 상황에서 피고로부터 한꺼번에 대출금 회수 조치를 당하게 됨으로써 회사의 사업 계속 자체가 불가능하게 되는 사태를 막고자 이 사건 근저당

권을 설정한 것이다. 이러한 근저당권의 설정경위에다가, 소외 1 주식회사가 회생절차 개시 및 인가결정에 의한 금융채무 변제 유예 등을 통하여 회사의 생산 및 영업 활동을 계속하여 왔고, 회생절차 신청 등에 비추어 소외 2로서는 회사의 생산 및 영업 활동 계속이 채권자들에 대한 채무 변제력을 가지게 되는 최선의 방법으로 인식하였다고 보이는 점, 이 사건 근저당권의 피담보채무에 소외 1 주식회사의 경영과 무관한 채무가 포함되어 있다고 인정할 만한 아무런 자료가 없는 점 등을 추가로 참작하면, **이 사건 근저당권의 설정행위는 자금난으로 사업을 계속 추진하기 어려운 상황에 처한 소외 1 주식회사로 하여금 자금을 융통하여 사업을 계속 추진하게 하는 것이 채무 변제력을 가지게 되는 최선의 방법이라고 생각하고 소외 1 주식회사로 하여금 자금을 융통하기 위하여 부득이 그 소유의 부동산을 특정 채권자에게 담보로 제공하고 그로부터 신규자금을 추가로 융통받게 한 경우에 해당한다**는 것이다.

2. 그러나 원심의 위와 같은 판단은 다음과 같은 이유로 수긍할 수 없다.

<u>의미 채무초과 상태에 빠진 채무자에게 있어서 채권회수를 위한 채권자의 강제집행 내지 가압류 등의 집행보전조치로 발생하는 사업추진상의 어려움은 그러한 조치를 행하는 채권자의 채권액이나 변제기의 도래 여부에 관계없이 동일하게 발생할 수 있는 사정</u>이다. 또한 특정 채권자가 당시로서 채무자에 대하여 위와 같은 채권회수조치에 적극성을 보였다는 사정만으로 채권자들 사이에서 우선적 담보제공의

필요성에 관한 차별적 평가를 하기는 어렵다. 나아가 채무자가 사업활동에서 실제로 활용할 수 있는 신규자금의 유입과 기존 채무의 이행기의 연장 내지 채권회수조치의 유예는 사업의 갱생이나 계속적 추진을 위하여 가지는 경제적 의미가 동일하다고 볼 수 없다.

따라서 비록 원심 판시와 같이 사업의 갱생이나 계속 추진의 의도에서 이 사건 근저당권을 설정하였다고 하더라도 신규자금의 융통 없이 단지 기존채무의 이행을 유예받기 위하여 소외 2가 그의 채권자 중 한 사람인 피고에게 담보를 제공하는 행위는 다른 특별한 사정이 없는 한 원고를 비롯한 다른 채권자들에 대한 관계에서는 사해행위에 해당한다고 보아야 할 것이다.

그럼에도 원심은 그 판시와 같은 사정만을 들어 피고에 대한 이 사건 근저당권설정행위가 사해행위에 해당하지 않는다고 판단하여 원고의 청구를 배척하였다. 이러한 원심의 판단에는 갱생목적의 담보제공과 관련하여 사해행위의 성립 여부에 관한 법리를 오해한 위법이 있고, 이러한 위법은 판결에 영향을 미쳤음이 분명하다. 이 점을 지적하는 상고이유의 주장은 이유 있다.

사해 행위 유형 중 특이사례

채무자가 여러 채권자 중 일부에게 채무이행과 관련한 채권양도한 경우 (대법원 2014. 1. 16. 선고 2012다110521 판결)

판례해설

통상적으로 채무자가 특정 채권자를 위하여 채무 본래의 목적이 아닌 다른 채권을 양도하는 경우 사해행위로 판단될 수 있으나 예외적으로 사해행위 판단의 기본법리 즉 그 목적물이 채무자의 전체 책임재산 가운데에서 차지하는 비중, 무자력의 정도, 법률행위의 경제적 목적이 갖는 정당성 및 그 실현수단인 당해 행위의 상당성, 행위의 의무성 또는 상황의 불가피성, 채무자와 수익자 간 통모의 유무 등 공동담보의 부족 위험에 대한 당사자의 인식의 정도, 기타 그 행위에 나타난 여러 사정을 종합적으로 고려하여, 궁극적으로 그 행위가 일반 채권자를 해하는 행위라고 볼 수 없는 경우에는 사해행위의 성립이 부정될 수 있다고 판단한 것이다.

법원판단

채무자가 책임재산을 감소시키는 행위를 함으로써 일반 채권자들을 위한 공동담보의 부족상태를 유발 또는 심화시킨 경우에 그 행위가 채권자취소의 대상인 사해행위에 해당하는지 여부는, 그 **목적물이 채무**

자의 전체 책임재산 가운데에서 차지하는 비중, 무자력의 정도, 법률행위의 경제적 목적이 갖는 정당성 및 그 실현수단인 당해 행위의 상당성, 행위의 의무성 또는 상황의 불가피성, 채무자와 수익자 간 통모의 유무 등 공동담보의 부족 위험에 대한 당사자의 인식의 정도, 기타 그 행위에 나타난 여러 사정을 종합적으로 고려하여, 궁극적으로 그 행위가 일반 채권자를 해하는 행위라고 볼 수 있는지 여부에 따라 판단하여야 한다. 그리고 **채무초과 상태에 있는 채무자가 여러 채권자 중 일부에게만 채무의 이행과 관련하여 그 채무의 본래 목적이 아닌 다른 채권 기타 적극재산을 양도하는 행위**는, 채무자가 특정 채권자에게 채무의 내용에 좇은 이행을 하는 경우와는 달리 원칙적으로 다른 채권자들에 대한 관계에서 사해행위가 될 수 있다. 다만 이러한 경우에도 위에서 본 바와 같은 사해성의 일반적인 판단 기준에 비추어 그 행위가 궁극적으로 일반채권자를 해하는 행위로 볼 수 없는 경우에는 사해행위의 성립이 부정될 수 있다(대법원 2010. 9. 30. 선고 2007다2718 판결 등 참조).

원심은 그 판시와 같은 이유로, 피고 1이 피고 전국피해자채권단에게 이 사건 채권을 양도한 것은 특별한 사정이 없는 한 일반 채권자들의 공동담보를 부족하게 하는 행위로서 채권자인 원고(선정당사자)와 선정자들을 해하는 사해행위에 해당하고, 피고 1의 사해의사도 충분히 인정된다고 판단하였다. 나아가 원심은, 그 판시와 같은 사정을 종합하여, **이 사건 채권양도계약이 사해행위가 아니라고 볼만한 특별한 사정이 있**

다거나 피고 전국피해자채권단이 이 사건 채권양도계약으로 인하여 원고(선정당사자)와 선정자들을 해하게 됨을 알지 못하였다고 보기도 어렵다고 판단하였다.

앞서 본 법리와 기록에 비추어 살펴보면, 원심의 위와 같은 판단은 정당한 것으로 수긍이 된다. 거기에 피고 전국피해자채권단이 상고이유로 주장하는 사해행위의 범위 등에 관한 법리오해나 논리와 경험칙에 반하여 자유심증주의의 한계를 벗어난 위법이 있다고는 인정되지 아니한다.

건축주 명의 변경 행위도 사해행위가 될 수 있다 (대법원 2017. 4. 27. 선고 2016다279206 판결 [사해행위취소])

> 판례해설
>
> 우리 대법원은 건축 중인 건물 외에 별다른 재산이 없는 채무자가 수익자에게 책임재산인 위 건물을 양도하기 위해 수익자 앞으로 건축주명의를 변경해주기로 약정하였다면 위 양도 약정이 포함되어 있다고 볼 수 있는 건축주명의변경 약정은 채무자의 재산감소 효과를 가져오는 **행위**로서 다른 일반채권자의 이익을 해하는 사해행위가 될 수 있다고 판단하였다.

법원판단

건축 중인 건물 외에 별다른 재산이 없는 채무자가 수익자에게 책임재산인 위 건물을 양도하기 위해 수익자 앞으로 건축주명의를 변경해주기로 약정하였다면 **위 양도 약정이 포함되어 있다고 볼 수 있는 건축주명의변경 약정은 채무자의 재산감소 효과를 가져오는 행위**로서 다른 일반채권자의 이익을 해하는 사해행위가 될 수 있다.

원심은 그 판시와 같은 사정을 종합하여, 미완성 상태의 이 사건 건물 외에 별다른 재산이 없던 소외인이 피고와 사이에 체결한 이 사건 건축주명의변경 약정은 채권자인 원고를 해하는 사해행위가 되고, 수익자인 피고의 위 사해행위에 대한 악의의 추정은 이를 번복할 증거가 없다고 판단하였다.

앞서 본 법리와 기록에 비추어 살펴보면, 원심의 위와 같은 판단은 정당한 것으로 수긍할 수 있고, 거기에 사해행위, 수익자의 악의 추정 및 건물 소유권 귀속에 관한 법리 오해의 위법이 없다.

상속인들 사이의 상속분할협의 (대법원 2008. 3. 13. 선고 2007다73765 판결)

판례해설

상속의 경우 각 상속인마다 일정 지분의 상속분이 있고 이를 포기(상속포기)하거나 아니면 상속인 중 누가 더 많이 가져가는 것(상속협의)은 원칙적으로 상속인 들의 자유이다(물론 피상속인이 유증일 경우는 예외이다). 문제는 **상속 포기가 아닌 채무자가 자신의 상속분에 미치지 못할 정도로 상속분할 협의**를 하는 경우 이와 같은 행위가 과연 채권자에 대하여 사해행위가 되는지 여부이다.

그러나 상속인의 상속분도 엄연히 상속인의 재산에 해당하고 상속인이 채무자라고 한다면 그와 같은 재산을 처분하는 행위이기 때문에 일단 법원에서는 상속분할 협의도 사해행위에 포함된다고 판시하였다.

다만 사해행위 범위와 관련하여 상속인의 상속분은 특별수익과 기여분 등을 전부 고려하여 계산된 **자신의 상속분을 기준으로** 그 이상은 어차피 자신에게 처분권이 존재하는 것은 아니기 때문에 결국 채무자에게 주어지는 상속분에 미치지 못하는 범위 내에서 사해행위를 인정하였다.

법원판단

1. 제1점에 대하여

상속재산의 분할협의는 상속이 개시되어 공동상속인 사이에 잠정적 공유가 된 상속재산에 대하여 그 전부 또는 일부를 각 상속인의 단독소유로 하거나 새로운 공유관계로 이행시킴으로써 상속재산의 귀속을 확정시키는 것으로 **그 성질상 재산권을 목적으로 하는 법률행위이므로 사해행위취소권 행사의 대상**이 될 수 있다 할 것이다.

같은 취지의 원심 판단은 정당하고, 거기에 상고이유로 주장하는 채권자취소권 행사의 대상에 관한 법리오해의 위법이 없다. 이 부분 상고이유의 주장은 이유 없다.

2. 제2점에 대하여

공동상속인의 상속분은 그 유류분을 침해하지 않는 한 피상속인이 유언으로 지정한 때에는 그에 의하고 그러한 유언이 없을 때에는 법정상속분에 의하나, 피상속인으로부터 재산의 증여 또는 유증을 받은 자는 그 수증재산이 자기의 상속분에 부족한 한도 내에서만 상속분이 있고(민법 제1008조), 피상속인의 재산의 유지 또는 증가에 특별히 기여하거나 피상속인을 특별히 부양한 공동상속인은 상속 개시 당시의 피상속인의 재산가액에서 그 기여분을 공제한 액을 상속재산으로 보고 지정상속분 또는 법정상속분에 기여분을 가산한 액으로써 그 자의 상속분으로 하므로(민법 제1008조의2 제1항), **지정상속분이나 법정상속분이 곧 공동상속인의 상속분이 되는 것이 아니고 특별수익이나 기여분이 있는 한 그에 의하여 수정된 것이 재산분할의 기준이 되는 구체적 상속분**이라 할 수 있다.

따라서 이미 채무초과 상태에 있는 채무자가 상속재산의 분할협의를 하면서 상속재산에 관한 권리를 포기함으로써 결과적으로 일반 채권자에 대한 공동담보가 감소되었다 하더라도, 그 재산분할결과가 위 구체적 상속분에 상당하는 정도에 미달하는 과소한 것이라고 인정되지 않는 한 사해행위로서 취소되어야 할 것이 아니고, **구체적 상속분에 상당하는 정도에 미달하는 과소한 경우에도 사해행위로서 취소되는 범위는 그 미달하는 부분에 한정**하여야 한다. 이때 지정상속분이나 기여분, 특별수익 등의 존부 등 구체적 상속분이 법정상속분과 다르다는 사정은 채무자가 주장·입증하여야 할 것이다.

기록에 의하면 피고들은 제1심에서 1999. 11. 25.자 준비서면으로써 피고 2가 피상속인의 생존시인 1997. 4. 10. 소외 부산국민상호신용금고에 피상속인의 소유이던 부산 부산진구 전포동 소재 지하상가에 관하여 채권최고액 금 9,750만 원의 근저당권을 설정하고 피고 2이 채무자가 되어 금 8,000만 원을 대출받아 소비함으로써 자기 상속분을 넘는 사전상속을 받았기 때문에 상속재산의 분할협의 과정에서 피고 2이 상속재산을 받지 않기로 한 것이라고 주장하면서, 그 증거로 위 지하상가에 관한 등기부등본(을 제1호증)을 제출하였고, 위 을 제1호증에 의하면 위 점포에 관하여 피고들 주장과 같은 근저당권설정등기가 경료되었다가 이 사건 분할협의 후인 1998. 7. 31. 그 근저당권이 말소된 사실을 알 수 있는바, 사정이 이러하다면 피고 2 자신이 위 대여금 채무를 변제하지 아니한 이상 위 박동혁으로부터 위 대여금 상당의 증여를 받았다고 추정할 수 있고 따라서 그는 위 수증액이 자기의 상속분에 부족한 한도 내에서만 상속분이 있다고 보아야 할 것이므로, 원심으로서는 위 대여금 채무를 피고 2이 변제한 것인지 여부를 밝혀보고 만일 그가 변제한 것이 아니라면 상속재산을 적절히 평가한 다음 피고 2의 법정상속분에서 위 수증액을 공제하고서도 나머지가 있는지를 판단하여 사해행위가 되는 범위를 확정한 후 그에 따른 지분이전 또는 가액반환을 명하였어야 함에도, 이에 나아가 심리·판단하지 아니한 채 피고 2의 법정상속분 전체에 대하여 사해행위가 성립한다고 판단한 원심판결에는 피고들의 위 주장에 관한 판단을 유탈하거나 상속재산의 분할협의에 이르게 된 사정에 관한 심리를 다하지 아니한 잘못이 있다 할 것이고 이는 판결 결과에 영향을 미쳤음이 분명하다. 이 점을 지적하는 상고이유의 주장은 이유 있다.

그러므로 원심판결을 파기하고 사건을 다시 심리·판단하게 하기 위하여 원심법원에 환송하기로 하여 관여 대법관의 일치된 의견으로 주문과 같이 판결한다.

상속포기행위는 사해행위로 될 수 없다 (대법원 2011. 6. 9. 선고 2011다29307 판결)

판례해설

　사해행위 취소와 관련하여 **대법원은 상속 포기와 상속분할 협의를 다르**게 판단하고 있다. 즉 상속분할 협의는 채권자를 해하는 사해행위가 될 수는 있어도 상속포기는 사해행위가 될 수 없다. 동일한 상속인의 재산적 처분 행위임에도 일부 포기(상속재산 분할을 이해하기 쉽게 이렇게 표현하였다)는 사해행위가 가능하나 전부 포기하는 것은 불가능하다는 것은 자칫 이해하기 어려울 수가 있다.

　대법원에서 이에 대하여 **상속 포기는 상속인으로서의 재산을 포기하는 것이 아니라 인적 관계 자체가 절단된다는 것을 의미하고 더불어 이로 인해 채권자는 특별히 손해 볼 수 있는 것은 아니라고 판단**한 것이다. 그 이유는 어차피 피상속인의 재산은 당시의 상속인의 재산도 아니었고 상속인의 재산이 될 것이라는 기대권 자체는 사해행위 취소를 요청하는 채권자의 입장에서 보면 법적으로 보호할 만한 권리는 아니라고 판시한 것이다.

법원판단

[1] **상속의 포기는 상속이 개시된 때에 소급하여 그 효력**이 있고(민법 제1042조), **포기자는 처음부터 상속인이 아니었던 것**이 된다. 따라서 상속포기의 신고가 아직 행하여지지 아니하거나 법원에 의하여 아직 수리되지 아니하고 있는 동안에 포기자를 제외한 나머지 공동상속인들 사이에 이루어진 상속재산분할협의는 후에 상속포기의 신고가 적법하게 수리되어 상속포기의 효력이 발생하게 됨으로써 공동상속인의

자격을 가지는 사람들 전원이 행한 것이 되어 소급적으로 유효하게 된다. 이는 설사 포기자가 상속재산분할협의에 참여하여 그 당사자가 되었다고 하더라도 그 협의가 그의 상속포기를 전제로 하여서 포기자에게 상속재산에 대한 권리를 인정하지 아니하는 내용인 경우에는 마찬가지이다.

[2] 상속의 포기는 비록 포기자의 재산에 영향을 미치는 바가 없지 아니하나(그러한 측면과 관련하여서는 '채무자 회생 및 파산에 관한 법률' 제386조도 참조) **상속인으로서의 지위 자체를 소멸하게 하는 행위로서 순전한 재산법적 행위와 같이 볼 것이 아니다.** 오히려 상속의 포기는 1차적으로 피상속인 또는 후순위상속인을 포함하여 다른 상속인 등과의 인격적 관계를 전체적으로 판단하여 행하여지는 **'인적 결단'으로서의 성질**을 가진다. 그러한 행위에 대하여 비록 **상속인인 채무자가 무자력상태에 있다고 하여서 그로 하여금 상속포기를 하지 못하게 하는 결과가 될 수 있는 채권자의 사해행위취소를 쉽사리 인정할 것이 아니다.** 그리고 상속은 피상속인이 사망 당시에 가지던 모든 재산적 권리 및 의무·부담을 포함하는 총체재산이 한꺼번에 포괄적으로 승계되는 것으로서 다수의 관련자가 이해관계를 가지는데, 위와 같이 상속인으로서의 자격 자체를 좌우하는 상속포기의 의사표시에 사해행위에 해당하는 법률행위에 대하여 채권자 자신과 수익자 또는 전득자 사이에서만 상대적으로 그 효력이 없는 것으로 하는 채권자취소권의 적용이 있다고 하면, **상속을 둘러싼 법률관계는 그 법적 처리의 출발점이 되는 상**

속인 확정의 단계에서부터 복잡하게 얽히게 되는 것을 면할 수 없다. 또한 상속인의 채권자의 입장에서는 상속의 포기가 그의 기대를 저버리는 측면이 있다고 하더라도 채무자인 상속인의 재산을 현재의 상태보다 악화시키지 아니한다. 이러한 점들을 종합적으로 고려하여 보면, 상속의 포기는 민법 제406조 제1항에서 정하는 "재산권에 관한 법률행위"에 해당하지 아니하여 사해행위취소의 대상이 되지 못한다.

[3] 상속인 갑이 상속포기 신고를 하였는데, 나머지 공동상속인들이 위 신고가 수리되면 갑은 처음부터 상속인에 해당하지 않는다고 생각하여, 상속포기 신고를 한 날 갑을 제외한 채 상속재산분할협의를 한 사안에서, 상속포기가 사해행위취소의 대상이 될 수 없고, 설령 갑이 상속재산분할협의에 참여하여 당사자가 되었더라도 협의 내용이 갑의 상속포기를 전제로 상속재산에 대한 권리를 인정하지 아니하는 것으로서 같은 날 행하여진 갑의 상속포기 신고가 그 후 수리됨으로써 상속포기의 효과가 적법하게 발생한 이상 이를 달리 볼 것이 아니라는 취지의 원심판단을 수긍한 사례.

채무자가 시효이익 포기 행위 (인정) (대법원 2013.5.31. 자 2012마712 결정)

판례해설

사해행위 취소가 되는 행위는 채무자의 재산상 법률행위이고 해당 법률행위로 인하여 채무자의 자력이 무자력이 되거나 감소되는 행위이다. 대상판결에서는 채무자의 시효이익 포기가 즉 가등기청구권 자체가 시효로 소멸되었음에도 불구하고 본등기를 경료하여 준 것이 과연 사해행위가 되느냐가 문제되었고 원심에서는 **본등기의 경료행위는 가등기의 원인인 법률행위에서 발생한 효과에 따른 일련의 행위에 불과하고 여기에서의 시효이익포기는 단순히 본등기 신청행위의 다른 면에 해당한다**고 판시하였다.

살피건대, 사해행위 취소 범위를 어떻게 보느냐에 따라 다르겠지만 시효이익 포기가 과연 채무자의 의무인지 여부도 의심스럽기도 하지만, 대상판결은 이에 더하여 채무자로서는 아무런 법률행위도 하지 않았던 <u>소극적 행위까지도 법률행위로 평가하여 그로 인하여 발생하는 법률적 효과까지도 취소</u>시키고 있으므로 이것이 과연 타당할지 의문이다.

그러나 대법원은 원칙적으로 시효이익을 받는 채무자가 그 시효이익을 포기하는 행위 자체도 사해행위라고 평가하였으므로 주의를 요한다.

법원판단

채무자가 <u>소멸시효 완성 후에 한 소멸시효이익의 포기행위는 소멸</u>하였던 채무가 소멸하지 않았던 것으로 되어 결과적으로 채무자가 부담하지 않아도 되는 채무를 새롭게 부담하게 되는 것이므로 **채권자취소권의 대상인 사해행위**가 될 수 있다.

원심이 인정한 사실에 의하면, 주식회사 대한상호신용금고가 1994. 1. 25. 신청외 1에게 700,000,000원을 변제기 1995. 1. 25. 이율 연 16.5%로 정하여 대출하였고(이하 이를 '이 사건 대출'이라 한다), 이 사건 대출 시 신청외 2, 3, 4, 5는 신청외 1의 주식회사 대한상호신용금고에 대한 대출금채무를 연대보증한 사실, 주식회사 대한상호신용금고의 이 사건 대출에 의한 채권은 주식회사 한아름신용금고, 한아름제이차유동화전문 유한회사에 순차 양도되었다가 채권자가 2003. 10. 31. 한아름제이차유동화전문 유한회사로부터 이를 양수한 사실, 신청외 2는 그 소유인 양주시 남방동 (지번 생략) 전 694㎡(이하 '이 사건 토지'라고 한다)에 관하여 1998. 6. 25. 채무자에게 1998. 5. 20.자 매매예약을 원인으로 하여 의정부지방법원 의정부등기소 1998. 6. 25. 접수 제36517호로 소유권이전청구권가등기(이하 '이 사건 가등기'라고 한다)를 마쳐주었고, 2011. 8. 18. 채무자에게 1998. 9. 25.자 매매를 원인으로 하여 같은 등기소 2011. 8. 18. 접수 제75554호로 위 가등기에 기한 소유권이전 본등기(이하 '이 사건 가등기에 기한 본등기'라고 한다)를 마쳐준 사실 등을 알 수 있다.

이와 같은 사실을 앞서 본 법리 및 관련 법리에 비추어 보면, 채무자가 1998. 9. 25. 매매예약완결권을 행사하여 그때부터 신청외 2에 대하여 이 사건 토지에 관한 가등기에 기한 본등기청구권을 행사할 수 있었음에도 이를 10년간 행사하지 아니함으로써 소멸시효가 완성되었다고 할 것이고, 이 사건 가등기에 기한 본등기청구권이 소멸되는 시효이익을 받는 자인 신청외 2가 2011. 8. 18. 이 사건 토지에 관하여 채무자 명의로 이 사건 가등기에 기한 본등기를 마쳐줌으로써 자신의 시효이익을 포기하는 행위를 하였다고 할 수 있으며, 이러한 신청외 2의 소멸시효이익의 포기행위는 신청외 2와 채무자 사이의 1998. 5. 20.자 매매예약과는 별개로 채권자취소권의 대상인 사해행위에 해당한다고 볼 수 있다.

그럼에도 불구하고 원심은 이와 달리, **이 사건 본등기의 경료행위는 가등기의 원인인 법률행위에서 발생한 효과에 따른 일련의 행위라고 보아야 하고, 채권자가 주장하는 신청외 2의 시효이익의 포기도 신청외 2의 본등기 신청 행위를 다른 면에서 평가한 것에 불과하여 궁극적으로는 본등기의 기초가 되는 가등기의 원인인 법률행위와 따로 떼어놓고 판단할 수 없다고 전제한 후, 이 사건 가등기의 원인인 법률행위는 1998. 5. 20.자 매매예약이고 이로부터 민법 제406조 제2항에서 정한 5년의 제척기간이 경과하였음이 역수상 명백하므로 가등기의 원인인 법률행위를 취소할 수 없고, 그와 따로 떼어 판단할 수 없는 채권자 주장의 시효이익 포기의 의사표시도 취소할 수 없으므로 이 사건 가처분의 피보전권리가 인정될 수 없다는 이유로 이 사건 가처분신청을 기각**하였다.

이러한 원심판단에는 채권자취소권의 대상이 되는 소멸시효이익의 포기행위에 관한 법리를 오해하는 등의 잘못으로 결정에 영향을 미친 위법이 있다. 이 점을 지적하는 재항고이유 주장은 이유 있다.

협의이혼시 재산분할행위 등 (대법원 2001. 2. 9. 선고 2000다63516 판결)

판례해설

이혼으로 인하여 재산분할하는 행위 역시 채권자취소권에서 인정하는 사해행위가 될 수 있다. 법률상 부부가 이혼할 당시 쌍방이 협력으로 형성된 공동재산이 존재할 것이고(이는 전업주부라고 해서 인정되지 않는 것은 아니다) 이에 대하여 명의가 배우자에게 있다고 하더라도 그와 같은 재산은 분할의 대상이다.

다만 재산분할행위가 사해행위에서 문제되는 부분은 그와 같은 분할이 공동으로 협력하여 형성한 재산 이상의 부분을 양도하였을 경우 문제이고 사해행위 취소의 대상은 <u>원칙적으로 재산분할로서 자신의 노력부분을 고려하여 받아야 할 부분 이외의 과다한 부분만이 취소의 대상이 되고 그 부분에 한하여 채권자취소권 행사의 대상이 된다고 판단</u>한 것이다.

더 나아가 이 사건의 쟁점 중 또 하나는 입증의 문제이다. 즉 그와 같은 과도한 재산분할이라는 점에 대해 누가 증명책임을 부담하여야 하는지의 문제로, 대상판결에서는 사해행위 소송을 제기한 채권자가 부담하여야 한다고 판시하였다. 그러나 **부부 쌍방이 공동협력한 부분은 부부 내부의 문제이기 때문에 채권자로서는 그저 일반 상식에 비추어 주장할 수밖에 없고 입증책임 문제로 패소확률이 높아졌던** 것이다.

부부 내부의 문제에 관하여는 가급적 개입하지 않으려는 법원의 태도

> 가 보이지만 이로 인하여 사해행위 취소 채권자에게는 다소 불리한 판결임이 사실이다.

법원판단

원심은 <u>**이 사건 부동산을 처인 피고에게 증여한 행위**</u>는 특별한 사정이 없는 한 사해행위에 해당한다고 할 것이고, **이경학이 1996. 1. 15.부터 1997. 12. 10.까지 매제인 소외 1가 경영하던 한일엔지니어링에 근무한 기간을 제외하고는 정상적인 직장생활을 한 적이 없었고 현재도 뚜렷한 직업 없이 생활하고 있으며 이 사건 부동산을 제외한 재산이 전무한 사실 및 이 사건 부동산은 이경학이 상속받은 토지에 대한 수용보상금으로 취득한 사실을 피고도 자인하고 있어**, 이와 같은 이경학의 재산상태, 이 사건 부동산의 취득경위, 이경학과 소외 1 및 피고의 관계 등 제반 사정을 종합하여 보면 이 사건 부동산의 증여 당시 소외 2은 물론 피고에게도 사해의 의사가 있었다고 봄이 상당하다고 하여 증여계약의 전부를 취소하였다.

그러나 이혼에 따른 재산분할은 혼인중 쌍방의 협력으로 형성된 공동재산의 청산이라는 성격에 상대방에 대한 부양적 성격이 가미된 제도임에 비추어, 이미 채무초과 상태에 있는 채무자가 이혼을 하면서 배우자에게 재산분할로 일정한 재산을 양도함으로써 결과적으로 일반 채권자에 대한 공동담보를 감소시키는 결과로 되어도, <u>**그 재산분할이 민법**</u>

<u>제839조의2 제2항 의 규정 취지에 따른 상당한 정도를 벗어나는 과대한 것이라고 인정할 만한 특별한 사정이 없는 한</u>, 사해행위로서 취소되어야 할 것은 아니라고 할 것이고, 다만 상당한 정도를 벗어나는 초과부분에 대하여는 적법한 재산분할이라고 할 수 없기 때문에 이는 사해행위에 해당하여 취소의 대상으로 될 수 있을 것이고, 위와 같이 상당한 정도를 벗어나는 과대한 재산분할이라고 볼 만한 특별한 사정이 있다는 점에 관한 입증책임은 채권자에게 있다고 보아야 할 것이다(대법원 2000. 7. 28. 선고 2000다14101 판결 , 2000. 9. 29. 선고 2000다25569 판결 참조).

기록에 의하여 살펴보면, 피고는 1981. 1. 26. 소외 2과 혼인신고를 마쳤다가 가정불화로 말미암아 1998년 1월경 협의이혼을 하기로 하면서 소외 2이 피고에게 이 사건 아파트를 이혼에 따른 위자료 등 명목으로 증여함으로써 실질적으로 협의에 의한 재산분할의 취지를 포함하여 이 사건 부동산을 양도하였음을 알 수 있는바, 그렇다면 피고가 이 사건 부동산을 취득한 것은 일응 협의이혼에 따른 재산분할에 따른 것으로 볼 것이므로 사해행위 취소의 대상이 아니라고 할 것이다. 다만 기록에 의하여 인정되는 혼인에서 이혼에 이르기까지의 경위, 혼인생활 중 소외 2이 이 사건 아파트를 취득한 사정, 두 사람이 이혼 후 소유하게 되는 재산의 정도와 함께 소외 2이 피고에게 이 사건 아파트를 재산분할로 양도함으로써 소외 2에게는 집행 가능한 재산이 거의 없게 되는 반면 채권자인 원고가 소외 2에 대하여 가지는 채권은 금

50,000,000원이 넘는 사실 등 모든 사정을 참작하면, 소외 2이 피고에게 이 사건 아파트 전체를 재산분할로서 양도하는 것은 그 상당성을 넘는 것으로 보이므로, 원심으로서는 피고와 소외 2의 이혼으로 인한 재산분할과 관련된 사정을 좀더 심리하여 협의이혼에 따른 적정한 재산분할의 액수를 확정한 다음 그 초과 부분에 한하여 사해행위로서 취소를 명하였어야 할 것이다(갑 제8호증의 기재에 의하면 이 사건 아파트에 관하여 피고 앞으로 소유권이전등기가 경료된 후에 피고를 채무자로 하여 채권최고액 금 84,000,000원의 근저당권설정등기가 경료된 사실을 알 수 있는바, 원심으로서는 재산분할 액수를 정함에 있어서 그 근저당권을 담보로 대출이 이루어졌는지와 그 대출금을 누가 사용하였는지도 심리해 볼 필요가 있다). 그럼에도 불구하고 원심은 이 점을 간과하고 이 사건 증여계약 전부를 사해행위라고 보아 취소하였으니 거기에는 이 사건 아파트의 증여에 이르게 된 사정에 관한 심리를 다하지 않았거나 사해행위 취소의 대상으로서 재산분할에 관한 법리를 오해하여 판결에 영향을 미친 위법이 있다고 할 것이다.

구체화되지 않은 이혼에 따른 재산분할청구권을 포기하는 행위(부정) (대법원 2013. 10. 11. 선고 2013다7936 판결)

판례해설

　간혹 채무자 자신의 채무 증가로 인하여 배우자에게 해를 미치게 하지 않기 위하여 가장이혼을 하는 경우가 종종 있다. 그러나 그와 같은 가장이혼을 하는 경우에는 대부분 재산분할 청구권 자체를 포기하고 모든 재산을 배우자 명의로 돌리는 바 법원은 이를 사해행위로 평가하고 대부분 취소 판결을 내리고 있다.

　다만 대상판결에서는 이혼이 아직 성립하기 전에 배우자의 재산에 대하여 재산분할청구권 포기가 사해행위라고 하여 청구할 수 있는 지 문제되었다. 그러나 **재산분할 청구권 자체는 이혼이 거의 명확해진 시점에서 비로소 인정될 수 있고** 더불어 **구체적인 분할 액수까지 도출되어야 비로소 사해 취소의 범위도 특정**할 수 있는 바, 그렇지 않고 이혼도 하지 않았는데 무턱대고 배우자 재산에 대하여 취소 청구를 하고 그 청구원인으로 재산분할청구권 포기를 취소한다고 주장할 경우 대상판결과 같이 기각당하는 것이다.

법원판단

　<u>**이혼으로 인한 재산분할청구권은 이혼을 한 당사자의 일방이 다른 일방에 대하여 재산분할을 청구할 수 있는 권리로서 이혼이 성립한 때에 그 법적 효과로서 비로소 발생하는 것일**</u> 뿐만 아니라, 협의 또는 심판에 의하여 구체적 내용이 형성되기까지는 그 범위 및 내용이 불명확·불확정하기 때문에 구체적으로 권리가 발생하였다고 할 수 없으므로 협의 또는 심판에 의하여 구체화되지 않은 재산분할청구권은 채무자의

책임재산에 해당하지 아니하고, 이를 포기하는 행위 또한 채권자취소권의 대상이 될 수 없다.

원심이 같은 취지에서 원고들의 채무자인 소외인이 피고와 이혼한 후에 아직 협의 또는 심판을 거치지 않은 상태에서 피고에 대한 재산분할청구권을 포기한 행위가 사해행위 취소의 대상이 되지 않는다고 판단한 것은 정당하고, 거기에 상고이유 주장과 같은 재산분할청구권 포기에 관한 사해행위 취소의 법리를 오해한 위법 등이 없다.

상속인의 유증 포기 행위 (대법원 2019. 1. 17. 선고 2018다260855 판결)

판례해설

우리 대법원은 유증받을 자는 유언자의 사망 후에 언제든지 유증을 승인 또는 포기할 수 있고, 그 효력은 유언자가 사망한 때에 소급하여 발생하므로(민법 제1074조), 채무초과 상태에 있는 채무자라도 자유롭게 유증받을 것을 포기할 수 있고 채무자의 유증 포기가 직접적으로 채무자의 일반재산을 감소시켜 채무자의 재산을 유증 이전의 상태보다 악화시킨다고 볼 수도 없으므로 유증을 받을 자가 이를 포기하는 것은 사해행위 취소의 대상이 되지 않는다고 보고 있다.

법원판단

1. 유증을 받을 자는 유언자의 사망 후에 언제든지 유증을 승인 또는 포기할 수 있고, 그 효력은 유언자가 사망한 때에 소급하여 발생하므로(민법 제1074조), 채무초과 상태에 있는 채무자라도 자유롭게 유증을 받을 것을 포기할 수 있다. 또한 채무자의 유증 포기가 직접적으로 채무자의 일반재산을 감소시켜 채무자의 재산을 유증 이전의 상태보다 악화시킨다고 볼 수도 없다. 따라서 유증을 받을 자가 이를 포기하는 것은 사해행위 취소의 대상이 되지 않는다고 보는 것이 옳다.

2. 원심판결 이유를 앞서 본 법리와 기록에 비추어 살펴보면, 원심이 유증의 포기는 사해행위 취소의 대상이 될 수 없다는 이유로 이 사건 부동산에 대한 유증 포기의 취소 및 그 원상회복을 구하는 원고의 청구를 받아들이지 아니한 것은 정당하고, 거기에 상고이유 주장과 같이 특정유증과 사해행위에 관한 법리를 오해하여 판결에 영향을 미친 잘못이 없다.

소멸예정인 매매예약 완결권에 관하여 연장하는 새로운 매매예약을 체결하는 경우 (대법원 2018. 11. 29. 선고 2017다247190 판결)

> **판례해설**
>
> 시효가 완성된 이후 채무자가 시효이익을 포기한 것에 대해서 사해행위가 될 수 있다는 사실관계는 이미 살펴보았다. 대상판결은 더 나아가 시효가 임박한 채권에 대하여 연장하는 법률행위를 하였는바 이것조차도 사해행위라고 판단하였다.
>
> 그러나 개인적인 의견으로는 채권자의 지위에서 채무자의 책임재산이 아닌 상태의 물건에 대하여 우연한 계기로 자력에 포함되었다고 보는 것은 채권자에게 또다른 이익을 주는 해석으로 보이는 바 납득할 수 없다고 하겠다.

법원판단

1. 민법 제564조가 정하고 있는 매매예약에서 예약자의 상대방이 매매예약 완결의 의사표시를 하여 매매의 효력을 생기게 하는 권리, 즉 매매예약의 완결권은 일종의 형성권으로서 당사자 사이에 행사기간을 약정한 때에는 그 기간 내에, 약정이 없는 때에는 예약이 성립한 때부터 10년 내에 이를 행사하여야 하고, 그 기간이 지난 때에는 예약 완결권은 제척기간의 경과로 소멸한다(대법원 1992. 7. 28. 선고 91다44766, 44773 판결, 대법원 2017. 1. 25. 선고 2016다42077 판결 등 참조).

<u>채무자가 유일한 재산인 그 소유의 부동산에 관한 매매예약에 따</u>

른 예약 완결권이 제척기간 경과가 임박하여 소멸할 예정인 상태에서 제척기간을 연장하기 위하여 새로 매매예약을 하는 행위는 채무자가 부담하지 않아도 될 채무를 새롭게 부담하게 되는 결과가 되므로 채권자취소권의 대상인 사해행위가 될 수 있다.

2. 원심판결에 따르면 다음 사실을 알 수 있다.

가. 원고는 소외인을 상대로 서울중앙지방법원 2004차23149호로 대위변제금 3,475,528원에 대한 지급명령을 신청하여 2004. 10. 26. 위 지급명령이 확정되었다. 이후 **원고는 시효를 연장하기 위하여 같은 법원 2014가소551128호로 구상금을 청구하는 소를 제기하여** 2014. 7. 30. 3,475,528원과 그 지연손해금의 지급을 명하는 이행권고결정을 받아 2014. 8. 21. 이 결정이 확정되었다.

나. 소외인은 2005. 9. 5. 여동생인 피고와 제1심 판결 별지 목록 기재 각 부동산(이하 '이 사건 부동산'이라 한다)에 관하여 매매예약을 하였는데(이하 '이 사건 제1매매 예약'이라 한다), 매매대금 4,200만 원, 예약완결권 행사기한 2005. 12. 30.로 하고 그 이후에도 매매예약이 유효하게 존속하는 한 이를 행사할 수 있도록 정하였다. 그 후 소외인은 2005. 9. 20. 피고 앞으로 이 사건 부동산에 관하여 이 사건 제1매매 예약을 원인으로 소유권이전청구권가등기(이하 '제1가등기'라 한다)를 마쳤다.

다. 소외인은 2015. 4. 6. 피고와 이 사건 부동산에 관하여 매매대금 4,200만 원, 예약완결권의 행사기한 2015. 6. 30.로 하고 그 이후에도 매매예약이 유효하게 존속하는 한 이를 행사할 수 있도록 정하여 매매예약을 하였다(이하 '이 사건 제2매매 예약'이라 한다). 소외인은 같은 날 피고 앞으로 이 사건 제2매매 예약을 원인으로 소유권이전청구권가등기(이하 '제2가등기'라 한다)를 마쳤다.

3. 원심은 피고와 소외인의 이 사건 제2 매매 예약이 취소되어야 하고, 피고는 소외인에게 제2가등기의 말소등기절차를 이행할 의무가 있다고 판단하였다. 그 이유로 소외인이 유일한 재산인 이 사건 부동산에 관한 이 사건 제1매매 예약에 따른 예약완결권의 제척기간 경과가 임박하여 소멸할 예정인 상태에서 피고와 이 사건 부동산에 관하여 다시 제2매매 예약을 한 것은 사해행위에 해당한다는 점을 들었다.

사해행위로 인하여 이전된 부동산에 담보가 설정되어 있고 해당 담보가액이 부동산 가격을 초과하고 있을 경우(부정) (대법원 1997. 9. 9. 선고 97다10864 판결)

판례해설

사해행위로 인하여 이전된 부동산에 담보가 설정되어 있고 해당 담보가액이 부동산 가격을 초과하고 있을 경우에 우리 대법원은 해당 부동산의 처분행위에 대하여 부정하고 있다.

법원판단

　원심판결 이유에 의하면 원심은 채무초과 상태에 빠진 소외인이 그 소유의 판시 제3목록 기재 부동산을 피고 회사에게 금 1,043,000,000원에 매도할 당시 위 부동산의 가액은 금 952,088,770원이고 위 부동산에 관하여 당시 채권최고액 합계 금 1,170,000,000원의 근저당권설정등기가 마쳐져 있었는데 피고 회사가 위 부동산을 매수한 후 위 소외인을 대신하여 위 근저당권의 피담보채무 합계 금 923,163,681원, 가압류채권자들에 대한 채무 합계 금 78,739,993원, 임차권자들에 대한 임차보증금 반환채무 합계 금 30,000,000원 및 소외 한국제유조합에 대한 일반채무 금 9,360,000원 등 합계 금 1,041,263,647원을 변제한 사실을 인정한 다음 피고 회사의 위 부동산 취득행위는 그 취득가액이 위 부동산의 당시 가격을 넘어설 뿐 아니라 위 부동산에는 이미 그 가액에 상당하는 피담보채무액을 담보하기 위한 각 근저당권설정등기가 마쳐져 있었던 점에 비추어 위 부동산이 일반 채권자들의 공동담보에 공하여지는 위 소외인의 책임재산으로서의 기능은 미약한 상태였다고 할 수 있으므로 피고 회사의 위 취득행위가 위 부동산을 위 소외인의 책임재산에서 제외시키는 결과를 가져왔다고 하여 이를 들어 일반 채권자들을 해하는 사해행위라고 할 수 없다고 판단하고 있다.

　기록에 의하여 살펴보면 원심의 사실인정은 정당하고 거기에 소론 주장과 같은 채증법칙 위배, 심리미진 등의 위법이 있다고 할 수 없다. 그리고 채무자가 양도한 목적물에 담보권이 설정되어 있는 경우라면 그 목적물 중에서 일반 채권자들의 공동담보에 공하여지는 책임재산은 피담보채권액을 공제한 나머지 부분만이라 할 것이고 피담보채권액이 목적물의 가격을 초과하고 있는 때에는 당해 목적물의 양도는 사해행위에 해당한다고 할 수 없다고 할 것이다(대법원 1996. 10. 29. 선고 96다23207 판결 참조). 이와 같은 취지의 원심판단도 정당하고 거기에 사해행위에 관한 법리오해의 위법 등이 있다고 할 수 없다. 논지는 모두 이유 없다.

특정 채권자에 대한 공정증서 작성행위(부정) (대법원 2011.12.22. 선고 2010다103376 판결)

> **판례해설**
>
> 대상판결은 채무자의 채무 소멸 행위 중 변제 행위는 일단 사해행위가 되지 않는다는 전제하에 **채무자가 특정 채권자에 대하여 배당에 참여하게 할 의도로 약속어음 공증을 만들어 주었을 경우** 이와 같은 행위가 사해행위에 해당하는지에 관한 사례이다.
>
> 원심은 이에 대하여 **채무자가 특정한 채권자에 대하여 공증(집행권원을 만들어)을 하여 배당받도록 하는 것은 사해행위라고 평가하였으나 <u>대법원은 특정 채권자에 대하여 우선변제 받게 할 의도가 아닌 한 공증을 한 것 자체로는 사해행위로 평가 될 수 없다</u>**고 한 것이다.

생각건대 사해행위라고 함은 채무자가 특정채권자에게 이익을 주고 그 외 채권자를 해할 목적으로 이루어지는 것인바, 특정 채권자가 공증에 이어 자신의 채권액에 따라 평등 배당을 받는 것은 특정 채권자를 해하는 것이 아니라 특정 채권자 역시 자신의 채권액의 비율에 따라 배당을 받는 것에 불과하므로 이를 특별히 사해행위라고 평가될 수 없다고 보인다.

다만 공증에서의 문제점 즉 채무자가 허위로 공증서류를 만들어 배당에 참여하게 하였을 경우 해당 공증은 민법 제108조에 의하여 무효인바 대상판결은 이를 적절히 살피지 않은 원심을 탓하며 파기환송한 것이다.

법원판단

1. 채권자가 채무의 변제를 구하는 것은 그의 당연한 권리행사로서 다른 채권자가 존재한다는 이유로 이것이 방해받아서는 아니 되고 채무자도 다른 채권자가 있다는 이유로 그 채무이행을 거절할 수는 없는 것이므로, 채무자의 재산에 대한 경매절차에서 평등하게 배당받기 위해 집행권원을 필요로 하는 채권자의 요구에 따라 채무자가 그 채권자에 대한 기존채무의 변제를 위하여 소비대차계약을 체결하고 강제집행을 승낙하는 취지가 기재된 공정증서를 작성하여 준 경우에는 그와 같은 행위로 인해 자신의 책임재산을 특정 채권자에게 실질적으로 양도한 것과 다를 바 없는 것으로 볼 수 있는 특별한 사정이 있는 경우에 해당하지 아니하는 한 다른 채권자를 해하는 사해행위가 된다고 볼 수 없다.

2. 원심은 제1심판결의 이유를 인용하여, 피고가 2009. 2. 18. 소외인과 이 사건 소비대차계약을 체결하고 그에 관한 이 사건 공정증서를 작성받은 사실, 이 사건 부동산에 대한 경매절차에서 2009. 9. 4. 실제 배당할 금액 중 판시와 같이 1순위 채권자 및 2순위 채권자인 주식회사 국민은행, 각 3순위 채권자인 원고와 피고 등에게 그 순위와 채권액에 따라 배당하는 내용으로 배당표가 작성된 사실 등을 인정한 다음, 소외인이 평소 잘 알고 지내던 피고와 이 사건 부동산에 관한 매매계약을 체결하고 그 소유권이전등기를 마쳐준 행위에 대하여 사해행위에 해당한다는 판결을 선고받은 지 불과 13일이 지난 후에 다시 피고와 이 사건 소비대차계약을 체결하고 이 사건 공정증서를 작성해 줌으로써 피고로 하여금 이 사건 부동산에 대한 강제집행의 형식을 빌려 피고의 채권을 사실상 우선변제받도록 한 것이므로, 이 사건 소비대차계약은 피고가 소외인에 대하여 실제 금전채권이 있다고 하더라도 채권자인 원고를 비롯한 다른 채권자들의 이익을 해하는 사해행위에 해당한다고 판단하였다.

그러나 원심의 판단은 다음과 같은 이유로 수긍하기 어렵다.

피고는 2004. 10. 23.부터 2008. 3. 31.까지 소외인의 보증 아래 소외회사에게 금전을 대여함에 따라 소외인에 대하여 실제 채권을 가지고 있다고 주장하고 있고, 만일 **피고가 실제 채권자라면 그의 당연한 권리행사로서 경매절차에서 평등하게 배당받기 위해 집행권원을 얻어**

배당을 요구할 수 있다고 할 것인바, 앞서 본 법리에 비추어 피고가 자신의 기존채권을 변제받기 위해 소외인과 이 사건 소비대차계약을 체결하고 그에 관한 강제집행을 승낙하는 취지가 기재된 공정증서를 작성받아 이를 이용하여 원고를 비롯한 소외인의 다른 채권자들도 참가한 이 사건 부동산에 대한 경매절차에서 배당을 받았다고 하여 이로써 바로 소외인이 피고에게 사실상 우선변제 받도록 한 것이라고 할 수 없고, 피고의 채권이 배당에서 배제된다면 피고와의 관계에서 원고만이 배당받게 되어 오히려 원고에게 우선권을 용인하는 결과가 되고 만다.

따라서 원심으로서는 피고가 소외인에 대하여 실제 채권을 가지고 있는지 여부를 심리한 후에 이 사건 소비대차계약이 사해행위에 해당하는지 여부를 판단하여야 할 것이다. 그럼에도 원심은 이러한 점에 관하여 심리하지 아니한 채 피고가 소외인에 대하여 실제 금전채권을 가지고 있다고 하더라도 이 사건 소비대차계약이 사해행위에 해당한다고 단정하였으니, 원심판결에는 사해행위의 성립에 관한 법리를 오해하거나 심리를 다하지 아니하여 판결에 영향을 미친 위법이 있다.

소유권 취득을 위한 담보설정행위(부정) (대법원 2018. 12. 28. 선고 2018다272261 판결)

> **판례해설**
>
> 이미 책임재산이 되기도 전의 부동산에 대하여 그 구입을 위하여 담보를 설정하였다면 해당 담보설정행위는 당연히 사해행위가 되지 않는다. 즉 특정 채권자를 위한 담보설정 행위가 아닌 소유권 취득을 위하여 부득이하게 설정한 근저당은 해당 근저당을 설정함으로서 소유권을 취득한것이며 결과적으로 오히려 책임재산이 늘어나는 결과이기 때문이다.

법원판단

1. 채무초과 상태에 있는 채무자가 그 소유의 부동산을 채권자 중의 어느 한 사람에게 채권담보로 제공하는 행위는 특별한 사정이 없는 한 다른 채권자들에 대한 관계에서 사해행위에 해당한다(대법원 1997. 9. 9. 선고 97다10864 판결 등 참조). 그러나 채무자의 재산처분행위가 사해행위가 되려면 그 행위로 채무자의 총재산이 감소되어 채권의 공동담보가 부족한 상태를 유발 또는 심화시켜야 하는 것이므로, 채무자가 제3자로부터 자금을 차용하여 부동산을 매수하고 해당 부동산을 차용금채무에 대한 담보로 제공하거나, 채무자가 제3자로부터 부동산을 매수하여 매매대금을 지급하기 전에 소유권이전등기를 마치고 해당 부동

산을 매매대금채무에 대한 담보로 제공한 경우와 같이 기존 채권자들의 공동담보가 감소되었다고 볼 수 없는 경우에는 그 담보제공행위를 사해행위라고 할 수 없다. 나아가 위와 같은 **부동산매수행위와 담보제공행위가 한꺼번에 이루어지지 않고 단기간 내에 순차로 이루어졌다고 하더라도 다른 특별한 사정이 없는 한 그 일련의 행위 전후를 통하여 기존 채권자들의 공동담보에 증감이 있었다고 평가할 것도 아니므로, 그 담보제공행위만을 분리하여 사해행위에 해당한다고 할 수 없다**(대법원 2009. 4. 23. 선고 2008다95663 판결, 대법원 2017. 9. 21. 선고 2017다237186 판결 등 참조).

2. 원심은 그 판시와 같은 이유를 들어 주식회사 디케이씨(이하 '디케이씨'라고 한다)가 무자력 상태에서 피고에게 집행가치 있는 거의 유일한 재산인 이 사건 부동산에 근저당권을 설정하여 준 것은 일반 채권자들을 위한 공동담보를 감소시키는 행위로서 채권자인 원고에 대하여 사해행위가 성립한다고 판단하였다.

3. 그러나 원심의 위와 같은 판단은 다음과 같은 이유로 수긍할 수 없다.

가. 원심판결 이유와 기록에 의하면 다음의 사실을 알 수 있다.

(1) 주식회사 생각을짓는건설(이하 '소외 회사'라 한다)은 2016. 3. 24. 디케이씨와 사이에 소외 회사 소유의 영천시 (주소 1 생략) 공장용지

3,097㎡ 지상에 공장건물을 신축하여 디케이씨에 분양하기로 하는 계약을 체결하였다.

(2) 위 분양계약에 의하면, 디케이씨는 소외 회사로부터 위 공장용지를 포함한 영천시 (주소 2 생략) 도로 1,153㎡ 중 1,153분의 260.6 지분, (주소 3 생략) 도로 1,446㎡ 중 2,514분의 375 지분, (주소 4 생략) 도로 961㎡ 중 2,514분의 375 지분, (주소 5 생략) 도로 98㎡ 중 2,514분의 375 지분, (주소 6 생략) 도로 8㎡ 중 2,514분의 375 지분과 신축 공장건물(300평)을 대금 18억 5,000만 원에 매수하되, 계약 체결 시 계약금 1억 원을 지급하고, 중도금과 잔금은 상호 협의하여 지급하기로 하였다.

(3) 소외 회사는 위 공장용지 지상에 일반철골구조 패널지붕 1층 923.6㎡ 공장건물(이하 위 공장용지를 포함한 위 각 토지들을 통칭하여 '이 사건 각 토지'라고 하고, 이 사건 각 토지와 위 공장건물을 통칭하여 '이 사건 각 부동산'이라고 한다)을 신축하였고, 디케이씨는 위 분양계약에 따른 매매대금을 지급하지 아니한 채 2016. 8. 9. 위 공장건물에 관하여 소유권보존등기를 마쳤고, 같은 날 이 사건 각 토지에 관하여 소유권이전등기를 마쳤다.

(4) 디케이씨는 2016. 8. 9. 이 사건 각 부동산을 공동담보로 하여 주식회사 대구은행에 채권최고액 10억 2,000만 원의 1순위 근저당권설정등기를 마쳐주고 위 은행으로부터 8억 1,600만 원을 대출받아 이를

위 매매대금의 일부로 지급하였다.

(5) 디케이씨는 2016. 8. 9. 소외 회사와 사이에 미지급 매매대금 잔액 9억 5,000만 원 및 소외 회사가 부담한 취등록세 8,200만 원의 합계 10억 3,200만 원을 소외 회사로부터 차용하기로 하되, 위 채무를 담보하기 위하여 이 사건 공장용지 및 건물에 관하여 채권최고액을 13억 원으로 하는 근저당권설정계약(이하 '이 사건 근저당권설정계약'이라고 한다)을 체결하고, 소외 회사의 대표이사 소외인의 처인 피고에게 대구지방법원 영천등기소 2016. 8. 16. 접수 제25292호로 근저당권설정등기를 마쳐주었다.

(6) 원고는 디케이씨에게 2016. 3. 8. 14,597,000원 상당의, 2016. 4. 14. 594,000원 상당의 각 우레탄몰드를 판매하였다. 원고는 디케이씨를 상대로 물품대금 청구의 소를 제기하여 2016. 10. 6. "디케이씨는 원고에게 11,191,000원 및 이에 대한 지연손해금을 지급하라"는 이행권고결정을 받았고, 위 이행권고결정은 2016. 10. 27. 확정되었다.

나. 앞에서 본 법리에 비추어 위 사실관계를 살펴보면, **디케이씨는 소외 회사와 분양계약을 체결하여 이 사건 각 부동산을 매수하고 그 매매대금을 지급하기 전에 위 각 부동산에 관하여 소유권이전등기 또는 소유권보존등기를 마친 다음, 같은 날 소외 회사와 매매대금 등 지급 채무를 담보하기 위하여 이 사건 공장용지 및 건물에 관하여 이 사건**

근저당권설정계약을 **체결**하고, 그로부터 7일 만에 피고에게 근저당권설정등기를 마쳐주었음을 알 수 있다. 위와 같은 일련의 행위 전후를 통하여 기존 채권자들의 공동담보가 감소되었다고 볼 수 없고, 이러한 경우 디케이씨의 피고에 대한 근저당권설정행위만을 분리하여 그것이 사해행위에 해당한다고 보아서는 안 된다.

그런데도 원심은 그 판시와 같은 이유만으로 디케이씨가 피고에게 근저당권을 설정하여 준 것이 사해행위에 해당한다고 판단하였으니, 원심판결에는 사해행위에 관한 법리를 오해하여 판결 결과에 영향을 미친 잘못이 있다.

수급인의 저당권설정청구권에 의한 저당권 설정행위(부정) (대법원 2018. 11. 29. 선고 2015다19827 판결)

> **판례해설**
>
> 민법 제666조에서 규정하고 있는 수급인의 저당권설정청구권은 해당 부동산을 목적으로 한 저당권의 설정을 청구할 수 있는 것으로 규정하고 있는 바 이는 공사 목적물에 보통 수급인의 자재와 노력으로 완성되는 점을 감안하여 그 목적물의 소유권이 원시적으로 도급인에게 귀속되는 경우 수급인에게 목적물에 대한 저당권설정청구권을 부여함으로써 수급인이 사실상 목적물로부터 공사대금을 우선적으로 변제받을 수 있도록 하

는 데 그 취지가 있다. 더 나아가 이는 공사대금채권에 부수하는 것으로 공사대금채권이 양도되면 당연히 함께 양도된다.

원심에서는 공사대금 채권을 양수받은 업자에 대하여 근저당을 설정한 것이 사해행위라고 판단하였으나 수급인의 저당권설정청구권은 공사대금채권에 부수되는 채권이고 결국 해당 근저당권은 다른 채권자에 대하여 책임재산이 되지 못하는 바 이와 같은 이유로 대법원은 사해행위가 아니라고 판단한 것이다.

법원판단

가. 민법 제666조는 "부동산공사의 수급인은 보수에 관한 채권을 담보하기 위하여 그 부동산을 목적으로 한 저당권의 설정을 청구할 수 있다"고 규정하고 있는바, 이는 부동산공사에서 그 목적물이 보통 수급인의 자재와 노력으로 완성되는 점을 감안하여 그 목적물의 소유권이 원시적으로 도급인에게 귀속되는 경우 수급인에게 목적물에 대한 저당권설정청구권을 부여함으로써 수급인이 사실상 목적물로부터 공사대금을 우선적으로 변제받을 수 있도록 하는 데 그 취지가 있고, 이러한 수급인의 지위가 목적물에 대하여 유치권을 행사하는 지위보다 더 강화되는 것은 아니어서 도급인의 일반 채권자들에게 부당하게 불리해지는 것도 아닌 점 등에 비추어, 신축건물의 도급인이 민법 제666조가 정한 수급인의 저당권설정청구권의 행사에 따라 공사대금채무의 담보로 그 건물에 저당권을 설정하는 행위는 특별한 사정이 없는 한 사

해행위에 해당하지 아니한다(대법원 2008. 3. 27. 선고 2007다78616, 78623 판결 등 참조).

그런데 민법 제666조에서 정한 수급인의 저당권설정청구권은 공사대금채권을 담보하기 위하여 인정되는 채권적 청구권으로서 공사대금채권에 부수하여 인정되는 권리이므로, 당사자 사이에 공사대금채권만을 양도하고 저당권설정청구권은 이와 함께 양도하지 않기로 약정하였다는 등의 특별한 사정이 없는 한, **공사대금채권이 양도되는 경우 저당권설정청구권도 이에 수반하여 함께 이전된다고 봄이 타당**하다. 따라서 신축건물의 수급인으로부터 공사대금채권을 양수받은 자의 저당권설정청구에 의하여 신축건물의 도급인이 그 건물에 저당권을 설정하는 행위 역시 다른 특별한 사정이 없는 한 사해행위에 해당하지 아니한다고 할 것이다.

나. 원심판결 이유와 기록에 의하면, 다음의 사실을 알 수 있다.

1) 주식회사 서광건설산업(이하 '서광건설'이라 한다)은 1989. 7. 26. 원고와 사이에 원고 소유의 이 사건 토지 위에 이 사건 건물을 공사대금 219억 4,500만 원에 신축하기로 하는 내용의 제1차 도급계약을 체결하고 그 공사를 진행하다가, 원고가 1989. 8. 17. 욱일유통을 설립하여 대표이사로 취임한 후인 1992. 1. 20. 욱일유통과 사이에 이 사건 건물을 공사대금 227억 7,000만 원에 신축하기로 하는 내용의 제2차 도급계약을

체결하고 위 공사를 진행하였다.

　2) 서광건설은 욱일유통으로부터 이 사건 건물의 공사대금 일부를 제때에 지급받지 못하자 1997. 6. 30. 제2차 도급계약을 해지한 후 원고, 욱일유통 등을 상대로 대구지방법원 98가합7678 공사대금청구 소송을 제기하여 2000. 12. 22. 법원으로부터 '욱일유통은 서광건설에게 1,883,648,626원과 그 중 1,317,564,300원에 대한 지연손해금을 지급하라.'는 취지의 판결을 선고받았고, 위 판결은 2001. 1. 21.경 확정되었다.

　3) 서광건설은 2010. 7. 27. 이 사건 건물의 공사대금채권 전부를 피고에게 양도하기로 하는 내용의 채권양도양수 합의서를 작성하고, 그 달 30. 욱일유통에 위 채권양도사실을 통지하였다.

　4) 욱일유통은 2013. 10. 22. 이 사건 건물에 대해 소유권보존등기를 마친 다음 같은 달 30. 피고와 사이에 이 사건 건물에 관하여 근저당권자 피고, 채권최고액 100억 원으로 하는 근저당권(이하 '이 사건 근저당권'이라 한다) 설정계약을 체결하고, 같은 날 대구지방법원 접수 제145228호로 위 근저당권의 설정등기를 마쳤다.

　다. 위와 같은 사실관계를 앞서 본 법리에 비추어 살펴보면, **서광건설의 욱일유통에 대한 공사대금채권을 피고에게 양도하고, 그 양도통지를 함으로써 특별한 사정이 없는 한 위 공사대금채권뿐만 아니라 이를**

담보하기 위하여 서광건설이 욱일유통에 대하여 가지는 저당권설정청구권도 공사대금채권에 수반하여 피고에게 이전되었다고 할 것이므로, 이 사건 근저당권 설정계약 중 위 공사대금채권을 담보하기 위한 부분은 저당권설정청구권의 행사에 따른 것으로서 사해행위에 해당하지 않는 것으로 볼 여지가 크다.

라. 그런데도 원심은 공사대금채권이 양도되는 경우 수급인의 저당권설정청구권은 소멸한다는 이유를 들어 저당권설정청구권의 행사로 이 사건 근저당권을 설정하였다는 피고의 주장을 배척하고 이 사건 근저당권 설정계약이 모두 사해행위라고 판단하였으니, 이러한 원심의 판단에는 민법 제666조의 저당권설정청구권 또는 저당권설정청구권의 행사에 따른 사해행위 성립에 관한 법리를 오해하여 판결에 영향을 미친 위법이 있다. 이를 지적하는 취지의 상고이유 주장은 이유 있다.

사해행위 취소의 효과

채무자의 법률행위가 사해행위라는 이유로 취소된 경우 채무자가 직접 부동산을 취득하여 권리자가 되는지 여부(소극) (대법원 2017. 9. 21. 선고 2016다8923 판결)

> **판례해설**
>
> 원칙적으로 법률행위가 취소된 경우에는 해당 법률행위가 무효가 되어 원상복귀 되므로 매도인의 법률행위가 무효로 되면 소유권은 원상회복되어 매도인의 소유가 되는 것이 맞다.
>
> 그러나 사해행위 취소의 효과는 채권자와 수익자의 관계에서 상대적으로 채무자와 수익자 사이의 법률행위를 무효로 하는 데에 그치고, 채무자와 수익자 사이의 법률관계에는 영향을 미치지 아니하므로, 채무자와 수익자 사이의 부동산매매계약이 사해행위로 취소되고 그에 따른 원상회복으로 수익자 명의의 소유권이전등기가 말소되어 채무자의 등기명의가 회복되더라도, 그 부동산은 취소채권자나 민법 제407조에 따라 사해행위의 취소와 원상회복의 효력을 받는 채권자와 수익자 사이에서 채무자의 책임재산으로 취급될 뿐, 채무자가 직접 그 부동산을 취득하여 권리자로 되는 것은 아니다. 이를 법률적으로 사해행위 취소의 "상대적 효력"이라고 명명하고 있다.
>
> 따라서 채무자로서는 자신의 법률행위가 무효로 된다고 하더라도 해

> 당 부동산의 소유권을 취득할 수 없고 따라서 채무자가 자신에게 소유권이 있음을 기화로 한 부동산 처분행위는 무효로 될 수밖에 없다.

법원판단

사해행위의 취소는 채권자와 수익자의 관계에서 상대적으로 채무자와 수익자 사이의 법률행위를 무효로 하는 데에 그치고, 채무자와 수익자 사이의 법률관계에는 영향을 미치지 아니하므로, 채무자와 수익자 사이의 부동산매매계약이 사해행위로 취소되고 그에 따른 원상회복으로 수익자 명의의 소유권이전등기가 말소되어 채무자의 등기명의가 회복되더라도, 그 부동산은 취소채권자나 민법 제407조에 따라 사해행위의 취소와 원상회복의 효력을 받는 채권자와 수익자 사이에서 채무자의 책임재산으로 취급될 뿐, 채무자가 직접 그 부동산을 취득하여 권리자로 되는 것은 아니다(대법원 2015. 11. 17. 선고 2012다2743 판결 참조). 따라서 채무자가 사해행위의 취소로 그 등기명의를 회복한 부동산을 제3자에게 처분하더라도 이는 무권리자의 처분에 불과하여 효력이 없다(대법원 2017. 3. 9. 선고 2015다217980 판결 참조). 또한 **사해행위 이후에 채권을 취득한 채권자는 채권의 취득 당시에 사해행위취소에 의하여 회복되는 재산을 채권자의 공동담보로 파악하지 아니한 자로서 민법 제407조가 정한 사해행위취소와 원상회복의 효력을 받는 채권자에 포함되지 아니한다**(대법원 2009. 6. 23. 선고

2009다18502 판결 참조).

　　원심은, ① 원고들 보조참가인의 채권자 소외인이 피고를 상대로 제기한 이 사건 사해행위취소소송에서 이 사건 각 부동산에 관하여 체결된 이 사건 매매계약을 취소하고 이 사건 소유권이전등기의 말소등기절차를 이행하라는 내용의 판결이 선고되어 확정된 사실, ② 소외인은 위 확정판결에 기하여 이 사건 소유권이전등기의 말소등기(이하 '이 사건 말소등기'라 한다)를 마친 사실, ③ 이후 원고들 보조참가인은 이 사건 각 부동산에 관하여, 원고 2를 채권자로 한 근저당권설정등기, 원고 대한예수교장로회 부산북교회(이하 '원고 교회'라 한다)를 가등기권자로 하는 소유권이전청구권가등기, 원고 교회를 소유권자 또는 지분권자로 하는 소유권이전등기 및 지분이전등기를 각 마친 사실, ④ 그 후 이 사건 소유권이전등기가 경료되기 전에 설정된 근저당권의 양수인 등의 신청에 의하여 이 사건 각 부동산에 관하여 이 사건 부동산임의경매절차가 개시된 후 매각되어 배당이 실시된 사실, ⑤ 소외인은 피고가 원고들 보조참가인을 대위하여 변제공탁한 채권액을 수령한 후 배당에 참가하지 않은 사실 등을 인정하였다. 그리고 원심은 이와 같은 사실을 토대로, **이 사건 부동산임의경매절차에서 원고들 보조참가인으로부터 이 사건 각 부동산에 관한 권리를 취득한 원고들이나 원고들 보조참가인에게 잉여금 또는 배당금을 지급할 것이 아니라, 수익자의 지위에 있는 피고에게 잉여금을 지급하여야 한다고** 판단하였다.

앞서 본 법리에 따라 기록을 살펴보면, 원심의 위와 같은 판단은 정당하다. 거기에 사해행위 취소의 상대적 효력과 부동산 물권변동에 관한 형식주의, 민사집행법상 잉여금의 귀속에 관한 법리를 오해하여 판결에 영향을 미친 잘못이 없다. 상고이유에서 들고 있는 대법원 판례는 사안이 달라 이 사건에 원용하기에 적절하지 않다.

한편 원심의 위와 같은 판단에는 '잉여금을 수익자에게 복귀시켜야 한다면, 수익자로서는 채무자에게 배당된 잉여금에 대해서 별도로 채권가압류나 압류 집행을 하여야 한다'는 원고들의 주장을 배척하는 취지가 포함되어 있으므로, 원심판결에 위 주장에 관한 판단을 누락하여 판결에 영향을 미친 잘못이 없다.

채무자의 법률행위가 사해행위라는 이유로 취소된 경우 해당 부동산의 재산세 납세의무자인 사실상 소유자(=수익자) (대법원 2000. 12. 8. 선고 98두11458 판결)

판례해설

전 판례해설에서도 언급한 바와 같이 채무자의 법률행위가 사해행위임을 기화로 취소가 된다고 하더라도 **채권자와 수익자의 관계에서 상대적으로 채무자와 수익자 사이의 법률행위를 무효로 하는 데에 그치고, 채무자와 수익자 사이의 법률관계에는 영향을 미치지 아니하므로 채**

> **권자 외의 관계에서는 수익자가 소유자에 해당**하고 결국 수익자가 재산세과세대장에 소유자로서 납세의무자가 될 뿐이다.

법원판단

지방세법 제182조 제1항은 과세기준일 현재 재산세과세대장에 소유자로 등재되어 있는 자를 재산세 납세의무자로 하고, 다만 권리의 양도 기타 사유로 인하여 재산세과세대장에 등재된 자의 권리에 변동이 생겼거나 재산세과세대장에 등재되지 아니하였을 때에는 사실상 소유자를 납세의무자로 한다고 규정하고 있는바, 위 규정의 취지는 원칙적으로 재산세는 당해 재산의 과세대장에 소유자로 등재된 사람이 납세의무를 부담하는 것이지만 재산세과세대장에 소유자로 등재되어 있는 자로부터 재산을 매수하여 그 대금 전액을 지불한 경우와 같이 실질적인 소유권 변동이 있는 경우에는 재산세과세대장상의 소유자 명의에 불구하고 그 재산을 사실상 소유하는 사람에게 재산세 납세의무를 부담시킨다는 것이다(대법원 1994. 11. 11. 선고 93누22043 판결 참조). 한편, 민법 제406조의 채권자취소권의 행사로 인한 사해행위의 취소와 일탈재산의 원상회복은 채권자와 수익자 또는 전득자에 대한 관계에 있어서만 그 효력이 발생할 뿐이고 채무자가 직접 권리를 취득하는 것이 아니므로 채권자가 수익자와 전득자를 상대로 사해행위취소와 일탈재산의 원상회복을 구하는 판결을 받아 그 등기 명의를 원상회복시켰다고 하더라도 재산세 납세의무자인 사실상의 소유자는 수익자라고 할 것이다.

원심이 확정한 사실관계에 의하면, 원고는 소외 박용으로부터 이 사건 토지와 건물을 매수하고서 1993. 11. 19. 원고 명의로 소유권이전등기를 경료하였는데, 위 박용의 채권자인 소외 김화자가 원고와 박용을 상대로 하여 전주지방법원 94가합3772호로 원고와 위 박용 사이의 매매계약이 사해행위임을 이유로 위 매매계약의 취소와 함께 이 사건 토지와 건물에 관한 소유권이전등기의 말소를 구하는 소송을 제기한 결과 1996. 2. 14. 위 매매계약의 취소와 동시에 이 사건 토지와 건물에 관한 소유권이전등기를 말소하라는 판결이 선고되었고, 이에 대하여 원고가 항소하였다가 1997. 4. 18. 이를 취하함으로써 위 판결이 확정되었다는 것인바(더욱이 위 김화자는 원고 명의의 소유권이전등기에 터잡은 소외 한국주택은행의 근저당권설정등기가 경료되어 있어 원고 명의의 소유권이전등기를 말소하지도 못하였다는 것이다.), 이와 같이 사해행위의 취소와 원고 명의의 소유권이전등기의 말소판결이 확정되었다고 하더라도 1997년도 재산세 과세기준일인 1997. 5. 1. 현재 이 사건 건물에 관한 사실상의 소유자는 원고라 할 것이므로, 그에 대한 지방세 납세의무자도 원고라고 할 것이다.

원심판결에는 그 이유 설시에 있어서 다소 부적절한 점이 있으나, 원고가 이 사건 건물의 재산세 납세의무자라고 본 원심의 판단은 결론에 있어서 정당하고, 거기에 상고이유에서 주장하는 바와 같은 재산세의 납세의무자에 관한 법리오해의 위법이 없다.

사해행위 취소판결 전 취소될 것으로 전제로 판결을 선고할 수 있는지 (대법원 2019. 3. 14. 선고 2018다277785(본소), 2018다277792(반소) 판결)

> **판례해설**
>
> 사해행위 취소소송에서는 취소가 되어야 비로소 소급적으로 무효로 되는 바 취소되기 전에는 원칙적으로 유효한 법률행위에 해당하고 그 효력을 부인할 수 없다. 다만 대상판결에서는 판결의 모순 저촉을 피하기 위하여 부득이하게 취소 판결 전이라고 하더라도 취소판결선고를 전제로 법률행위 판단을 할 수 있다고 보았다.
>
> 즉 대상판결에서는 본소와 반소가 같은 소송절차 내에서 함께 심리, 판단되는 이상, 반소 사해행위 취소 판결의 확정 여부가 본소 청구 판단시 불확실한 상황이라고 보기 어렵고, 그로 인해 원고에게 소송상 지나친 부담을 지운다거나, 원고의 소송상 지위가 불안정해진다고 볼 수도 없다고 보았다. 오히려 이로써 반소 사해행위 취소소송의 심리를 무위로 만들지 않고, 소송경제를 도모하며, 본소 청구에 대한 판결과 반소 청구에 대한 판결의 모순 저촉을 피할 수 있기 때문에 취소되었음을 전제로 본소 청구를 판단하여 기각시킬 수 있다고 판시한 것이다.

법원판단

사해행위취소소송은 형성의 소로서 그 판결이 확정됨으로써 비로소 권리변동의 효력이 발생하나, 민법 제406조 제1항은 채권자가 사해행위의 취소와 원상회복을 법원에 청구할 수 있다고 규정함으로써 **사해**

행위취소청구에는 그 취소판결이 미확정인 상태에서도 그 취소의 효력을 전제로 하는 원상회복청구를 병합하여 제기할 수 있도록 허용하고 있다(대법원 2004. 1. 27. 선고 2003다6200 판결 참조). 또한, 원고가 매매계약 등 법률행위에 기하여 소유권을 취득하였음을 전제로 피고를 상대로 일정한 청구를 할 때, **피고는 원고의 소유권취득의 원인이 된 법률행위가 사해행위로서 취소되어야 한다고 다투면서, 동시에 반소로서 그 소유권 취득의 원인이 된 법률행위가 사해행위임을 이유로 그 법률행위의 취소와 원상회복으로 원고의 소유권이전등기의 말소절차 등의 이행을 구하는 것도 가능**하다. 위와 같이 원고의 본소 청구에 대하여 피고가 본소 청구를 다투면서 사해행위의 취소 및 원상회복을 구하는 반소를 적법하게 제기한 경우, 그 사해행위의 취소 여부는 반소의 청구원인임과 동시에 본소 청구에 대한 방어방법이자, 본소 청구 인용 여부의 선결문제가 될 수 있다. 그 경우 법원이 반소 청구가 이유 있다고 판단하여, 사해행위의 취소 및 원상회복을 명하는 판결을 선고하는 경우, 비록 그 반소 청구에 대한 판결이 확정되지 않았다고 하더라도, 원고의 소유권 취득의 원인이 된 법률행위가 취소되었음을 전제로 원고의 본소청구를 심리하여 판단할 수 있다고 봄이 타당하다. 그 때에는 **반소 사해행위취소 판결의 확정을 기다리지 않고, 반소 사해행위 취소 판결을 이유로 원고의 본소 청구를 기각할 수 있다.** 본소와 반소가 같은 소송절차 내에서 함께 심리, 판단되는 이상, 반소 사해행위취소 판결의 확정 여부가 본소 청구 판단시 불확실한 상황이라고 보기 어렵고, 그로 인해 원고에게 소송상 지나친 부담을 지운다거나, 원고의 소송상 지위가 불안정해진다고 볼 수도 없다. 오히려 이로써 반소 사해행위취소소송의 심리를 무위로 만들지 않고, 소송경제를 도모하며, 본소 청구에 대한 판결과 반소 청구에 대한 판결의 모순 저촉을 피할 수 있다.

위와 같은 법리에 의하면, 원심이 이 사건 매매계약이 사해행위에 해당한다는 이유로 이 사건 본소청구를 기각한 것은 정당하고, 거기에 사해행위취소 판결의 효력에 관한 법리를 오해하는 등으로 인해 판결에 영향을 미친 잘못이 없다.

채권자가 사해행위취소권을 행사하여 직접 수령한 가액배상금에 대하여 다른 채권자가 직접 수령한 채권자를 상대로 채권액에 따른 안분액의 지급을 구할 수 있는지 여부(소극) (대법원 2008. 6. 12. 선고 2007다37837 판결)

> **판례해설**
>
> 사해행위의 취소와 원상회복은 모든 채권자의 이익을 위하여 그 효력이 있기 때문에(민법 제407조) 채권자취소권의 행사로 채무자에게 회복된 재산에 대하여 취소채권자가 우선변제권을 가지는 것이 아니라 다른 채권자도 총채권액 중 자기의 채권에 해당하는 안분액을 변제받을 수 있는 것이지만, 실무에서는 **법률행위가 전부 취소되더라도 자기의 채권액의 한도내에서 사실상 원상회복이 되고 더 나아가 채무자의 책임재산**

> **이 원상회복되는 금액이 전부라고 하더라도 취소 채권자는 이를 이유로 다른 채권자들로부터 안분 배당의 의무를 부담하지 않는다**
>
> 결국 사해행위 취소소송은 누가 먼저 소를 제기하였는지 여부, 그리고 무엇보다도 수익자가 누구에게 금액을 사실상 지급하였는지 여부에 따라 취소 금액을 받지 못하는 당사자는 불이익을 당할 수밖에 없다.

법원판단

사해행위의 취소와 원상회복은 모든 채권자의 이익을 위하여 그 효력이 있으므로(민법 제407조), 채권자취소권의 행사로 채무자에게 회복된 재산에 대하여 취소채권자가 우선변제권을 가지는 것이 아니라 다른 채권자도 총채권액 중 자기의 채권에 해당하는 안분액을 변제받을 수 있는 것이지만, **이는 채권의 공동담보로 회복된 채무자의 책임재산으로부터 민사집행법 등의 법률상 절차를 거쳐 다른 채권자도 안분액을 지급받을 수 있다는 것을 의미하는 것일 뿐, 다른 채권자가 이러한 법률상 절차를 거치지 아니하고 취소채권자를 상대로 하여 안분액의 지급을 직접 구할 수 있는 권리를 취득한다거나 취소채권자가 인도받은 재산 또는 가액배상금의 분배의무를 부담한다고 볼 수는 없는 것**이다. 가액배상금을 수령한 취소채권자가 이러한 분배의무를 부담하지 아니함으로 인하여 사실상 우선변제를 받는 불공평한 결과를 초래하는 경우가 생기더라도, 이러한 불공평은 채무자에 대한 파산절차 등 도산절차를 통하여 시정하거나 가액배상금의 분배절차에 관한 별도의 법률 규정을 마련하여 개선하는 것은 별론으로 하고, 현행 채권자취소 관련 규정의 해석상으로는 불가피한 것이다.

위 법리에 비추어 보면, 원심이 가액배상금을 수령한 취소채권자인 피고에게 다른 채권자들에 대한 가액배상금의 분배의무가 없다고 판단하여, 다른 채권자 겸 수익자인 원고의 채권 안분액 지급 청구를 배척한 것은 정당하고, 거기에 채권자취소권에 대한 법리오해 등의 위법이 없다.

채무자의 법률행위가 사해행위에 해당하여 취소를 이유로 원상회복이 이루어지는 경우, 채무자가 수익자 또는 전득자에게 부당이득반환채무를 부담하는지 여부 (대법원 2017. 9. 26. 선고 2015다38910 판결 [전부금])

판례해설

채무자의 법률행위가 사해행위로 판단되어 취소된 경우 수익자 또는 전득자로서는 취소된 법률행위만큼 그 재산을 빼앗기는 것이기 때문에 **자신이 채무자에게 해당 법률행위를 위하여 지급한 만큼을 부당이득으로 반환청구**할 수 있다. 다만 채무자의 채무에 연대 보증한 자는 공동채무자일 뿐 법률행위 당사자가 아니라고 한다면 수익자 또는 전득자로부터 부당이득반환청구의 상대방은 아니라고 할 것이다.

법원판단

1. 원심의 판단

원심은 소외인이 피고 1의 요청을 받아 가액배상금을 대신 지급하였다고 인정한 다음, 소외인이 피고 1로부터 금전을 차용하였다가 차용금 채무의 변제로서 가액배상금을 지급하였다는 피고들의 주장을 받아들이지 않았다. 나아가 소외인이 가액배상금을 대신 지급하여 피고들이 가액배상의무를 면하였으므로 소외인이 피고들에게 구상채권을 가진다고 판단하였다. 피고들은 소외인이 신용보증기금과 뱅가즈대부넷에 대한 공동채무자로서 가액배상금의 지급으로 소외인의 채무도 소멸하였으므로 피고들에게 구상할 수 없다고 다투었으나, 원심은 이를 받아들이지 않았다.

2. 대법원의 판단

가. 소외인이 피고 1로부터 금전을 차용하였다가 그 차용금 채무의 지급으로 가액배상금을 갚았다는 상고이유 주장은 사실심인 원심의 전권사항인 증거의 취사선택과 사실인정을 다투는 것에 지나지 않는다. 기록에 비추어 보더라도 피고들의 주장을 받아들이지 않은 원심의 판단에 상고이유 주장과 같이 논리와 경험의 법칙에 반하여 자유심증주의의 한계를 벗어나거나 법리를 오해한 잘못이 없다.

나. 원고가 피고들에 대하여 구상채권을 가진다고 보아 이를 다투는 피고들의 주장을 배척한 원심의 판단도 정당하다. 그 이유는 다음과 같다.

(1) **채무자의 법률행위가 사해행위에 해당하여 그 취소를 이유로 원상회복이 이루어지는 경우, 특별한 사정이 없는 한 채무자는 수익자 또는 전득자에게 부당이득반환채무를 부담한다.**

채무자의 책임재산이 위와 같이 원상회복되어 그로부터 채권자가 채권의 만족을 얻음으로써 채무자의 다른 공동채무자도 자신의 채무가 소멸하는 이익을 얻을 수 있다. 이러한 경우에 **공동채무의 법적 성격이나 내용에 따라 채무자와 다른 공동채무자 사이에 구상관계가 성립하는 것은 별론으로 하고 공동채무자가 수익자나 전득자에게 직접 부당이득반환채무를 부담하는 것은 아니다.** 따라서 채무자의 공동채무자가 수익자나 전득자의 가액배상의무를 대위변제한 경우에도 특별한 사정이 없는 한 수익자나 전득자에게 구상할 수 있다고 보아야 한다.

(2) 원심이 인정한 사실관계를 위 법리에 비추어 보면, **취소채권자인 신용보증기금과 뱅가즈대부넷이 채무자 성환건설의 책임재산으로 회복된 가액배상금을 지급받음으로써 소외인의 취소채권자에 대한 연대보증채무도 그 범위에서 함께 소멸하였으나, 소외인이 채무소멸로 얻은 이익이 전득자인 피고 1과의 관계에서 부당이득에 해당한다고 볼 수는 없다.** 나아가 소외인과 성환건설의 신용보증기금, 뱅가즈대부넷에

대한 채무의 성격과 내용에 비추어 보면 소외인이 성환건설의 출재로 소멸된 채무에 관하여 성환건설에 구상의무를 부담하는 관계에 있다고 볼 수도 없다. ① 신용보증기금에 대해서는 성환건설이 주채무자, 소외인이 연대보증인이고, ② 뱅가즈대부넷에 대해서는 성환건설, 소외인 등이 주채무자인 송강산업 주식회사의 공동보증인으로서 기록상 성환건설이 자기의 부담부분을 넘은 변제를 하였다고 볼 만한 자료가 없기 때문이다.

(3) 상고이유 주장은 가액배상금의 지급으로 소외인의 연대보증채무도 함께 소멸하였고 그 범위에서 소외인이 피고 1에 대하여 부당이득반환채무를 부담한다는 등을 이유로 들면서 구상채무를 다투는 것으로서, 위에서 본 것과 같은 이유로 이를 받아들일 수 없다. 소외인이 피고들을 위하여 가액배상금의 지급채무를 대위변제함으로써 구상권을 취득하였다고 본 원심의 판단은 정당하다. 원심판결에 상고이유 주장과 같이 논리와 경험의 법칙에 반하여 자유심증주의의 한계를 벗어나거나 채권자취소권과 가액배상의무, 부당이득, 구상권 등에 관한 법리를 오해한 잘못이 없다.

기타사례

수인의 수익자들이 부담하는 원상회복 의무의 범위 (대법원 2014. 10. 27. 선고 2014다41575 판결 [부당이득금반환])

> **판례해설**
>
> <u>수인의 수익자가 존재하고 그 수인의 수익자에 대하여 개별적 소송을 진행하고 있을 경우 채권자로서는 비율로 청구하는 것이 아니라 각기 전부 청구할 수 있다는 사례</u>이다. 즉 수익자의 반환 금액비율 등과 상관없이 채권자로서는 자신의 채권액 범위 내에서 수익자 모두에게 청구할 수 있고 다만 이후 집행단계에서 이를 정리하면 충분하다.

법원판단

채권자가 어느 수익자에 대하여 사해행위취소 및 원상회복청구를 하여 승소판결을 받아 그 판결이 확정되었다 하더라도 그에 기하여 재산이나 가액의 회복을 마치지 아니한 이상 채권자는 자신의 피보전채권에 기하여 다른 수익자에 대하여 별도로 사해행위취소 및 원상회복청구를 할 수 있고, **채권자가 여러 수익자들을 상대로 사해행위취소 및 원상회복청구의 소를 제기하여 여러 개의 소송이 계속 중인 경우에는 각 소송에서 채권자의 청구에 따라 사해행위의 취소 및 원상회**

복을 명하는 판결을 선고하여야 하며, 수익자가 가액배상을 하여야 할 경우에도 다른 소송의 결과를 참작할 필요 없이 수익자가 반환하여야 할 가액 범위 내에서 채권자의 피보전채권 전액의 반환을 명하여야 한다. 그리고 이러한 법리는 이 사건에서와 같이 채무자가 동시에 수인의 수익자들에게 각기 금원을 증여한 결과 채무초과상태가 되거나 그러한 상태가 악화됨으로써 그와 같은 각각의 증여행위가 모두 사해행위로 되고, 채권자가 그 수익자들을 공동피고로 하여 사해행위취소 및 원상회복을 구하여 각 수익자들이 부담하는 원상회복금액을 합산한 금액이 채권자의 피보전채권액을 초과하는 경우에도 마찬가지라고 할 것이다(대법원 2008. 11. 13. 선고 2006다1442 판결 참조).

원심은 성욱전기와 피고들 사이에 2012. 5. 15. 체결된 각 증여계약을 8,000만 원의 범위 내에서 취소하면서 피고들에 대하여 원고에게 각 8,000만 원 및 그 지연손해금을 지급할 것을 명하였다.

이러한 원심판결은 앞서 본 법리에 따른 것으로서 정당하고, 거기에 상고이유의 주장과 같은 사해행위 취소로 인한 원상회복의 범위에 관한 법리오해 등의 위법이 없다.

무효인 법률행위의 사해행위 취소 가능성 (대법원 1998. 2. 27. 선고 97다50985 판결)

판례해설

채무자와 수익자 사이의 법률행위가 법률행위 요건을 갖추지 못하거나 기타의 이유로 무효라고 하더라도 **무효인 법률행위 역시 법률행위와 관련된 외관이 존재**하기 때문에 해당 법률행위를 취소할 수 있고 따라서 그 필요성이 인정된다면 사해행위 취소소송을 제기할 수 있다.

법원판단

채무자의 법률행위가 통정허위표시인 경우에도 채권자취소권의 대상으로 된다고 할 것이고(대법원 1984. 7. 24. 선고 84다카68 판결 참조), 한편 채권자취소권의 대상으로 된 채무자의 법률행위라도 통정허위표시의 요건을 갖춘 경우에는 무효라고 할 것이다.

원심판결 이유를 기록과 위에서 본 법리에 비추어 살펴보면, **원심이 앞서 본 인정 사실에 의하여, 원·피고 사이의 이 사건 건물매매계약서 및 과지급 매매대금 및 미완성 부분 공사비 지급각서는 실제로 그에 따른 법률효과를 발생시킬 의도로 작성된 것이 아니라 소외 회사의 이 사건 건물에 대한 강제집행을 피하기 위한 수단으로 작성된 것이므로 이는 통정의 허위의 의사표시에 기하여 작성된 것으로 무효라고 판단**한 것은 정당하고, 위와 같은 원심의 판단은 원·피고 사이의 이 사건 매매계약이 소외 회사에 대한 관계에서 사해행위가 된다는 이유로 위 매매계약이 통정허위표시에 해당한다고 본 것은 아니라 할 것이므로, 원심판결에 사해행위 취소판결의 효과 및 통정허위표시의 요건에 관한 법리오해의 위법이 없다. 상고이유는 모두 받아들일 수 없다.

배당요구하지 않은 사해행위 채권자의 지위 (대법원 2012. 12. 26. 선고 2011다60421 판결 [사해행위취소등])

판례해설

채무자가 사해행위로 인하여 <u>근저당권을 설정한 이후 해당 목적물이 경매절차에서 낙찰되어 배당절차가 진행된 경우 사해행위로 인하여 발생한 근저당권자가 배당을 받은 이후 근저당 설정행위가 사해행위임을 이유로 취소되었다면 배당금을 받은 수익자는 당연히 배당금을 반환</u>하여야 한다.

문제는 배당절차에서 배당요구 채권자가 배당요구를 하지 않은 경우 잘못 배당된 배당금에 대하여 부당이득반환청구를 할 수 없는 바 사해행위 채권자는 배당요구 채권자로서 배당절차에서 배당요구를 하지 않았으므로 수익자에 해당하는 자에게 부당이득반환청구를 하지 못하게 된 것이다.

법원판단

(1) 확정된 배당표에 의하여 배당을 실시하는 것은 실체법상의 권리를 확정하는 것이 아니므로, 배당을 받아야 할 채권자가 배당을 받지 못하고 배당을 받지 못할 자가 배당을 받은 경우에는, 배당을 받지 못한 채권자로서는 배당에 관하여 이의를 한 여부 등에 관계없이 배당을 받지 못할 자이면서도 배당을 받았던 자를 상대로 부당이득반환청구권을 가지며, 반대로 **자신이 배당받아야 할 금액보다 초과하여 배당받은 채권자는 그 초과 부분을 적법하게 배당요구를 하였으나 정당한 배당을 받지 못한 다른 채권자에게 부당이득으로서 반환할 의무가 있다**(대법원 2007. 2. 9. 선고 2006다39546 판결, 대법원 2011. 2. 10. 선고 2010다90708 판결 등 참조).

위와 같은 법률관계는 경매법원이 근저당권자를 배당을 받아야 할 채권자로 인정하여 배당금을 지급하였는데 그 근저당권자가 채무자와 체결한 근저당권설정계약이 사해행위에 해당되어 취소됨으로써 그 근저당권에 기하여 배당받을 권리가 상실된 경우에도 마찬가지이다. 이러한 경우 수익자인 근저당권자에게 지급된 배당금은 사해행위로 설정된 근저당권이 없었더라면 배당절차에서 더 많이 배당받을 수 있었던 다른 배당요구권자들에게 반환되어야 하고, "**배당요구를 하지 아니한 채권자 및 채무자**" 등은 다른 배당요구권자들의 배당요구채권을 모두 **충족시키고도 남는 잉여금이 있다는 등의 특별한 사정이 없는 한**, 수

일자에 대하여 아무런 권리를 갖지 못하며, 이는 배당요구를 하지 아니한 채권자가 그 근저당권을 설정한 계약에 대하여 사해행위 취소의 소를 제기하여 승소**한 자라 할지라도 마찬가지이다(대법원 2002. 9. 24. 선고 2002다33069 판결, 대법원 2009. 5. 14. 선고 2007다64310 판결 등 참조).

(2) 원심판결 이유와 증거들에 의하면, ① 소외 1은 2005. 7. 7. 자신 소유의 이 사건 주택에 관하여 피고(합병 전 상호 '와이이엔 주식회사')와 사이에 채무자를 소외 1, 채권최고액을 3,000만 원으로 하는 이 사건 근저당권설정계약을 체결한 후 같은 달 27일 피고 명의의 근저당권설정등기를 마친 사실, ② 이 사건 주택에 관하여 대구지방법원 서부지원 2008타경15480호로 담보권실행을 위한 경매절차가 개시되어 2009. 8. 11. 소외 2가 이를 경락받아 소유권을 취득하였는데, 위 법원은 2009. 9. 23. 위 경매의 배당절차에서 실제 배당할 금액 중 최선순위자인 대구 서구청, 1순위 근저당권자인 내당새마을금고에게 배당요구채권액 전액을 배당하고, 그 나머지 13,975,214원을 2순위 근저당권자인 피고에게 배당하는 내용의 배당표를 작성하였고, 피고는 위 13,975,214원을 배당금으로 수령한 사실, ③ 당시 위 경매절차의 배당요구권자로는 이들 이외에도 이 사건 주택에 관하여 3순위로 채권최고액 4,000만 원의 근저당권을 설정한 대성실업 주식회사와 이 사건 주택을 압류한 국(서대문세무소)이 있었는데 이들은 배당을 받지 못한 사실, ④ 원고는 위 경매절차에 참가하여 배당요구를 하지 아니한 사실 등을 알 수 있다.

(3) 이러한 사실관계를 위 법리에 비추어 살펴보면, **이 사건 사해행위 취소의 소에 의하여 피고가 이 사건 근저당권에 기한 배당금을 수령할 권리를 잃게 되지만, 원고가 이 사건 주택에 대한 경매절차에 참가하여 배당요구를 하지 아니한 이상,** 위 3순위 근저당권자인 대성실업 주식회사와 압류권자인 국(서대문세무소)의 배당요구채권을 모두 충족시키고도 남는 잉여금이 있다는 등의 특별한 사정이 없는 한, 원고가 피고를 상대로 이 사건 근저당권에 기하여 피고가 수령한 배당금을 원고 자신에게 반환하여 달라고 청구할 권리는 없다.

그런데도 이와 달리 원심은 피고가 이 사건 채권자취소권에 기한 원상회복으로서 이 사건 근저당권에 기하여 수령한 배당금 중 그 판시와 같은 금원을 원고에게 지급할 의무가 있다고 판단하였다.

따라서 이러한 원심판결에는 채권자취소권에 기한 원상회복청구에 관한 법리를 오해한 나머지 필요한 심리를 다하지 아니하여 판결에 영향을 미친 위법이 있다. 이를 지적하는 취지의 상고이유의 주장 부분은 이유 있다.

사해행위 취소로 인한 반환범위에 부동산의 사용이익이나 임료상당액이 포함되는지 여부 (대법원 2008. 12. 11. 선고 2007다69162 판결)

판례해설

　채무자의 법률행위가 사해행위라는 이유로 취소된다고 하더라도 채무자의 법률행위 당시 채권자에 대한 책임재산의 범위 내에서만 취소될 뿐 그 이상은 사해행위 취소의 범위에 포함되지 않는다. 따라서 해당 부동산이 사해행위로 인하여 취소된다고 하더라도 수익자가 보유하고 있었던 동안에 발생한 수익금 즉 차임 상당은 부당이득으로 반환을 청구할 수 없다고 할 것이다.

법원판단

　채권자취소권은 채무자가 채권자를 해함을 알면서 일반재산을 감소시키는 행위를 한 경우에 그 행위를 취소하여 채무자의 재산을 원상회복시킴으로써 채무자의 책임재산을 보전하기 위하여 인정된 권리로서, 사해행위의 취소 및 원상회복은 책임재산의 보전을 위하여 필요한 범위 내로 한정되어야 하므로 원래의 책임재산을 초과하는 부분까지 원상회복의 범위에 포함된다고 볼 수 없다. 따라서 부동산에 관한 법률행위가 사해행위에 해당하여 민법 제406조 제1항에 의하여 취소된 경우에 수익자 또는 전득자가 사해행위 이후 그 부동산을 직접 사용하거나 제3자에게 임대하였다고 하더라도, <u>당초 채권자의 공동담보를 이루는 채무자의 책임재산은 당해 부동산이었을 뿐 수익자 또는 전득자가 그 부동산을 사용함으로써 얻은 사용이익이나 임차인으로부터 받은 임료상당액까지 채무자의 책임재산이었다고 볼 수 없으므로</u> 수익자 등이 원상회복으로서 당해 부동산을 반환하는 이외 그 사용이익이나 임료상당액을 반환해야 하는 것은 아니다.

원심이 적법하게 확정한 사실관계에 의하면, 소외 주식회사 는 2004. 8. 26. 10억 29,671,920원 상당의 물품대금 채권을 가지고 있던 피고에게, 소외 주식회사의 유일한 재산인 안산시 단원구 성곡동 (지번 생략) 공장용지 3,690.5㎡와 그 지상 3층 공장 등 건물(이하 '이 사건 토지 및 건물'이라 한다)을 38억 원에 매도하면서, 그 대금의 지급에 관하여 일부는 위 물품대금 채권과 상계하고, 잔금은 소외 주식회사로부터 이 사건 건물을 임차한 임차인들에 대한 임대차보증금 반환채무와 은행대출금 채무를 피고가 인수하는 것으로 갈음하기로 하였고, 같은 날 피고에게 이 사건 토지 및 건물에 관하여 소유권이전등기를 마쳐 준 사실, 그런데 소외 주식회사에 대하여 96,889,650원 상당의 약속어음금 채권을 가지고 있던 원고 2가 피고를 상대로 수원지방법원 안산지원 2004가단28801호로 위 매매계약이 사해행위에 해당한다며 그 취소 및 원상회복을 구하는 소를 제기하였는바, 위 법원은 2005. 4. 6. 채무초과 상태에 있던 소외 주식회사가 유일한 재산인 이 사건 토지 및 건물을 피고에게 양도한 행위는 원고 2를 비롯한 소외 주식회사의 채권자들을 해하는 사해행위가 된다는 이유로 피고와 소외 주식회사 사이에 체결된 위 매매계약을 취소하고, 피고는 원상회복으로 소외 주식회사에게 이 사건 토지 및 건물에 관한 소유권이전등기의 말소등기절차를 이행하라는 판결을 선고하였고, 위 판결은 2005. 4. 25. 확정되었으며, 그에 따라 피고 명의의 위 소유권이전등기는 2005. 6. 13. 말소된 사실, 한편 피고는 2004. 8. 내지 2004. 9.경 소외 주식회사로부터 이 사건 건물 중 각 일부를 임차한 임차인들과 사이에 임대차보증금은 임차인들이 소외 주식회사에 지급한 임대차보증금으로 갈음하기로 하여 각 임대차계약을 체결한 후 위 판결이 확정될 때까지 임차인들로부터 임료를 지급받아 온 사실 등을 알 수 있다. 사정이 이와 같다면, 앞서 본 법리에 비추어 볼 때 피고에게 이 사건 토지 및 건물을 임대하여 얻은 임료상당액을 위 사해행위 취소에 따른 원상회복으로서 반환해야 할 의무가 있다고 볼 수 없다.

그럼에도 불구하고 원심은, **사해행위 이후에 수익자가 목적물을 사용·수익함으로써 얻은 이득의 반환 역시 원상회복의 범위에 속함을 전제로 피고에게 이 사건 토지 및 건물을 임대하여 얻은 임료상당액을 원상회복으로서 반환해야 할 의무가 있다고 판단하였는바**, 이러한 원심판결에는 사해행위 취소에 있어서 원상회복의 범위에 관한 법리오해의 위법이 있고, 이는 판결에 영향을 미쳤음이 분명하다.

한편, <u>채권자가 민법 제406조 제1항에 따라 사해행위의 취소와 원상회복을 청구하는 경우 사해행위의 취소만을 먼저 청구한 다음 원상회복을 나중에 청구할 수 있으나(대법원 2001. 9. 4. 선고 2001다14108 판결 참조), 원상회복의 전제가 되는 사해행위의 취소가 없는 이상 원상회복청구권은 인정되지 않으므로 사해행위의 취소를 구함이</u>

없이 원상회복만을 구할 수는 없다. 그런데 원고 2는 앞서 본 바와 같이 피고를 상대로 소외 주식회사와 피고 사이에 2004. 8. 26. 체결된 위 매매계약이 사해행위에 해당한다며 그 취소를 구하는 소를 제기하여 승소확정판결을 받은 바 있으나, 제출된 증거를 모두 살펴보아도 원고 1, 3의 경우 피고를 상대로 위 매매계약의 취소를 구하는 소를 제기하였음을 인정할 자료가 없다. 그럼에도 불구하고, 원심은 원고 1, 3에 대하여도 위 매매계약이 사해행위에 해당함을 전제로 원상회복을 구하는 이 사건 청구를 인용하고 말았으니, 원심의 조치는 이 점에서도 사해행위의 취소와 원상회복의 관계에 대한 법리를 오해한 나머지 심리를 다하지 않음으로써 판결에 영향을 미친 위법이 있다.

그러므로 피고의 나머지 상고이유 및 원고들의 상고이유에 대한 판단을 생략한 채 원심판결을 파기하고, 사건을 다시 심리·판단하게 하기 위하여 원심법원에 환송하기로 하여 관여 대법관의 일치된 의견으로 주문과 같이 판결한다.

개인회생 및 파산절차와 사해행위취소소송 관련성

사해행위취소 소송 중 '채무자'의 '개인회생절차' 개시 (대법원 2010. 9. 9. 선고 2010다37141 판결)

판례해설

개인 회생 절차가 들어가면 해당 채무자에 대하여 제기된 소송 및 강제집행의 절차는 모두 중단되는데, 이를 채무자회생 및 파산에 관한 법률상의 부인권이라고 한다. 즉 <u>채무자의 부인권이라고 함은 채무자의 전체 채권자의 평등 배당을 위하여 만들어진 제도로서 사실상 전부 변제를 받을 수 있는 사해행위 취소소송과 그 취지가 맞지 않는다.</u>

이와 관련하여 하급심 법원에서는 이미 채무자가 부인권을 행사할 수 있으므로 채권자가 진행하고 있는 사해행위 취소소송에 관하여 부적법하다고 판단하였고 대법원에서 그 유효성을 확인하였다.

법원판단

채무자 회생 및 파산에 관한 법률 제584조, 제347조 제1항, 제406조에 의하면, <u>개인회생절차 개시결정이 내려진 후에는 채무자가 부인권을 행사하고, 법원은 채권자 또는 회생위원의 신청에 의하거나 직권으</u>

로 채무자에게 부인권의 행사를 명할 수 있으며, 개인회생채권자가 제기한 채권자취소소송이 개인회생절차 개시결정 당시에 계속되어 있는 때에는 그 소송절차는 수계 또는 개인회생절차의 종료에 이르기까지 중단된다. 이러한 규정 취지와 집단적 채무처리절차인 개인회생절차의 성격, 부인권의 목적 등에 비추어 보면, **개인회생절차 개시결정이 내려진 후에는 채무자가 총채권자에 대한 평등변제를 목적으로 하는 부인권을 행사하여야 하고, 개인회생채권자목록에 기재된 개인회생채권을 변제받거나 변제를 요구하는 일체의 행위를 할 수 없는 개인회생채권자가 개별적 강제집행을 전제로 하여 개개의 채권에 대한 책임재산의 보전을 목적으로 하는 채권자취소소송을 제기할 수는 없다.**

원심판결 이유에 의하면, 원심은 그 채용 증거에 의하여 ① 채무자 소외인은 2008.2.19.대구지방법원 2007개회45991호로 개인회생절차개시결정을 받은 사실, ② 원고의 채권도 위 개인회생채권자목록에 기재되어 있는 사실, ③ 채무자 소외인은 2008.6.4.위 법원으로부터 변제계획인가결정을 받았고 현재까지 위 개인회생절차가 폐지되지 않은 사실, ④ 이 사건 사해행위취소소송은 2009. 1. 5. 제기된 사실 등을 인정한 다음, 채무자 소외인에 대한 개인회생절차 개시결정이 내려진 후에 개인회생채권자인 원고가 별도로 제기한 이 사건 소는 부적법하다고 판단하였다.

앞서 본 법리와 기록에 비추어 살펴보면, 원심의 위와 같은 판단은 정당한 것으로 수긍할 수 있고, 거기에 상고이유에서 주장하는 것과 같은 개인회생절차와 사해행위취소소송에 관한 법리오해 등의 잘못이 없다.

'채무자'에 대한 '파산선고' 이후 사해행위 취소소송의 향방 (대법원 2018. 6. 15. 선고 2017다265129 판결 [사해행위취소 등])

> **판례해설**
>
> 앞에 판례에서 채무자가 개인회생절차로 들어간 경우를 살펴보았다. 이번 대상판결은 채무자가 파산선고를 당한 경우 진행 중인 사해행위 취소소송의 향방에 관한 것이다.
>
> 채무자가 파산선고를 당한 경우 파산절차 자체가 채무를 채권자들에게 평등하고 공정하게 변제하기 위한 집단적·포괄적 채무처리절차라는 점을 고려하여 파산선고 후에는 파산채권자가 아닌 파산관재인으로 하여금 부인권을 행사하도록 한 것이다. 따라서 파산선고 후에는 파산관재인이 총 채권자에 대한 평등변제를 목적으로 하는 부인권을 행사하여야 하고, 파산절차에 의하지 않고는 파산채권을 행사할 수 없는 파산채권자가 개별적 강제집행을 전제로 개별 채권에 대한 책임재산을 보전하기 위한 채권자취소의 소를 제기할 수 없다고 할 것인바 결국 진행 중인 사해행위 취소소송은 파산관재인이 소송 수계를 통하여 진행하게 되고 결국 특정 채권자에 해당하는 채권자는 파산재단에 참여하게 될 뿐 더 이상 자신을 위한 권리 주장은 하기가 어렵다고 할 것이다.

법원판단

상고이유에 대한 판단에 앞서 직권으로 판단한다.

1. 이 사건에서 **먼저 파산선고 후 파산채권자가 채권자취소의 소를 제기한 경우 소송수계가 허용되는지, 파산관재인이 소송수계 후 부인의 소로 변경한 것이 적법한지, 부인의 소에 관한 관할 위반이 있는지가 문제**된다.

가. (1) 채무자가 채권자에 대한 사해행위를 한 경우에 채권자는 민법 제406조에 따라 채권자취소권을 행사할 수 있다. 그러나 **채무자에 대한 파산선고 후에는 파산관재인이 파산재단을 위하여 부인권을 행사**할 수 있다[채무자 회생 및 파산에 관한 법률(이하 '채무자회생법'이라 한다) 제391조, 제396조)]. 파산절차가 채무를 채권자들에게 평등하고 공정하게 변제하기 위한 집단적·포괄적 채무처리절차라는 점을 고려하여 파산선고 후에는 파산채권자가 아닌 파산관재인으로 하여금 부인권을 행사하도록 한 것이다. 따라서 파산선고 후에는 파산관재인이 총채권자에 대한 평등변제를 목적으로 하는 부인권을 행사하여야 하고, **파산절차에 의하지 않고는 파산채권을 행사할 수 없는 파산채권자가 개별적 강제집행을 전제로 개별 채권에 대한 책임재산을 보전하기 위한 채권자취소의 소를 제기할 수 없다**(대법원 2010. 9. 9. 선고 2010다37141 판결 참조).

이러한 맥락에서 채무자회생법은 파산채권자가 제기한 채권자취소소송이 파산선고 당시 계속되어 있는 때에는 그 소송절차는 수계 또는 파산절차의 종료에 이르기까지 중단되고 파산관재인이 이를 수계할 수 있다는 규정을 두고 있다(채무자회생법 제406조, 제347조 제1항).

(2) 파산선고 후에는 파산채권자가 수익자나 전득자를 상대로 채권자취소의 소를 제기할 수 없지만 채권자취소의 소를 제기한 경우에도 마찬가지로 파산관재인이 소송수계를 할 수 있다고 보아야 한다(대법원 2013. 6. 27.자 2013마4020 결정 참조). 상세한 이유는 다음과 같다.

(가) 채무자회생법 제406조, 제347조 제1항이 파산선고 당시 법원에 계속되어 있는 채권자취소소송을 파산관재인이 수계할 수 있도록 정한 것은, 파산채권자의 채권자취소권이라는 개별적인 권리행사를 파산채권자 전체의 공동 이익을 위하여 직무를 수행하는 파산관재인의 부인권 행사라는 파산재단 증식의 형태로 흡수시킴으로써 **파산채무자의 재산을 공정하게 환가·배당하는 것을 목적으로 하는 파산절차에서의 통일적인 처리를 도모**하기 위한 것이다(대법원 2016. 7. 29. 선고 2015다33656 판결 참조). 그런데 이러한 필요성은 파산선고 당시 채권자취소소송이 법원에 계속되어 있는 경우뿐만 아니라 파산선고 이후에 채권자취소의 소가 제기된 경우에도 마찬가지이다.

(나) 채무자회생법 제396조 제1항은 "부인권은 소, 부인의 청구 또는 항변의 방법으로 파산관재인이 행사한다."라고 정하고 있다. 여기서 말하는 '소'란 반드시 파산관재인이 새로이 부인의 소를 제기하는 경우만을 의미하는 것이 아니라 파산관재인이 기존의 소송을 수계하여 부인의 소로 변경하는 방법으로 부인권을 행사하는 것도 포함한다. 채무자회생법 제406조, 제347조 제1항이 파산채권자가 제기한 채권자취소의 소가 파산선고 당시 법원에 계속되어 있는 경우 그 소송절차의 중단과 파산관재인의 소송수계에 관하여 정하고 있는 것이 파산채권자가 파산선고 이후에 제기한 채권자취소의 소를 파산관재인이 수계하여 부인의 소로 변경하는 것을 금지하고 있는 취지라고 볼 수도 없다.

(다) 채권자취소소송은 파산선고를 받은 채무자를 당사자로 하는 것은 아니므로 채무자에 대한 파산선고가 있더라도 당사자에게 당연승계사유가 발생하는 것은 아니다. 다만 그 소송결과가 파산재단의 증감에 직접적인 영향을 미칠 수 있기 때문에 파산채권자가 제기한 채권자취소소송이 파산선고 당시 법원에 계속되어 있는 때에는 그 소송절차가 중단되고 파산관재인이 소송을 수계하도록 특별히 정한 것이다. 따라서 소송계속 중 당사자의 사망 등 당연승계사유가 발생한 경우와는 구별되므로, 이러한 경우를 규율하기 위해 마련된 민사소송법 규정이 파산채권자가 제기한 채권자취소의 소에 대해서도 그대로 적용된다고 보기 어렵다.

(3) 따라서 파산채권자가 파산선고 후에 제기한 채권자취소의 소가 부적법하더라도 파산관재인은 이러한 소송을 수계한 다음 청구변경의 방법으로 부인권을 행사할 수 있다고 보아야 한다. 이 경우 법원은 파산관재인이 수계한 소송이 부적법한 것이었다는 이유만으로 소송수계 후 교환적으로 변경된 부인의 소마저 부적법하다고 볼 것은 아니다.

3. 원심은 원고 소송수계인의 소송수계 후 교환적으로 변경된 부인의 소를 다음과 같은 이유로 각하하였다.

채무자회생법 제391조, 제396조에 따르면 채무자가 파산선고를 받은 후에는 파산선고 전에 채무자가 한 사해행위는 파산관재인에 의한 부인권 행사의 대상이 될 뿐이고, 파산채권자가 이에 대한 채권자취소의 소를 제기할 수는 없다. 따라서 소외인과 피고들 사이에 체결된 위 각 매매예약·매매계약이 사해행위라고 주장하면서 소외인에 대한 파산선고 후에 제기한 이 사건 소는 부적법하다.

4. 그러나 원심판결 이유를 위에서 본 법리와 사실관계에 비추어 살펴보면, 원심의 판단은 다음과 같은 이유로 받아들일 수 없다.

원고가 제기한 이 사건 채권자취소의 소는 채무자인 소외인에 대한 파산선고 후에 제기한 것이므로 부적법하다. 그러나 소외인의 파산관재인인 원고 소송수계인이 제1심에서 위 소송을 적법하게 수계한 다음

부인의 소로 청구를 변경하는 방법으로 부인권을 행사하였다. 이로써 종전 청구의 소송계속이 소멸하고 부인의 소가 심판의 대상이 되었다.

부인의 소는 파산계속법원의 전속관할에 속한다. 따라서 원심으로서는 부인의 소에 관하여 본안판단을 한 제1심 판결을 취소하고 사건을 관할법원인 파산계속법원에 이송하였어야 한다. 그런데도 **원심은 제1심 판결이 전속관할을 위반하였음을 간과한 채 원고 소송수계인이 수계한 위 소송이 부적법한 소였다는 이유만으로 교환적으로 변경된 부인의 소를 각하**하였다. 이러한 원심의 판단에는 전속관할에 관한 법리를 오해한 잘못이 있다.

사해행위 취소소송 중 '수익자'의 "개인회생절차개시" (대법원 2014. 9. 4. 선고 2014다36771 판결)

> **판례해설**
>
> 사해행위 취소소송 진행 중 채무자에 대하여 개인회생절차가 진행될 경우에는 개인회생법등의 부인권등으로 인하여 취소소송을 제기할 수 없다고 이미 기 법리에서 확인되었다(대법원 2010. 9. 9. 선고 2010다37141 판결) 그렇다면 <u>수익자 또는 전득자</u>에 대하여 개인회생절차가 진행되었다면 이 법리가 그대로 적용될 수 있을까.

대상판결에서는 ① **채무자가 개인회생 절차에 들어가는 사안과 ② 채무자로부터 사해행위로 인하여 목적물을 양도받은 수익자 또는 전득자가 개인회생절차에 들어가는 경우와 구분하여 판단**하고 있다. 즉 법원은 수익자가 개인회생절차에 들어간다고 하더라도 채권자의 사해행위 취소소송은 적법하고 이는 사해행위취소권 제도 자체가 사해행위로 이루어진 채무자의 재산처분행위를 취소하고 사해행위에 의해 일탈된 채무자의 책임재산을 수익자 또는 전득자로부터 채무자에게 복귀시키기 위한 것이므로 환취권의 기초가 될 수 있기 때문으로서 수익자 또는 전득자에 대하여 회생절차가 개시된 경우 채무자의 채권자가 사해행위의 취소와 함께 회생채무자로부터 사해행위의 목적인 재산 그 자체의 반환을 청구하는 것은 환취권의 행사에 해당하여 회생절차개시의 영향을 받지 아니한다고 판단한 것이다.

결국 채무자가 개인회생절차에 들어간 경우와 수익자 전득자가 개인회생절차에 들어간 경우와 분명하게 구분하여 판단하여야 할 것이다.

법원판단

1. 이 사건 사해행위취소의 소가 부적법하다는 상고이유에 대하여

채무자 회생 및 파산에 관한 법률(이하 '채무자회생법'이라 한다) 제70조는 "회생절차개시는 채무자에게 속하지 아니하는 재산을 채무자로부터 환취하는 권리에 영향을 미치지 아니한다."고 규정하여(이하 위 규정의 채무자를 '회생채무자'라고 한다) 환취권은 회생채권이나 회생담보권과는 달리 회생절차에 의하지 아니하고 행사할 수 있음을 정하고 있다.

사해행위취소권은 사해행위로 이루어진 채무자의 재산처분행위를 취소하고 사해행위에 의해 일탈된 채무자의 책임재산을 수익자 또는 전득자로부터 채무자에게 복귀시키기 위한 것이므로 환취권의 기초가 될 수 있다. **수익자 또는 전득자에 대하여 회생절차가 개시된 경우 채무자의 채권자가 사해행위의 취소와 함께 회생채무자로부터 사해행위의 목적인 재산 그 자체의 반환을 청구하는 것은 환취권의 행사에 해당하여 회생절차개시의 영향을 받지 아니한다.** 따라서 채무자의 채권자는 사해행위의 수익자 또는 전득자에 대하여 회생절차가 개시되더라도 관리인을 상대로 사해행위의 취소 및 그에 따른 원물반환을 구하는 사해행위취소의 소를 제기할 수 있다.

원심판결 이유와 기록에 의하면, 피고는 2009. 3. 24. 회생절차의 개시와 함께 피고를 관리인으로 간주하는 내용의 회생절차개시결정을 받은 사실, 그 후 소외인의 채권자인 원고는 소외인과 피고 사이에 2009. 2. 4.자로 체결된 이 사건 부동산의 매매계약이 사해행위라고 주장하면서 수익자인 피고에 대한 회생절차의 관리인인 피고를 상대로 하여 위 매매계약의 취소 및 그에 따른 원상회복으로서 이 사건 부동산에 관한 소유권이전등기의 말소를 청구하는 이 사건 사해행위취소의 소를 제기한 사실을 알 수 있다.

위 사실관계를 앞서 본 법리에 비추어 보면, 이 사건 사해행위취소의 소는 환취권의 행사에 해당하여 회생절차개시의 영향을 받지 아니하므로, 사해행위의 수익자인 피고에 대하여 회생절차가 개시되었다고 하여 이 사건 사해행위취소의 소가 부적법하다고 할 수는 없다.

원심이 이 사건 사해행위취소의 소가 부적법하다는 피고의 주장을 배척하면서 설시한 이유는 적절하지 아니하나, 피고의 위 주장을 배척한 결론은 정당하고, 거기에 회생절차개시 이후의 사해행위취소 소송의 적법 여부에 관한 법리를 오해하는 등의 위법이 없다. **피고가 상고이유에서 들고 있는 대법원 2010. 9. 9. 선고 2010다37141 판결은 사해행위의 수익자에 대하여 회생절차가 개시된 이 사건과는 사안을 달리하는 것**으로서 이 사건에 원용하기에 적절하지 아니하다.

2. 관리인이 선의의 전득자라는 상고이유에 대하여

원심은, 회생절차개시결정에 따라 채무자의 재산에 대한 관리·처분의 권한이 관리인에게 전속된다고 하더라도 **채무자의 재산권 자체가 관리인에게 이전되는 것은 아니므로 관리인을 사해행위의 전득자라고 할 수 없다는** 이유를 들어, 수익자 피고에 대한 회생절차의 관리인 지위에 있는 피고가 선의의 전득자에 해당한다는 피고의 주장을 배척하였다.

원심판결 이유를 관련 법리와 기록에 비추어 보면, 원심의 위와 같은 판단은 정당하고, 거기에 선의의 전득자에 관한 법리를 오해하는 등의 위법이 없다.

사해행위 취소소송 중 수익자 또는 전득자의 회생절차 개시될 경우 가액배상청구권이 공익채권으로 되는지 여부 (대법원 2019. 4. 11. 선고 2018다203715 판결 [사해행위취소])

> 판례해설
>
> 대상판결은 앞에서 본 대법원 2014. 9. 4. 선고 2014다36771 판결의 법리와 동일한 법리로서 채권자 취소권을 행사하던 중 수익자가 회생절차에 들어갔다고 하더라도 취소권은 적법하고 가액배상 청구는 공익채권에 해당하여 반환청구 가능하다는 판례이다.

법원판단

가. 부동산에 관한 법률행위가 사해행위에 해당하는 경우에는 채무자의 책임재산을 보전하기 위하여 사해행위를 취소하고 원상회복을 명하여야 한다. 사해행위취소로 인한 원상회복은 원물반환의 방법에 의하는 것이 원칙이지만, **원물반환이 불가능하거나 현저히 곤란한 사정이 있는 때에는 원물반환에 대신하여 금전적 배상으로서의 가액 배상**

이 허용된다.

사해행위의 수익자 또는 전득자에 대하여 회생절차가 개시되는 경우 채무자의 채권자가 사해행위의 취소와 함께 회생채무자로부터 사해행위의 목적인 그 자체의 반환을 청구하는 것은 채무자 회생 및 파산에 관한 법률(이하 '채무자회생법'이라고 한다) 제70조에 따른 환취권의 행사에 해당하여 회생절차개시의 영향을 받지 아니하므로, 채무자의 채권자는 수익자 또는 전득자의 관리인을 상대로 사해행위의 취소 및 그에 따른 원물반환을 구하는 사해행위취소의 소를 제기할 수 있다(대법원 2014. 9. 4. 선고 2014다36771 판결 참조).

나아가 수익자 또는 전득자가 사해행위취소로 인한 원상회복으로서 가액배상을 하여야 함에도, 수익자 또는 전득자에 대한 회생절차개시 후 회생재단이 가액배상액 상당을 그대로 보유하는 것은 취소채권자에 대한 관계에서 법률상의 원인 없이 이익을 얻는 것이 되므로 이를 부당이득으로 반환할 의무가 있고, 이는 수익자 또는 전득자의 취소채권자에 대한 가액배상의무와 마찬가지로 사해행위의 취소를 명하는 판결이 확정된 때에 비로소 성립한다고 보아야 한다. 따라서 **설령 사해행위 자체는 수익자 또는 전득자에 대한 회생절차개시 이전에 있었더라도, 이 경우의 사해행위취소에 기한 가액 배상청구권은 채무자회생법 제179조 제1항 제6호의 '부당이득으로 인하여 회생절차개시 이후 채무자에 대하여 생긴 청구권'인 공익채권**에 해당한다.

나. 원심은 그 판시와 같은 이유로, 이 사건 사해행위취소의 소는 원고가 취소원인을 안 날로부터 1년을 지나 제기한 것이므로 부적법하다는 본안 전 항변을 배척하고, 본안으로 들어가 원고가 판시 제1, 2 대출계약에 따라 피고 진용스틸에 대하여 갖는 대출채권은 채권자취소권의 피보전채권이 되고, 무자력 채무자인 피고 진용스틸이 피고 강영의료재단에게 이 사건 부동산을 매도한 것은 일반채권자에 대한 공동담보의 부족상태를 초래하는 것으로서 사해행위에 해당하며, 수익자인 피고 진용스틸의 사해의 사도 인정될 뿐 아니라 수익자인 피고 강영의료재단의 선의를 인정할 증거 역시 부족하다고 판단하면서, 원심 변론종결일을 기준으로 한 원고의 피보전채권액(2,236,863,811원)과 목적물의 공동담보가액(3,430,301,885원) 중 적은 금액인 전자를 한도로 이 사건 매매계약 중 일부가 사해행위로서 취소되어야 하고 그 원상회복으로 판시와 같은 이유로 피고 강영의료재단은 원고에게 2,236,863,811원 및 이에 대하여 이 판결 확정일 다음날부터 다 갚는 날까지 민법이 정한 연 5%의 비율로 계산한 지연손해금을 지급할 의무가 있다고 판단하였다.

다. 나아가 원심은 다음과 같은 이유로, **원고의 가액배상청구권은 회생채권으로서 수익자인 피고 강영의료재단에 대한 회생절차에서 신고되거나 회생채권자 목록에 기재되지 아니한 채 회생계획인가결정이 내려져 채무자회생법 제251조 본문에 따라 면책의 효력이 발생하였다는 피고 강영의료재단의 항변을 배척하였다.**

⑴ 수익자는 원래는 취소채권자와 아무런 채권·채무관계가 없다가 형평의 견지에서 법이 특별히 인정한 바에 따라 사해행위취소로 인한 원상회복의무를 부담한다. 원고도 수익자인 피고 강영의료재단에 대한 회생절차개시 당시에는 피고 강영의료재단과 사이에 어떠한 채권·채무의 법률관계가 없었다.

⑵ 사해행위취소의 소와 원상회복청구의 소는 서로 소송물이 다르고 1개의 소로써 제기할 경우 이를 객관적 병합으로 보고 있으며(대법원 2004. 1. 27. 선고 2003다6200 판결, 대법원 2012. 12. 26. 선고 2011다60421 판결 등 참조), 1개의 소로써 구하는 형성의 소인 사해행위취소청구와 이행의 소인 원상회복청구의 관계는 전자의 청구가 인용될 것을 조건으로 후자의 청구를 하는 것이다. 그런데 전자의 청구는 형성판결의 특성상 판결이 확정되어야 비로소 효력이 발생하고, 이러한 이유로 후자의 청구와 관련된 가액배상의무는 사해행위의 취소를 명하는 판결이 확정된 때에 비로소 발생하여 그 판결이 확정된 다음날부터 이행지체 책임을 지게 된다(대법원 2009. 1. 15. 선고 2007다61618 판결 등 참조). 따라서 취소채권자의 가액배상청구권도 사해행위의 취소를 명하는 판결이 확정되어야 비로소 성립한다고 보아야 한다.

⑶ 원상회복의 방법으로서 원물반환의무와 가액배상의무는 양자를 구분하는 기준이 절대적으로 존재하는 것이 아니라 단지 상대적으로만 구분된다고 볼 수 있다. 대법원도 일찍이 원물반환청구권과 가액배상청

구권을 동일한 소송물로 보고 있고, 원물반환만을 청구하였더라도 가액배상으로 인용할 수 있다는 취지로 판시하기도 하였다(대법원 2001. 9. 4. 선고 2000다66416 판결 등 참조).

그런데 **원물반환청구권에 대하여는 대법원 2014. 9. 4. 선고 2014다36771 판결에 따라 환취권의 행사에 해당하여 회생절차개시의 영향을 받지 않는다는 법리가 이미 확립**되어 있다. 그럼에도 취소채권자의 가액배상청구권을 회생채권으로 보게 되면, 사해행위취소소송의 당사자가 사실심 변론종결시까지 원물반환청구와 가액배상청구 중 어느 하나를 선택할 수 있는 것에 연동되어, 회생절차에서도 위 사실심 변론종결시까지 회생채권과 환취권의 행사 중 어느 것인지가 결정되지 않는 절차적 불안정이 야기된다.

(4) 사해행위취소의 소를 제기당한 수익자가 자신의 회생절차에서 취소채권자의 가액배상청구권을 자발적으로 회생채권자 목록에 기재하도록 요구하기 곤란하고, 취소채권자의 입장에서도 가액배상청구권을 미리 수익자의 회생절차에서 회생채권으로 신고할 것을 기대하기 어렵다.

(5) 사해행위가 인정되는 경우 원래 채무자의 책임재산으로 회복되어야 할 부분은 회생채무자에게 속하지 아니한 재산에 해당되어 특별한 사정이 없는 한 회생채권자를 비롯한 회생채무자에 대한 이해관계인의 변제재원으로 사용될 수 없다고 보아야 한다. 그리하여 원물반환

의 경우에는 환취권의 행사로 인정되고 있는 것이다.

그런데 이 사건처럼 여전히 수익자 명의로 부동산의 소유권이 남아 있는 경우에는 사실심 변론종결 당시의 시가에서 담보권의 피담보채권액 등을 공제한 금액이 일반채권자들의 책임재산으로서 가액배상액이 되고, 이는 '원물 중 [(사실심 변론종결 당시의 시가 - 위 피담보채권액 등) ÷ 사실심 변론종결 당시의 시가]의 지분'에 갈음하는 것이라고 해석할 여지가 있다. 이와 같이 일부 지분에 대한 등기절차의 이행에 갈음하여 가액배상이 이루어지는 경우에는 비록 가액배상청구권 자체는 금전채권이더라도 회생 채무자(수익자)에 대한 회생채권으로 볼 수 없다.

(6) 위와 같이 가액배상청구권이 회생채권이 아니라면 공익채권(채무자회생법 제179조 제1항)과 개시후기타채권(채무자회생법 제181조) 중의 어느 것에 해당되는지가 문제될 수 있다.

환취권의 행사로서의 원물반환이 인정되는 경우에는 회생절차에 의하지 않고 회생채무자(수익자) 명의의 재산을 사해행위를 한 채무자 명의로 환원한 다음 그 재산에 대한 강제집행 등을 통하여 채무자의 일반채무자들을 위한 변제재원으로 사용할 수 있다. 공익채권도 회생채권과 회생담보권에 우선하여 변제받을 수 있고 회생절차에 의하지 아니하고 수시로 변제받을 수 있어서(채무자회생법 제180조 제1항, 제2항) 그 사실상의 효과 면에서 환취권과 마찬가지라고 볼 수 있다.

따라서 가액배상청구권도 특별한 사정이 없는 한, 원물반환청구권에 상응하는 지위, 즉 환취권의 행사와 유사한 지위로서의 공익채권으로 인정하는 것이 채권자취소제도의 취지나 공평의 관념에 부합하여 타당하고, 그 법적 근거로는 채무자회생법 제179조 제1항 제2호, 제5호, 제15호 소정의 공익채권에 해당한다고 못 볼 바 아니다.

라. 앞서 본 법리 등 관련 법리와 기록에 비추어 살펴보면, 원심이 회생절차가 개시된 수익자에 대한 사해행위취소소송에서의 가액배상청구권이 채무자회생법 제179조 제1항 제2호, 제5호, 제15호 소정의 공익채권에 해당한다고 본 것은 잘못이지만, <u>위 가액배상청구권은 채무자회생법 제179조 제1항 제6호의 공익채권 중 '부당이득으로 인하여 회생절차개시 이후 채무자에 대하여 생긴 청구권'에 해당하여 채무자회생법 제251조 본문에 따른 면책의 효력은 발생하지 않는다고 보아야 하므로, 원심이 피고 강영의료재단의 면책 항변을 배척하여 위 피고에게 가액배상을 명한 것은 결과적으로 정당</u>하다.

원심의 판단에 상고이유 주장과 같이 논리와 경험의 법칙을 위반하여 자유심증주의의 한계를 벗어나거나 사해행위의 시기와 피보전채권의 범위, 회귀적 채권관계에서의 개별계약의 체결시기, 무자력 판단, 환취권과 회생채권, 사해행위취소의 효과인 원물반환과 가액배상 등에 관한 법리를 오해하는 등의 잘못이 없다.

민법 제406조 채권자 취소권에 기한
사해행위 취소소송 사례정리

초판 발행 2021년 05월 07일

지 은 이 권형필
디 자 인 이나영
발 행 처 주식회사 필통북스
출판등록 제2019-000085호
주   소 서울특별시 관악구 신림로59길 23, 1201호(신림동)
전   화 1544-1967
팩   스 02-6499-0839
homepage http://www.feeltongbooks.com/

ISBN 979-11-90755-89-4 [03360]

ⓒ 권형필, 2021

정가 25,000

지혜와지식은 교육미디어그룹
도서기획 필통북스의 인문서적 임프린트입니다.

|이 책은 저자와의 협의 하에 인지를 생략합니다.
|이 책은 저작권법에 의해 보호를 받는 저작물이므로
 주식회사 필통북스의 허락 없는 무단전제 및 복제를 금합니다.
|잘못된 책은 바꾸어 드립니다.